CLAUDIA HAMMOND

TICK TACK

Aus dem Englischen
von Dieter Fuchs

Wie unser Zeitgefühl im Kopf entsteht

KLETT-COTTA

Klett-Cotta
www.klett-cotta.de
Die Originalausgabe erschien unter dem Titel: »Time Warped.
Unlocking the Mysteries of Time Perception« im Verlag
Canongate Books Ltd, Edinburgh, London
Published by arrangement with Canongate Books Ltd, 14 High Street,
Edinburgh EH1 1TE
© 2012 by Claudia Hammond
Für die deutsche Ausgabe
© 2019 by J. G. Cotta'sche Buchhandlung Nachfolger GmbH,
gegr. 1659, Stuttgart
Alle deutschsprachigen Rechte vorbehalten
Printed in Germany
Cover: Rothfos & Gabler, Hamburg
unter Verwendung mehrerer Abbildungen von
© shutterstock/Mehmet Buma, DniproDD, RTimages
Gesetzt von C.H.Beck.Media.Solutions, Nördlingen
Gedruckt und gebunden von GGP Media GmbH, Pößneck
ISBN 978-3-608-96344-1

Bibliografische Information der Deutschen Nationalbibliothek
Die Deutsche Nationalbibliothek verzeichnet diese Publikation in der
Deutschen Nationalbibliografie; detaillierte bibliografische Daten
sind im Internet über http://dnb.d-nb.de abrufbar.

Der einzige Grund, warum es die Zeit gibt,
ist, dass nicht alles gleichzeitig geschieht.

ALBERT EINSTEIN

INHALT

EINFÜHRUNG

Wenn Chuck Berry am Rand einer Klippe oder auf einem Berggipfel steht, hat er den Drang, nach unten zu springen. Ist er im Flugzeug, will er sich wahnsinnig gern hinauswerfen. Wir haben es hier allerdings nicht mit dem berühmten Rock'n'Roll-Sänger zu tun, sondern mit Chuck Berry, dem »Kiwi-König des Skydivens und Basejumpings«. Gut möglich, dass Sie ihn schon einmal in einer Werbung für Erfrischungsgetränke gesehen haben. Für die Limonadenmarke *Lilt* setzte er sich etwa aufs Fahrrad und sprang damit aus dem Hubschrauber – und das gleich zwei Mal. Derzeit wird er von *Red Bull* gesponsert, aber mit Sicherheit erlebt er mehr als nur einen Koffeinrausch, wenn er mit einem Fallschirm auf dem Rücken Richtung Erde rast und diesen erst im allerletzten Moment öffnet.

Über 30 Jahre macht Chuck Berry solche Absprünge schon, sei es in Form von Skydiving, Hanggliding (Gleitschirmflug), Micro-Light-Flying oder Fallschirmspringen (einmal sogar mit einem speziell präparierten Zelt). Seine Spezialität ist aber das Basejumping. Diese besonders extreme »Extremsportart« ist nach den vier Kategorien fester Objekte benannt, von denen man abspringen kann – Gebäuden, Groß-Antennen, aufgespannten Dingen (Brücken) und der Erde selbst (in der Regel eine Klippe). Seit 1981 gab es dabei mindestens 136 tödliche Unfälle – dieser Sport ist so gefährlich, dass statistisch gesehen einer von 60 Basejumpern umkommt.

Für Chuck ist der Schlüssel zum Überleben, dass er die Kontrolle über sein Denken behält. Bevor er springt, geht er im Geist die Schritte durch, die für die Erreichung seines Ziels nötig sind. Während unsereiner auf dem Dach des K. L. Tower in Kuala Lumpur (siebthöchster freistehender Turm der Welt) im Kopf durchgehen würde, was alles passieren kann – dass einen der Wind in ein anderes Gebäude weht, der Fallschirm zu spät aufgeht und man 400 Meter tiefer bald nichts als einen blutigen Fleck bildet –, überprüft Chuck genau die Windrichtung, bestimmt die exakte Höhe für das Öffnen des Fallschirms und malt sich aus, wie er dann sanft nach unten schwebt und auf dem ausgewählten Punkt eine perfekte Landung hinlegt. Hilfreich ist dabei natürlich auch, dass er sich auf diesen Moment seit Monaten vorbereitet hat.

Mit seiner jahrelangen Erfahrung hätte der Swift-Flug, den Chuck eines Neujahrsmorgens unternahm, eigentlich total unproblematisch sein müssen. Ein Swift ist eine Art Kreuzung aus Flugzeug und Gleitschirm, und wie es heißt, verbindet er das Segelpotenzial eines Gleitschirms mit der Bequemlichkeit, bergab laufen und einfach abheben zu können – es braucht also kein Flugzeug, das einen hinauf in den Himmel bringt. Obendrein kann das Ding so klein zusammengefaltet werden, dass es auf den Dachständer eines Autos passt. Vorne sieht es aus wie ein eleganter Papierflieger mit langen, aerodynamischen Flügeln, wohingegen der Rumpf ganz kurz ist und das Heck komplett fehlt. Für den Pilot gibt es ein kleines Cockpit, das aber nur Kopf, Schultern und

Arme umschließt; die Beine ragen unten heraus, damit man den Berghang hinunterrennen kann. Stellen Sie sich Fred Feuerstein vor, wie er zu seinem Steinzeitauto läuft – und dann hinter dem Klippenrand verschwindet und sich in die Lüfte erhebt.

Für seinen Flug mit dem Swift wählte Chuck den Coronet Peak aus, der sich nicht weit von der neuseeländischen Bungeejumping-Hauptstadt Queenstown erhebt. Es war ein herrlicher Sommertag und der Berg zeichnete sich wie in einer Filmkulisse gegen den blauen Himmel ab. Eigentlich die ideale Location, nur dass Chuck die Vorstellung, in dieser gewaltigen Landschaft einfach so herumzusegeln, eher langweilig fand. Etwas Luftakrobatik würde die Sache doch spannender machen. Unter Ausnutzung der Thermik brachte er den Gleitschirm auf eine Höhe von 5500 Fuß, bevor er ihn vornüber kippte und steil nach unten schoss. Der Plan war, den Sturzflug im letzten Moment abzubrechen und erneut in den Himmel aufzusteigen. Kein Problem, richtig?

Falsch. Der gesamte Gleitschirm fing an zu beben und sich wild aufzubäumen, und als gelernter Flugzeugingenieur wusste Chuck genau, was da passierte. Es war das, was in der Flugbranche als »Flattern« bezeichnet wird (wobei der Begriff von einem echten Meister der Untertreibung stammen muss): Die Tragflächen des Flugzeugs biegen sich in rasanter Folge nach oben und nach unten, bis sie sich schließlich selbst totgeschlagen haben.

Innerhalb weniger Sekunden hatten sich beide Flügel komplett vom Rumpf gelöst, und Chuck befand sich im freien Fall. Mit vollem Tempo auf die Erde zuzurasen, machte ihm ansonsten eigentlich Spaß. Aber diesmal gab es nichts, was seinen Fall hätte bremsen, seinen brutalen Aufprall auf der Erde hätte verhindern können. Trotzdem war Chuck auch jetzt in der Lage – sein GPS-Gerät zeigte dem Rettungsteam später an, dass er mit 200 km/h zu Boden raste –, so präzise wie rational zu denken.

Er sah, dass er zwar außerhalb des Cockpits eines flügellosen Gleitschirms hing, mit dem Wrack aber immer noch verbunden war. Seine Gedanken überschlugen sich. Er erinnert sich genau, was ihm damals durch den Kopf ging:

Es muss doch möglich sein, wieder in die Überreste des Gleitschirms hineinzukommen. Warum kann ich nicht einfach ins Cockpit klettern? Das muss doch irgendwie machbar sein. Kann ich mich hochziehen? Müsste eigentlich gehen. Was würde James Bond machen? Komm schon, Alter, mach was! Ich muss etwas tun. Nicht nach unten sehen. Der Boden ist viel zu nahe. Ich habe keine Zeit. Irgendwas muss doch gehen. Das war wohl ein Flattern. Der Hebel! Der Griff für den Rettungsfallschirm. Wenn ich nur diesen Griff erreichen könnte. Der muss noch da sein! Klar ist er noch da. Wie lange falle ich schon? Das dauert ja ewig. Dort sind schon die Hügel. Nicht mehr viel Zeit übrig. Zu windig zum Nachdenken. Das ist die wichtigste Entscheidung meines Lebens. Na los, mach was! Rette dich! Greif irgendwie nach diesem Notdingens und zieh es raus!

Machen Sie sich klar, dass nach dem, was das GPS-Gerät später anzeigte, dieser innere Monolog, dieser ganze Denkprozess mit seiner präzisen Kalkulation, nur wenige Sekunden dauerte. Für Chuck fühlte er sich aber erheblich länger an. Er wusste, dass er schnell reagieren musste, und dennoch hatte er genügend Zeit – oder sogar ziemlich viel –, um nachzudenken und dann entsprechend zu handeln. Für den Betrachter rasten die Sekunden vorbei. Für Chuck dehnte sich die Situation aber fast ins Unendliche aus. Ein und derselbe Zeitrahmen, aber zwei völlig unterschiedliche Wahrnehmungen des Zeitflusses. Der kurze Blick auf die Ewigkeit, den er am Neujahrstag erhaschte, ist ein gutes, wenngleich extremes Beispiel für das zentrale Thema dieses Buches: die Subjektivität der Zeitwahrnehmung. In einer Situation, wie Chuck sie erlebte, ist die Zeit etwas verstörend Elastisches.

Jeder von uns hat schon Momente erlebt, in denen sich die Zeit irgendwie verzerrt. Wenn wir so wie Chuck um unser Leben fürchten, scheint sie sich zu verlangsamen. Wenn wir glücklich sind, vergeht sie »wie im Flug«. Beim Älterwerden kommt es uns vor, als würde die Zeit immer schneller rasen. Jedes Jahr kommt Weihnachten ein bisschen früher. Aber als Kind wollten die Sommerferien gar nicht mehr aufhören.

In diesem Buch möchte ich der Frage nachgehen, ob diese Ausdehnung und Schrumpfung der Zeit eine Illusion ist oder ob unser Gehirn in diversen Momenten unseres Lebens unterschiedlich mit ihr umgeht, sie anders verarbeitet. Die Zeitwahrnehmung – also die Art und Weise, wie die Zeit subjektiv erlebt wird, wie sie sich für das Individuum jeweils anfühlt –, ist ein so faszinierendes wie gleichermaßen endloses Thema. Die Zeit ist immer für eine Überraschung gut – und wir gewöhnen uns einfach daran, wie sie uns täuscht und hinters Licht führt. Ein schöner Urlaub geht rasend schnell vorbei: Kaum ist man angekommen, muss man auch schon wieder ans Packen denken. Daheim angekommen, fühlt es sich an, als sein man ewig weggewesen. Wie ist es möglich, dass man ein und denselben Urlaub auf so widersprüchliche Art wahrnimmt?

Den Kern des Buches bildet die Vorstellung, dass die Wahrnehmung der Zeit etwas ist, das von unserem Verstand aktiv *erzeugt* wird. Etliche Faktoren sind an der Konstruktion der Zeitwahrnehmung beteiligt – das Gedächtnis, die Konzentration, unsere aktuelle Verfassung und das Gefühl, dass die Zeit irgendwie mit dem Raum verknüpft ist. Dieser letztgenannte Faktor ermöglicht uns, etwas ganz Außergewöhnliches zu tun – nämlich nach Belieben in der Zeit zu reisen, uns im Geiste nach hinten oder auch nach vorne zu bewegen. Ich konzentriere mich hier auf Psychologie und Hirnforschung und weniger auf die Metaphysik und Poetik der Zeit oder ihre Rolle in Physik und Philosophie – wobei man natürlich oft nicht weiß, wo der eine Bereich endet und der nächste anfängt.

Die Physiker sagen uns, dass die gängige Vorstellung, nach der die Zeit aus Vergangenheit, Gegenwart und Zukunft besteht, schlichtweg falsch sei. Die Zeit vergeht nicht, sie *ist* einfach. John Ellis McTaggart, der sich als Philosoph intensiv mit dem Thema Zeit beschäftigt hat, war so ziemlich der gleichen Meinung,[1] und Varianten dieser Vorstellung finden sich in Religionen wie dem Buddhismus oder dem Hinduismus. Aber das vorliegende Buch handelt nicht von der objektiven Realität der Zeit, sondern von ihrer *Wahrnehmung*, und ich gehe mal davon aus, dass Sie, genau wie ich, Zeit als etwas im Fluss Befindliches und nicht etwa als etwas Ruhendes oder Stillstehendes wahrnehmen. Ich werde untersuchen, wie der Verstand unsere Empfindung von Zeit erzeugt – also das, was Neurologen und Psychologen als »Mind Time« bezeichnen. Diese Zeit kann nicht von einer externen Uhr gemessen werden, spielt aber bei unserer Wahrnehmung der Außenwelt – der »Realität« – eine zentrale Rolle.

Ich werde ein paar der innovativen Methoden vorstellen, mit denen Forscher im entstehenden Bereich der Zeit-Psychologie das Studium der »Mind Time« betreiben. Sie befragten Leute zum Datum wichtiger Ereignisse, ließen sie auf den Rand von Klippen zugehen und haben sie sogar rücklings von irgendwelchen Gebäuden geworfen. Sie scheuten auch nicht vor Selbstversuchen zurück – verbrachten etwa Monate in einer Eishöhle ohne Tageslicht oder kontrollierten ihr Zeitgefühl mit täglichen Messungen, und das über einen Zeitraum von 45 Jahren. Und dann gibt es noch diejenigen, die ganz unbeabsichtigt wichtige Aspekte der Zeitwahrnehmung erhellt haben, zum Beispiel den Mann, der sich nach einem Motorradunfall die Zukunft nicht mehr vorstellen konnte, oder den BBC-Journalisten, der mehr als drei Monate in Geiselhaft war und keine Ahnung hatte, ob er je wieder freikommen würde.

Die Kombination dieser Erfahrungen mit den neuesten Erkenntnissen der Psycho- und Neuroforschung in aller Welt ermöglicht uns unschätzbare Einblicke in das Wesen der Zeitwahrnehmung. Jeder von uns weiß ein bisschen etwas über die Formbarkeit der Zeit, ohne dass dafür eine Extremerfahrung wie die von Chuck nötig wäre. Psychologen haben die merkwürdigsten Dinge herausgefunden: etwa, dass der Verzehr von Fastfood uns ungeduldig macht;[2] dass Menschen am Ende einer Schlange das Gefühl haben, die Zeit würde sich *auf sie zu* bewegen, während die weiter vorne denken, sie gingen durch die Zeit *hindurch;* dass für jemand mit hohem Fieber die Zeit langsamer verstreicht.

Dazu kommt meine eigene Theorie vom »Urlaubs-Paradox«, also dem oben angesprochenen Phänomen, dass die Ferien zwar schnell verstreichen, sich hinterher aber wie eine halbe Ewigkeit anfühlen. Wir betrachten die Zeit ständig auf zweierlei Art und Weise – während wir etwas erleben und außerdem noch im Nachgang. Meist kommen wir mit dieser dualen Sichtweise gut zurecht, nur ist sie auch der Grund für etliche Rätsel der Zeit. Wenn die beiden Wahrnehmungen – die prospektiv-vorausschauende und die retrospektive – nicht übereinstimmen, sorgt die Zeit für Verwirrung.

Ich werde darlegen, was ich über die Art und Weise herausgefunden habe, mit der Menschen die Zeit innerlich visualisieren. Sie werden überrascht sein, wie viele von uns (rund 20 Prozent) die Tage, Monate, Jahre oder sogar Jahrhunderte gedanklich und in exakten Mustern anordnen. Auch wie sie das machen, ist beeindruckend – mit Jahrhunderten, die wie Dominosteine dastehen, oder Jahrzehnten in der Form eines Slinkys. Warum stellen sich manche Menschen die Zeit so vor, und wie wirkt sich das auf ihre Zeitwahrnehmung aus? Außerdem werde ich noch eine Frage behandeln, auf die es keine richtige oder falsche Antwort gibt, zu der wir aber unterschiedlich stehen: Kommt uns die Zukunft entgegen oder bewegen wir uns an einem unendlichen Zeitstrahl entlang in ihre Richtung?

Wir messen die Zeit heute genauer – minutiöser – als je zuvor. Die Caesium-Uhr am US-amerikanischen National Institute of Standards and Technology geht so genau, dass sie über die nächsten 600 Millionen Jahre hinweg keine einzige Sekunde verlieren oder hinzugewinnen wird. Noch vor ein paar Jahren konnte sie das »nur« für 20 Millionen Jahre. Die Uhr des Geistes ist weniger leicht zu greifen. Sie scheint unsere Zeitwahrnehmung zu beherrschen, existiert aber allem Anschein nach gar nicht. Jahrzehntelang haben Wissenschaftler nach so etwas wie einer inneren Uhr geforscht.

Über einen Zeitraum von 24 Stunden regulieren vegetative Rhythmen unsere Körperuhr und koppeln uns über das Sonnenlicht an die Abfolge von Tag und Nacht, aber wir besitzen kein spezielles Organ, das die verstreichenden Sekunden, Minuten oder Stunden registriert. Trotzdem können wir gedanklich die Zeit messen. Wir haben ständig mit unterschiedlichen Zeitpunkten oder Zeiträumen zu tun – vor einer Sekunde, das mittlere Alter, das vergangene Jahrzehnt, die erste Semesterwoche, jedes Weihnachten, zwei Stunden –, mit denen wir im Kopf mühelos herumjonglieren. Währenddessen entwickeln wir ein Langzeitgefühl für die verstreichenden Jahrzehnte, den eigenen Lebenslauf und unsere jeweilige Position in der Weltgeschichte.

Neueste Erkenntnisse der Neurologie liefern jetzt nach und nach Hinweise darauf, wie unser Gehirn die Zeit auch ohne ein speziell dafür vorgesehenes Organ wahrnehmen kann. Im zweiten Kapitel werde ich diese konkurrierenden Theorien unter die Lupe nehmen. Aber vielleicht interessiert Sie ja auch viel mehr, welchen Einfluss die individuelle Zeitwahrnehmung auf Ihr Denken und Ihr Verhalten nimmt. Wenngleich die Zeit laut Kalender nur in eine einzige Richtung geht, springen wir im Kopf ständig von der Vergangenheit in die Zukunft und wieder zurück. Wenn Sie wollen, können Sie dieses Buch genauso lesen. Zwar denke ich, alles in der richtigen Reihenfolge angeordnet zu haben, nur müssen Sie mir dabei keineswegs folgen. Wenn Sie sich je gefragt haben, wie gut Sie bei Entscheidungen sind, die anhand zukünftig vermuteter Gefühle getroffen wurden, bietet sich Kapitel 5 an. Wenn Sie jemals einen Unfall hatten, bei dem für Sie die Zeit stehenblieb, finden Sie die Gründe dafür in Kapitel 1. Wenn Sie wissen wollen, warum die Zeit immer

schneller vergeht oder eine Nachrichtenmeldung länger zurückliegt, als Sie dachten, ist vielleicht Kapitel 3 das Richtige
für Sie.

Zum Abschluss werde ich zeigen, wie all diese Erkenntnisse für unseren Lebensalltag genutzt werden können. Wir
erzeugen die Zeitwahrnehmung in unserem Kopf, deshalb ist
es nur logisch, dass wir alles, womit wir nicht klarkommen,
auch verändern können – ob wir versuchen, die scheinbar
vorbeifliegenden Jahre zu verlangsamen; die Zeit beschleunigen, wenn wir in der Schlange stehen; versuchen, mehr in
der Gegenwart zu leben oder herausfinden wollen, wann wir
alte Freunde zum letzten Mal gesehen haben. Die Zeit kann
ein Freund sein – aber genauso gut auch ein Feind. Der Trick
besteht darin, sie an die Leine zu nehmen, sei es zu Hause, bei
der Arbeit oder auch im sozialen Umgang, und unser Verhalten dem individuellen Zeitbegriff anzupassen. Die Zeitwahrnehmung ist wichtig, denn sie steht in enger Verbindung mit
unserem Denken, unserer Auffassung der Realität. Die Zeit
bildet nicht nur den Kern dessen, wie wir unser Leben organisieren, sondern ist auch grundlegend für die Art und
Weise, in der wir es erfahren.

Zuletzt noch ein paar Worte zum Begriff »Zeit«. Natürlich
wird er in einem Buch über dieses Thema oft verwendet.
Würde ich aber dem amazonischen Stamm der Amondawa
angehören, hätte ich ein Problem damit. Diese Menschen haben kein Wort für die Zeit, keines für Monat und keines für
Jahr. Es gibt dort keinen allgemeingültigen Kalender und
keine Uhren. Sie beziehen sich durchaus auf zusammen-
hängende oder aufeinanderfolgende Ereignisse, aber als ein
separates Konzept existiert die Zeit nicht. Im Gegensatz dazu
wird das Wort »Zeit« im Englischen öfter als jedes andere

Hauptwort verwendet.[3] Das zeigt, wie sehr uns die Zeit faszíniert – und ist der Grund, warum ich dieses Buch geschrieben habe. Aber die Allgegenwart des Begriffs führt auch zu Problemen, denn wir können das Wort Zeit auch die ganze Zeit verwenden. Verstehen Sie, was ich meine? Um also Verwirrung zu vermeiden, werde ich mit manchen Bezeichnungen etwas pingelig umgehen oder auch Fachbegriffe aus der Psychologie bemühen. Zudem gibt es Ausdrücke wie etwa Zukunftsdenken, die ich der Genauigkeit halber ab und an wiederholt verwende. Aber ich hoffe, dass Sie trotzdem bei der Stange bleiben.

Jetzt wollen Sie aber sicher noch wissen, wie das mit Chuck Berry weiterging, unserem Basejumping-Gleitschirm-Piloten, der in der Luft baumelte, dabei auf den Erdboden zuraste und endlos Zeit zu haben schien. Nur werden Sie das leider nicht so schnell erfahren, denn zuvor müssen wir noch ein paar andere Dinge untersuchen. Am Ende des nächsten Kapitels werden wir dann aber unsere Fähigkeit, in der Zeit gedanklich zurückzureisen, gemeinsam nutzen und hören, wie die Sache für Chuck endete.

DIE ZEITILLUSION

Als der BBC-Journalist Alan Johnston im von Palästinensern kontrollierten Gazastreifen gefangengehalten wurde, hatte er zwar viel Zeit, aber keinerlei Möglichkeit, diese zu messen. Ohne Armbanduhr, Bücher, Papier oder Bleistift konnte er nur anhand der Lichtstreifen in den Jalousien und des im Zimmer umherwandernden Schattens erraten, wie viel Zeit an jedem der verwünschten Tage vergangen war. Auch die fünf im Islam üblichen Gebetsaufrufe halfen ihm bei der Bestimmung einer ungefähren Tageszeit, nur verlor er schon bald den Überblick über den Kalender und damit das jeweilige Datum. »Anfangs machte ich ganz klischeehaft pro Tag einen Strich an die Tür, aber dann hatte ich Angst, mein Aufpasser könnte die Beschädigung seines Eigentums nicht so gut finden. Er war damals ziemlich schlecht gelaunt, deshalb markierte ich täglich meine Zahnbürste. Trotzdem war es schwer, das jeweilige Datum im Auge zu behalten, und ich verlor rasch jedes Zeitgefühl.«

Schlussendlich verbrachte Alan Johnston fast vier Monate in dieser Wohnung – ohne zu wissen, wie lange er noch eingesperrt sein oder ob er überhaupt wieder lebend herauskommen würde. »Mit einem Mal wird die Zeit etwas Lebendiges, ein erdrückendes Gewicht, das man zu ertragen hat. Sie ist endlos, denn man weiß ja nicht, ob und wann man wieder freigelassen wird. Vor einem liegt ein ganzer Ozean an Zeit, durch den man sich irgendwie den Weg bahnen muss.« Zum Zeitvertreib erfand Alan Psychospielchen. Er überlegte etwa, welches der beste intellektuelle Angriff auf das System der Apartheid sein könnte, oder dachte sich Lyrik und Kurzgeschichten aus. Da er aber nichts davon aufschreiben konnte, wurde das Ganze zu einem Gedächtnistraining: »Wenn du sieben Zeilen miserabler Lyrik gemacht hast, musst du sie im Kopf haben, bevor du die achte entwerfen kannst, aber wenn dann die neunte kommt, weißt du schon nicht mehr, wie die fünfte ging.« Nach und nach entwickelte Alan eine mentale Strategie für die Einschätzung der Stunden, und zwar eine, die sich das Konzept der Zeit selbst zunutze machte – eine Strategie, auf die ich weiter hinten zurückkommen werde.

Zwei Dinge waren es, die Alans Geisel-Dasein bestimmten: die Leute, die ihn gefangenhielten, und die Zeit. In diesem Kapitel werde ich die Bedingungen untersuchen, unter denen sich die Zeit so sehr verzerrt, dass sie – wie von Alan Johnston erlebt – unerträglich langsam wird. Bei ihm, der im abgeschlossenen Zimmer keinerlei Stimulation von außen hatte, verwundert es kaum, dass die Zeit nur schleppend verging, aber ich werde auch andere und wirklich merkwürdige Umstände behandeln, in denen sich die Zeit ausdehnt. Es ist die rätselhafte Flexibilität, die der Zeit ihre Faszination verleiht, aber bevor wir das genauer betrachten, sollten wir darüber nachdenken, warum unsere Fähigkeit, das Verstreichen der Zeit wahrzunehmen, so ungemein wichtig ist, für den Einzelnen ebenso wie für die Gemeinschaft.

Akkurates Timing ist für Kommunikation, Zusammenarbeit und menschliches Miteinander viel grundlegender, als Sie vielleicht vermuten. Klar dürfte sein, dass für eine Handlung, an der zwei oder mehr Personen beteiligt sind, eine Koordination der jeweiligen Zeitpläne vonnöten ist, aber auch etwas so vermeintlich Einfaches wie ein Gespräch zwischen zwei Leuten erfordert ein auf Sekundenbruchteile genaues Timing. Für die Erzeugung und das Verständnis von Sprache brauchen – und besitzen – wir zeitliche Steuerungsmechanismen von weniger als einer Zehntelsekunde. Der klangliche Unterschied zwischen einem »pa« und einem »ba« besteht in der Verzögerung des folgenden Vokals; bei längerer hört man ein »p«, bei kürzerer hingegen ein »b«. Wenn Sie die Finger an den Kehlkopf legen, können Sie spüren, dass sich beim »ba« die Lippen öffnen und gleichzeitig die Stimmbänder schwingen. Beim »pa« vibrieren sie erst später. Dazu braucht es eben ein millisekundengenaues Timing. Aber auch bei Silben sind zeitlicher Abstand oder Timing entscheidend für die Bedeutung der Phrase. Bei Jimi Hendrix' Liedzeile »Excuse me while I kiss the sky« ist der Bruchteil einer Sekunde schuld an dem berühmten Verhörer »Excuse me while I kiss this guy«. Für die Koordination von Gliedmaßen und Muskulatur sind wir auf millisekundengenaue Einschätzung angewiesen, während das richtige Taxieren von Sekunden uns den Rhythmus in der Musik erkennen, einen Ball richtig treten oder aber beurteilen lässt, ob wir am Flughafen auf dem Laufband oder auf dem festen Boden daneben schneller vorankommen. (Antwort: Das kommt drauf an. Forscher an der Princeton University haben herausgefunden, dass einen das Laufband langsamer macht, weil man darauf meist das Tempo reduziert oder – noch blöder – hinter Leuten festklebt, die beim Betreten des Laufbands stehengeblieben sind. Ein leeres Laufband bringt einen schneller durch den Flughafen als das reine Gehen rechts oder links davon, aber nur, wenn man das Ding nicht zum Ausruhen benutzt.)

Unser Zeitempfinden ist bei weitem nicht perfekt, aber größtenteils kann unser Gehirn das kaschieren und uns eine Welt präsentieren, in der sich die Zeit kompakt und gleichmäßig anfühlt. Ein schlecht synchronisierter Film kommt uns auch insgesamt schlecht vor, wenn wir die Diskrepanz bemerken.

Studien haben gezeigt, dass unser Gehirn höchstens 70 Millisekunden Abstand zwischen Lippenbewegung und entsprechendem Klang zulässt, um eine Gleichzeitigkeit anzuerkennen. Wenn man den Leuten aber *sagt*, dass beides nicht zusammenpasst, können sie herausfinden, ob die Bilder dem Ton voraus oder hinterher sind. Es ist also nicht so, dass wir eine derartige Diskrepanz nicht erkennen *können*, sondern dass unser Gehirn bis zu einem entsprechenden Hinweis eine Parallelität von Klang und Anblick annimmt, schließlich sind wir das ja auch so gewöhnt. Manche unserer Sinne sind beim Timing besser als andere: Einen im Morsealphabet geklopften Rhythmus merkt man sich viel leichter als dieselbe Abfolge in geschriebener Form (mit Punkten und Strichen).

Die folgende Sinnestäuschung können Sie bei einer Person Ihrer Wahl ausprobieren.

✿ Finden Sie einen Freiwilligen, nehmen Sie seinen Unterarm und fordern ihn auf wegzuschauen. Klopfen Sie mit einem Stift in schneller Abfolge mehrmals hintereinander auf ein und dieselbe Stelle neben dem Handgelenk, bevor Sie – ohne Unterbrechung und im gleichen Rhythmus –

auf einen näher beim Ellbogen liegenden Punkt klopfen. Fragen Sie dann, was Sie soeben getan haben.

Vermutlich wird die Person sagen, Sie hätten vom Handgelenk bis zum Ellbogen in regelmäßigen Abständen auf den Unterarm geklopft. Obwohl Sie die Mitte des Unterarms nicht berührt haben, stellt das Gehirn Folgerungen bezüglich des räumlichen und zeitlichen Abstands der Kontakte an. Wenn Sie das Licht schnell an- und wieder ausmachen, sehen Sie das als Flackern, aber werden Sie dabei noch schneller, erreichen Sie einen Punkt, an dem es beständig zu leuchten scheint; unser Gehirn versucht, das Flackern zu deuten, und macht es zu einem Dauersignal. Wir versehen Ereignisse in der Zeit mit einem Etikett, um ihnen dadurch Sinn zu verleihen.

Seit es Computer gibt, die im Bereich von Millisekunden akkurat arbeiten, können Wissenschaftler viel leichter erforschen, welche Zeitintervalle das Gehirn erkennt und welche nicht. In den 1880er Jahren wollte der österreichische Physiologe Sigmund Exner den kürzesten Zeitraum bestimmen, den ein Mensch zur Wahrnehmung von zwei verschiedenen Geräuschen braucht. Dazu verwendete er ein »Savart-Rad«, also eine rundum mit Zähnen versehene Metallscheibe, die beim Drehen ein lautes Klicken erzeugen. Wenn sich das Rad schnell genug dreht, wird die Geräuschabfolge – analog zum flackernden Licht – als Dauerton wahrgenommen. Exner wollte den Minimalabstand finden, also den Abstand, bei dem Menschen die einzelnen Klicks gerade noch separat hören. Er probierte das Gleiche mit elektrischen Funken und stellte fest, dass unsere Sinne sich drastisch voneinander unterscheiden – beim Betrachten der Funken hatten die Menschen große Probleme mit der Unterscheidung, aber wenn es um Hören ging, konnten zwei Klicks unterschieden werden, zwischen denen nicht mehr als eine Fünfhundertstelsekunde lag.[4]

Das sind erstaunliche Millisekunden-Urteile, wobei unsere Fähigkeiten der Zeitwahrnehmung weit über das hier Geleistete hinausgehen. Das subjektive Erlebnis der Zeit beruht auf der Fähigkeit, die jeweilige Millisekunde, diesen winzigen Moment, in einen Zusammenhang zu stellen. Wie der Philosoph Edmund Husserl in seiner Studie zur Phänomenologie der Zeit schrieb, hören wir ein Lied zwar Note für Note, also nacheinander, aber erst unser Gefühl für die Zukunft und die Vergangenheit – Antizipation und Erinnerung – lässt Noten zum Lied werden.[5] Die Zeitempfindung ist etwas durch und durch Persönliches und fühlt sich an wie ein Teil unseres Bewusstseins, den wir nur schwer in Worte fassen können. Dementsprechend schrieb Augustinus: »Was ist die Zeit? Wenn mich niemand danach fragt, weiß ich es. Wenn ich es einem erklären will, der danach fragt, weiß ich es nicht.« Und dennoch beziehen wir uns ständig auf Vorstellungen von der Zeit – sechs Monate, letzte Woche oder nächstes Jahr –, und jeder weiß, was damit gemeint ist. Zeit ist also sowohl etwas Persönliches, als auch etwas, das wir mit anderen teilen.

Deine Zeit ist meine Zeit

Jede menschliche Gemeinschaft stellt bezüglich der Zeit Regeln auf, die von ihren Mitgliedern geteilt und verstanden werden. In vielen Teilen der Welt, darunter auch in Europa und den USA, kommt man bei einer Theatervorstellung, die um 19.30 Uhr beginnen soll, bereits früher als auf der Eintrittskarte angegeben, aber wenn eine Party um 19.30 Uhr anfängt, wird allgemein erwartet, dass man etwas später auftaucht. Der Soziologe Eviatar Zerubavel meint, diese sozialen Regeln würden uns die Möglichkeit einer Abschätzung und Bewertung der Zeit an die Hand geben.[6] So gehen wir erfahrungsgemäß davon aus, dass Theaterstücke oder andere abendfüllende Veranstaltungen etwa zwei Stunden dauern, und empfinden alles, was darüber hinausgeht, als schleppend und zäh, wohingegen uns der gleiche Zeitraum viel zu kurz vorkommt, um als Arbeitsvormittag gelten zu können. Wenn wir jemanden zu einem unerwarteten Zeitpunkt treffen, erkennen wir die Person vielleicht nicht einmal. Zivilisationen entwickeln gemeinsame Vorstellungen des richtigen Timings – wie lange man etwa bleiben darf, wenn man als Gast in einem fremden Haus ist, oder wie lange man jemanden kennen sollte, bevor man ihr oder ihm einen Heiratsantrag macht. Ausnahmen davon überraschen uns. Ich weiß noch, wie ich in Ghana einmal mit sechs Männern beim Mittagessen saß, von denen zwei (ein Einheimischer und ein Schotte) uns mit der Aussage überraschten, sie hätten schon beim ersten Date um die Hand der jeweiligen Frau angehalten. (Für alle Neugierigen: Beide Frauen sagten »Ja«, und beide Ehen halten seit über 20 Jahren.)

Routinemäßige Abläufe geben uns ein Gefühl der Sicherheit. Sie sind so wichtig, dass ein Verstoß dagegen das Zeitkonzept einer Person durcheinanderbringen und sich im Extremfall auch verheerend auswirken kann. In Guantanamo war es etwa üblich, Essensausgabe, Schlafenszeit und Verhöre ganz unregelmäßig anzusetzen, was den Drang der

Häftlinge, einen Überblick über die Zeit zu haben, unterlief und sie in einen Zustand der Angst versetzte. Auch für Alan Johnston war die genaue Kenntnis des jeweiligen Datums nutzlos, aber dennoch wusste er, dass er den Kalender im Auge behalten musste. Dieser Wunsch nach Vorhersehbarkeit und Kontrolle ist nichts Neues. Im frühen Mittelalter hielten die Benediktiner Vorhersehbarkeit für essentiell für ein gutes und gottgefälliges Leben, deshalb schufen sie eine gemeinsame Routine, indem in regelmäßigem Abstand die Glocken zum Gebet riefen.

Die Zeit bestimmt die Struktur unseres Lebens – wann gearbeitet, wann gegessen und wann gefeiert wird. So wie die Benediktinermönche wussten, wann das nächste Läuten zu erwarten war, formen auch wir das jeweils passende Zeitschema für unser Leben, das dann das vorige, schlagartig veraltete, überschreibt. (Wenn man in der Schule etwa einen neuen Stundenplan bekommt, erinnert man sich nur schwer an den vom letzten Jahr.) Manche Zeitschemata sind vom Wechsel der Jahreszeiten bestimmt, wobei speziell Sommer und Winter hervorstechende Zeitrahmen sind. Andere werden durch unsere Kultur definiert, weshalb mir für den Fall, dass ich zu einem x-beliebigen Zeitpunkt in meiner Straße abgesetzt würde und Uhrzeit, Tag und Monat erraten müsste, eine Kombination aus Natur und Kultur für Hinweise auf alle drei zur Verfügung stünde. Wenn nur vereinzelt Autos fahren, kaum Leute vorbeigehen und der Friseur die Rollläden unten hat, ist vermutlich Sonntag. Temperatur und Anwesenheit oder Abwesenheit von Blättern auf der Platane lassen erkennen, welche Jahreszeit wir haben, und wenn die Sonne scheint, kann ich an ihrem Stand ungefähr ablesen, wie spät es ist.

Die zyklische Natur des Kalenders hilft uns bei der gedanklichen Organisation der Zeit. Wenn man in der Schule ist, gibt der Ferienplan die Struktur des Jahres vor, eine Struktur, die sich nachhaltig auswirken kann (und die so mancher Lehrer nie wieder loswird). Der amerikanische Psychiater John Sharp hat festgestellt, dass sich manche seiner Patienten zum Ende des Sommers hin schlechter fühlen – eine Art Katerreaktion auf den jahrelang erlebten Zwang, bald wieder in die Schule zu müssen. Überraschenderweise ist in der nördlichen Hemisphäre mit ihrem gemäßigten Klima die Selbstmordrate ausgerechnet im Frühjahr höher – als seien die Menschen doppelt enttäuscht, wenn die Verheißungen des Frühlings ein bestehendes Elend eben doch nicht vertreiben.

Die Auswirkungen der Jahreszeit hängen natürlich stark davon ab, wo man jeweils lebt, genau wie der Umgang mit der Zeit. Um dieses Phänomen zu untersuchen, hat der Sozialpsychologe Robert Levine das Lebenstempo in 31 Ländern rund um die Welt verglichen und dabei drei Indikatoren verwendet. Zunächst maß er die Gehgeschwindigkeit zufällig ausgewählter Passanten, die zu Zeiten des morgendlichen Berufsverkehrs in einer Straße mit breiten Trottoirs vorbeimarschierten. Wie schnell bewegten sich diese Menschen? Schaufensterbummler wurden dabei nicht berücksichtigt, weil sie eben bummeln, und die gewählten Straßen waren nicht so überfüllt, dass die Passanten hätten abbremsen müssen. Außerdem wollte Levine die Dauer einer ganz alltäglichen Betätigung vergleichen, deshalb stoppte er die Zeit, die jemand braucht, um in der jeweiligen Landessprache eine Briefmarke zu verlangen, sie zu bezahlen und dann noch das Wechselgeld in Empfang zu nehmen. Zu guter Letzt interessierte ihn, wie viel Wert in jeder betrachteten Kultur auf die

Genauigkeit der Zeitmessung gelegt wurde, deshalb überprüfte er in jeder Stadt die Wanduhr von 15 Banken. Durch Kombination dieser Daten erhielt er einen Wert für die jeweilige Gangart des Lebens. Das höchste Tempo herrscht wie zu erwarten in Nordeuropa, Südostasien und den USA, nur waren nicht alle Ergebnisse derart vorhersehbar. Beim Briefmarkenkauf erreichte Costa Rica tatsächlich Platz 13 der Tempo-Charts (was nicht unbedingt dem entspricht, was ich dort am Postschalter erlebt habe, aber eben deshalb gibt es bei so etwas systematische Untersuchungen – und nicht nur Anekdoten). Auch innerhalb eines Landes herrschen mitunter große Unterschiede. Beim Vergleich von 36 US-amerikanischen Großstädten – hier jetzt unter Berücksichtigung aller drei Bereiche – erwies sich Boston als schnellste, während die Heimat des Showbusiness Los Angeles auf dem letzten Platz landete, und zwar aufgrund ihrer extrem entspannten Bankangestellten. New York war naturgemäß als Nummer Eins gesetzt, aber in den 90 Minuten, die sich der Forscher Anfang der 1990er Jahre für die Beobachtung nahm, sah er einen Passanten mit einem Straßenräuber, einen anderen mit einem Taschendieb kämpfen, was vermutlich eine gewisse Verlangsamung generierte.

Zum Zeitpunkt der Studie waren die Länder mit dem höchsten Tempo auch die mit der potentesten Volkswirtschaft. Man muss sich also fragen, was zuerst kommt – bewegen sich die Menschen in aktiven Ökonomien schneller, weil ihnen die Zeit wertvoller vorkommt, oder führt Geschwindigkeit im Alltag zu wirtschaftlichem Erfolg? Zweifellos können Energie und Geschwindigkeit bei manchen Geschäften förderlich sein, aber oft ist der Effekt, den das Arbeitstempo auf eine Vergrößerung des Markts ausübt, doch eher be grenzt. Egal wie schnell Sie Ihre Regenschirme auch herstellen – wenn dort, wo Sie leben, keine Wolke am Himmel ist, verkaufen sie sich nicht. Das Verhältnis zwischen Geschwindigkeit und Bruttoinlandsprodukt muss also eher als bilaterale, also gegenseitige Interaktion betrachtet werden. Geschwindigkeit führt zu einem gewissen wirtschaftlichen Erfolg, aber wirtschaftlicher Erfolg ist auch auf Leute angewiesen, die sich schneller bewegen, während die Gesellschaft als solche stark von der Uhr abhängt.

Welche Überraschungen die Zeit bereithält

Unser Gehirn schafft uns also ein Zeiterlebnis, das sich nicht nur insgesamt rund und geschmeidig anfühlt, sondern das wir auch mit anderen teilen können – was uns ermöglicht, unsere Tätigkeiten zu koordinieren. Trotzdem sorgt die Zeit immer wieder für Überraschungen. Sie ist so faszinierend, weil wir uns offenbar nie daran gewöhnen, dass und wie sie uns hinters Licht führt. Unser ganzes Leben lang scheint sich die Zeit immer wieder zu verzerren. Wir fliegen in eine Zeitzone, die hinter uns liegt, und bilden uns ein, die Zeit zu betrügen und ein paar Stunden unseres Lebens zwei Mal genießen zu können. Fliegen wir in die andere Richtung, fragen wir uns, was mit der verlorenen Zeit geschehen ist. Trotz der längeren Abende, die wir bei der Zeitumstellung im Frühjahr erhalten, haben wir das ungute Gefühl, uns wurde eine Stunde gestohlen. Und wenn im Herbst die Uhr erneut umgestellt wird, sind wir glücklich über die eine Stunde, die unser Wochenende diesmal länger ist. Das »White Night«-Festival im südenglischen Brighton und die parallel dazu konzipierte »Nuit Blanche« im französischen Amiens widmen sich der Frage, wie diese zusätzliche Stunde mitten in der Nacht genutzt werden kann. Alles ist möglich – vom Musikhören im Aquarium bis hin zum Strickkurs in einer Bar. Obwohl wir vom Verstand her wissen, dass diese zusätzliche Stunde nur ein Trick der Uhr ist, haben wir doch das Gefühl, Zeit zu verlieren oder zu gewinnen, was erneut zeigt, dass unser Verhältnis zur Zeit stark auf Illusionen beruht, produziert von unserem eigenen Gehirn.

Im Jahr 1917 führten zwei Wissenschaftler mit den großartigen Namen Boring und Boring ein Experiment durch, bei dem sie schlafende Leute weckten und aufforderten, die Uhrzeit zu schätzen, was die Teilnehmer (auch Herr und Frau Boring selbst) in der Regel bis auf 15 Minuten genau schafften. Nur kann das nicht jeder. Wo die meisten von uns die Zeit für etwas Rätselhaftes halten, ist sie für manche sogar vollkommen unergründlich. Eleanor ist 17 und erzählt mir, dass sie die Zeit nie »kapiert« hat. Sie weiß, dass sie das Verstreichen der Zeit nicht so wie andere Leute beurteilen kann oder wahrnimmt. Wenn sie morgens aufwacht, hat sie – im Gegensatz zu den Testpersonen von Boring und Boring – nicht die geringste Ahnung, wie spät es ist, und das bleibt auch den ganzen Vormittag lang so. Sie spürt einfach nicht, wie die Zeit vergeht. »Bis zum Mittag weiß ich nicht, wie spät es sein könnte, dann kriege ich langsam Hunger. Ich halte ständig Ausschau nach solchen Hinweisen, um zumindest grob zu wissen, wie viel Zeit vergangen ist.« In der Schule, wo Mitschüler und Lehrer in etwa sagen können, wie spät es ist, liegt sie mit ihrer Einschätzung oft mehrere Stunden daneben. Ohne den Blick auf die Uhr weiß sie nicht, ob der Unterricht gerade begonnen hat oder aber bald zu Ende ist. Unabsichtlich lässt sie ihre Mutter am vereinbarten Treffpunkt warten, weil sich die Zeit nicht so anfühlt, als würde sie vergehen – weshalb Eleanor auch vergisst, auf die Uhr zu sehen. Früher mussten unter ihrem Unvermögen nur ihre geduldigen Eltern leiden, aber jetzt, wo es immer wieder Prüfungen gibt, erkennt sie langsam die Probleme, die durch ihre fehlende Zeitwahrnehmung entstehen. Während andere Schüler sich genau einteilen, wie viel Zeit sie für jede Frage haben, erkennt Eleanor nur durch den Blick auf die Uhr, dass sie jetzt besser die nächste Aufgabe angeht. Ihr Fall zeigt deutlich, dass nicht alle Menschen die gleiche Vorstellung von Zeit haben. Eleanor ist außerdem Legasthenikerin, was ihre Probleme bei der Zeitwahrnehmung vielleicht erklären könnte. Zwischen beiden besteht eine hochinteressante Verbindung, auf die ich im Rahmen der Frage, wie das Gehirn die Zeit misst, zurückkommen werde.

Für Eleanor liefert die Zeit also ständig Überraschungen, aber auch für uns kann das hie und da recht irritierend sein. Wenn wir etwa so verwundert wie besorgt feststellen, dass das Wochenende wie im Flug vergangen ist und die Kinder von Freunden schon wieder ein Stück gewachsen sind, oder fast verzweifeln, wenn in der Schlange am Flughafen auch die Zeit stillzustehen scheint. Stellen Sie sich vor, Sie sehen die letzten fünf Minuten eines Fußballspiels – und wie unterschiedlich die Zeit vergeht, je nachdem, ob die von Ihnen favorisierte Mannschaft am Gewinnen oder Verlieren ist. Wenn sie 1:0 zurückliegt, können die fünf Minuten gar nicht lang genug sein. Führt sie aber 1:0, dehnen sich die fünf Minuten ins Endlose, und das gegnerische Team hat viel mehr Torchancen als verdient. Denken Sie an eine Reise und daran, dass der Heimweg immer kürzer zu sein scheint als der

Hinweg. Ohne neue Eindrücke, die die Zeit füllen könnten, kommt einem alles bekannt vor. Anders ist es nur, so der amerikanische Philosoph und Psychologe William James, wenn man in den eigenen Fußstapfen zurückgeht, weil man etwas verloren hat. Dann kommt einem der Rückweg endlos vor.

Wenn Kinder älter werden, können sie diese Mysterien der Zeit nach und nach selbst beobachten. Ich habe zwei Brüder befragt, was ihnen am Vergehen der Zeit aufgefallen ist. »Wenn man zwei Minuten lang die Zähne putzen soll, dann kommt einem das lang vor, aber wenn man fernsehen will, sind sie schnell vorbei«, sagte der achtjährige Ethan. Sein zehnjähriger Bruder Jake meinte: »Wenn man im Auto wartet, bis jemand vom Einkaufen zurückkommt, dauert das länger, als wenn man selbst einkaufen geht.« Diese Kinder haben bereits bemerkt, dass Zeit etwas vollkommen Subjektives ist. Unser Zeitempfinden kann auch davon abhängen, wie wir uns körperlich fühlen. Der Psychologe John Bargh gab Menschen Anagramme zum Auflösen und stoppte im Anschluss, wie lange sie für den Weg zum Lift brauchten. Die Hälfte der Testpersonen bekam Begriffe aus dem Alltag zum Lösen, die andere hingegen Wörter, die mehr mit älteren Menschen in Verbindung gebracht werden, etwa »grau« oder »Bingo«. Als Letztere zum Lift gingen, hatten diese zarten Andeutungen des Alters sie so beeinflusst oder »geprimed«, dass ihr Zeitempfinden verändert war und sie sich langsamer bewegten.[7]

Welches sind also die Hauptfaktoren dafür, dass sich die Zeit verzerrt? Der erste sind unsere Emotionen. Eine Stunde beim Zahnarzt fühlt sich anders an als die letzte Stunde vor einer Deadline. Wenn wir Bilder von heiter wirkenden Menschen ansehen, wissen wir ziemlich genau, wie lange wir sie betrachtet haben, aber man zeige uns Leute mit Angst im Gesicht, und schon überschätzen wir die Zeit, die vergangen ist. Wie sehr die Macht der Gefühle unsere Zeitwahrnehmung verzerrt, zeigt sich am besten in einer weit dramatischeren Form – in der Verlangsamung der Zeit beim Kampf ums Überleben. Wenn man wie Chuck Berry vom Himmel fällt und um sein Leben fürchtet, wird die einzelne Minute elastisch, dehnbar und vom Gefühl her so lang wie eine Viertelstunde.

Wenn man Angst hat, vergeht die Zeit langsamer

Alan Johnston wusste schon lange, dass man als ausländischer Journalist Gefahr läuft, in Gaza gekidnappt zu werden. Er hatte diese Möglichkeit gedanklich bereits durchgespielt, noch bevor sie Wirklichkeit wurde. Als es dann soweit war und er einen Mann mit vorgehaltener Pistole aus einem Auto aussteigen sah, dachte er unwillkürlich: »So fühlt es sich also an, wenn man gekidnappt wird, nur stelle ich es mir diesmal nicht bloß vor.« Ab da passierten die Dinge in Zeitlupe. »Man kann fast einen Schritt zurücktreten und sich selbst dabei zusehen«, erzählte er mir.

Ein paar Wochen nach seiner Gefangennahme gaben ihm seine Kidnapper ein Radio. Eines Abends hörte er im BBC World Service eine Meldung, die eine weitere Verlangsamung der Zeit bewirkte. »Sie sagten, ich sei getötet worden.« Er überlegte, ob die PR-Abteilung seiner Kidnapper womöglich übereifrig agiert und diese Meldung zu früh nach draußen gegeben hatte. War es das, was heute Abend auf dem

Programm stand? »Wahrscheinlicher war, dass sie mich am Leben lassen wollten, denn so war ich ihnen einfach nützlicher. Aber wenn du im Dunkeln liegst und hörst, dass die Nachricht von deinem Tod in die Welt gesendet wird, dann überlegst du dir schon, ob sie das vielleicht wirklich vorhaben. Ob es heute vielleicht soweit ist.« Für Alan war dies die längste Nacht in seiner knapp viermonatigen Gefangenschaft. Die Zeit wurde definitiv langsamer.

Wenn Menschen Angst haben, sie könnten sterben – ob in einer Situation wie der von Alan, in einem abstürzenden Gleitschirm wie Chuck Berry oder bei einem Verkehrsunfall –, dann berichten sie oft, dass das Geschehen viel länger dauerte als in Wahrheit möglich oder tatsächlich der Fall. Irgendwie gelingt es ihnen in den wenigen Sekunden, im Kopf ganz viele Dinge sehr detailliert durchzugehen. Sie denken an die Vergangenheit, stellen Überlegungen zur Zukunft an und durchkämmen gleichzeitig ihr Gedächtnis nach irgendwelchen Informationen, die ihnen vielleicht das Leben retten könnten. Dieses Erlebnis der Zeitentschleunigung durch Angst ist wohlbekannt und ganz normal, und wenn man sich fürchtet, kann sich die Zeit auch in nicht-lebensbedrohlichen Situationen verzerren. Als man Testpersonen mit einer Spinnenphobie sagte, sie sollten 45 Sekunden lang Spinnen betrachten (bewundernswert, dass sie sich auf dieses Experiment überhaupt erst eingelassen haben), überschätzten sie die verstrichene Zeit erheblich. Dasselbe passierte bei Fallschirm-Novizen. Wenn sie anderen dabei zusahen, schätzten sie den Sprung jeweils recht kurz ein. Sobald sie dann selbst an der Reihe waren, schien die Zeit viel langsamer zu vergehen, und sie gaben deutlich mehr Minuten an, als sie tatsächlich in der Luft verbracht hatten.

Leute, die von Türmen geworfen werden

Ist diese Entschleunigung der Zeit eine Einbildung oder verlangsamt sich bei einer befürchteten Lebensgefahr tatsächlich der Prozess, mit dem wir die erlebte Zeit verarbeiten? Wenn das Gehirn im Zustand der Angst die Zeit anders verarbeitet, dann müsste es auch den Anblick von Dingen verarbeiten können, die im Normalzustand zu schnell und demnach nicht wahrnehmbar sind. Um dahingehend Klarheit zu gewinnen, muss man nur Leute in Todesangst versetzen und sie in dem Zustand einen Test machen lassen. Ein gewisser Herr wusste, wie das geht, und war auch bereit, sich gemeinsam mit seinen tapferen Versuchskaninchen selbst ordentlich ins Zeug zu legen (was bei den Forschungen zur Zeitwahrnehmung eine Art roten Faden bildet).

Am Tag des Experiments gab es starken Wind. Ideale Bedingungen also. Für die 23 Freiwilligen, die hoch über einem texanischen Rummelplatz standen, sorgte das in einer ohnehin schon bedenklichen Lage noch für einen Schuss Extra-Furcht. Für das Gelingen dieses Experiments war echte Angst nötig. Der Neurowissenschaftler David Eagleman vom Houstoner Baylor College of Medicine (von ihm stammt auch der Bestseller *Fast im Jenseits*, der sich mit ausgedachten Geschichten über das Leben nach dem Tod beschäftigt) bat seine Versuchspersonen, von der Kante wegzubleiben, bis sie einer nach dem anderen durch einen zehn Meter hohen Metallkäfig hindurch ganz nach oben klettern konnten. Per Funk erkundigte er sich beim Bodenteam, das sich 50 Meter unter ihnen befand, ob alles in Ordnung sei, und wandte sich dann einer Reihe digitaler Armbanduhren mit großer Anzeige zu. Diese Wahrnehmungs-Chronometer waren so eingestellt, dass sie blitzartig zwischen zwei Displays mit zufällig gewählten Zahlen hin und her wechselten. Sie blinkten so schnell, dass ausschließlich Geflacker zu erkennen war. Eagleman wollte herausfinden, ob die Sinneswahrnehmung der Teilnehmer durch Angst vielleicht so sehr beschleunigt wurde, dass sie die Zahlen, die das Gehirn im Ruhezustand nicht registriert, tatsächlich lesen konnten. Vielleicht wird ja nicht die Zeit langsamer, wenn wir uns fürchten, sondern unser Gehirn schneller.

Eagleman hatte zuvor bereits versucht, die Teilnehmer mit der Achterbahn fahren zu lassen, aber dabei wurden sie einfach nicht ängstlich genug – wenn sie es zum Teil nicht sogar genossen. Drastischere Maßnahmen waren nötig – wie etwa der freie Fall. Eagleman wusste, dass niemand mitmachen würde, wenn er nicht selbst Bereitschaft zur Teilnahme zeigte. Gut angegurtet wurde er nach hinten geworfen (nach vorne war nicht beängstigend genug). Dann machte er es noch einmal. Und noch einmal. Vor dem dritten Versuch hatte er geglaubt, die Angst würde abnehmen – durch die Erfahrung würde sein Gehirn ja sicherlich wissen, dass nichts zu befürchten war. Aber nein, erzählte er mir: »Das war nach wie vor schlimmer als schlimm.« Dann kam die Reihe an einen jungen Mann namens Jesse Kallus. Genau wie vor ihm Eagleman wurde auch Jesse von der Turmspitze geworfen, und als man ihn unten dann sicher auffing, hatte seine Höchstgeschwindigkeit 100 km/h betragen.

Jeder der Teilnehmer berichtete später, die Zeit hätte sich vollkommen verlangsamt angefühlt. Durch den Fall dehnte sich jede einzelne dieser furchtbaren Sekunden ins Unendliche. Das erste Element des Versuchs hatte also funktioniert – der gewünschte Effekt einer subjektiven Zeitausdehnung war eingetreten. Aber die Zahlen auf dem Display flackerten viel zu schnell, als dass das Gehirn sie hätte identifizieren können. David Eagleman konnte zeigen, dass die Zeit weder langsamer wird, wenn wir uns fürchten, noch dass die Verarbeitung im Gehirn sich beschleunigt. Was sich verändert, ist unsere Wahrnehmung der Zeit – unsere »Mind Time«.

Aber wie geschieht das? Es ist wahr, dass sich durch Angst starke Erinnerungen im Gehirn einprägen, und tatsächlich ist das Gedächtnis – wie im Verlauf dieses Buchs klar werden wird – einer der Hauptfaktoren bei der Zeitverzerrung. Wenn man Leuten ein Video mit einem Bankraub zeigt, der gerade mal 30 Sekunden gedauert hat, behaupten sie zwei Tage später, die Aktion sei fünf Minuten länger gewesen. Je verstörender das Video ist, desto mehr überschätzen sie seine Dauer.[8] Nach einem stressigen Ereignis erinnern wir uns meist ganz genau an die Einzelheiten dessen, was wir gesehen, gehört und sogar gerochen haben. Die Vielfalt und Neuartigkeit dieser Erinnerungen beeinflussen unser Gefühl dafür, wie lange etwas gedauert hat. Wir lernen, eine bestimmte Menge an Erinnerungen in einen bestimmten Zeitrahmen zu packen. Damit kommen wir weitgehend klar, aber in einer lebensbedrohlichen Situation führt die Intensität des Erlebten zu einem Überschuss an Erinnerungen. Jede Sekunde fühlt sich vollkommen neuartig an, was uns den Eindruck vermittelt, das Ereignis hätte länger gedauert, als es tatsächlich der Fall war – als hätte es in Zeitlupe stattgefunden. Dieser Eindruck wird dadurch verstärkt, dass sich das Gehirn in Situationen wie etwa einem Autounfall auf die Dinge konzentriert, die zum Überleben nötig sind, und Nebensächlichkeiten wie die Umgebung, die Abfolge der Songs im Radio oder die Anzahl der vorbeifahrenden Autos komplett wegfiltert. All dies würde normalerweise dazu beitragen, dass die verstrichene Zeit geschätzt werden kann. Ohne Details kommt es eben zu einer Zeitverzerrung.

Die große Frage ist, ob die Kombination aus vielfältigen Erinnerungen und fehlenden Details ausreicht, um die Zeit so drastisch zu verlangsamen. Vielleicht trifft eine radikalere Erklärung zu: Ist es möglich, dass die Art und Weise, mit der das Gehirn die Zeit misst, ihm das Gefühl gibt, sie würde sich verlangsamen? Gesetzt den Fall, das Gehirn würde die Zeit messen, indem es seine eigenen Verarbeitungsprozesse »beobachtet«, dann würde es in einer Notsituation, wenn alles wahnsinnig schnell geht, mehr »Beats«, also Taktschläge und Eindrücke, zählen und dadurch glauben, es sei auch mehr Zeit vergangen. Ist also das Gehirn am Rasen, um sich zu retten, dann ist das gleichzeitig auch seine Uhr. Ich werde im nächsten Kapitel darauf zurückkommen. Zuvor betrachten wir aber noch ein paar andere kuriose Faktoren, die eine Verzerrung der Zeit bewirken. Die lebensbedrohlichen, von rasenden Gedanken erfüllten Momente höchster Konzentration sind nicht die einzigen Auslöser einer Verlangsamung. Auch das Gegenteil davon – wenn es *nichts* gibt, worauf man sich konzentrieren kann, und man sich schlicht und einfach langweilt – hat einen ähnlichen, wenngleich nicht ganz so extremen Effekt, genau wie eine Reihe anderer Erlebnisse.

Kein besonders nettes Experiment

Nehmen wir an, Sie nehmen an einer Studie teil. Beim Eintreffen wissen Sie zwar, dass sie im Fachbereich Psychologie durchgeführt wird, nicht aber, worum es genau geht. Es gibt fünf weitere Teilnehmer, von denen jeder ein Namensschild trägt. Alle machen einen netten Eindruck, wirken aber gleichzeitig unsicher, was jetzt passieren wird. Die Frau, die den Versuch leitet, sagt, dass Sie sich zunächst einmal kennenlernen sollten, und gibt Ihnen ein Blatt mit Themen, über die gesprochen werden soll: den Ort auf der Welt, den Sie am liebsten besuchen würden; Ihr peinlichstes Erlebnis; was Sie wählen würden, wenn Sie einen Wunsch frei hätten; und so weiter. Also erzählen Sie sich gegenseitig schreckliche Erlebnisse wie das mit der elektrischen Haarbürste, die sich bei der Vorbereitung auf eine Hochzeit in den Haaren verfing, sodass Sie mit herabhängendem Kabel die Straße entlanggehen mussten (mir ist das einmal passiert). Der Psychologe sagt, Sie würden paarweise zusammenarbeiten, und um die Dinge zu erleichtern, sollen Sie zwei Teilnehmer nennen, mit denen Sie das am liebsten machen würden. Das ist leicht. Sie füllen den Zettel aus und warten, wen Sie zugeteilt bekommen. Als Sie dann hineingerufen werden, sehen die Versuchsleiter ganz bedröppelt aus und sagen, dass niemand Sie als Wunschpartner angegeben habe. So etwas, sagen sie weiter, sei ihnen noch bei keinem einzigen ihrer Versuche untergekommen, weshalb sie es für das Beste halten, wenn Sie den Test doch besser alleine machen. Sie sind ein bisschen überrascht und – wenn Sie ehrlich sind – auch verletzt, aber Sie sagen sich, dass Ihnen die Meinung wildfremder Leute ziemlich egal sein kann und Sie sie ja sowieso nicht besonders sympathisch fanden. Sie lassen sich nicht anmerken, dass Sie sich ärgern, und machen den Test, so gut es geht. Als Erstes lässt man eine Stoppuhr laufen, und Sie sollen raten, wie viel Zeit vergangen ist.

Während Sie aber dasitzen und sich fragen, warum keiner Sie mag, ist Ihnen verborgen geblieben, dass auch die anderen Teilnehmer jeweils einzeln in ein Zimmer gebracht wurden, die Hälfte mit der gleichen Begründung wie bei Ihnen, die andere mit dem Hinweis, sie seien von jedem der anderen ausgewählt worden, was eine gerechte Aufteilung unmöglich mache. Ein derber Test, wie Sie vielleicht finden, aber noch lange nicht so derb wie der, der in der Versuchsreihe später durchgeführt wurde und bei dem man den Teilnehmern sagte, anhand ihrer Angaben zur Person sei ersichtlich, dass auch bei mehreren Eheschließungen keine dieser Beziehungen von Dauer sein würde und sie mit allergrößter Wahrscheinlichkeit im Alter einsam sein würden. Ich möchte an dieser Stelle hinzufügen, dass im Anschluss jeweils erklärt wurde, alles sei nur erfunden gewesen.

Das verblüffende Ergebnis dieser Ablehnungsstudie ist, dass der Glaube, ein paar fremde Leute würden Sie nicht mögen, Ihre Zeitwahrnehmung verändert. Die Leute, denen man sagte, sie seien beliebt, schätzten die tatsächlich gestoppten 40 Sekunden auf 42,5, während die, die Ablehnung erfuhren, im Durchschnitt 63,6 Sekunden angaben.[9] Auch wenn 20 Sekunden nicht nach viel klingen, ist die Tatsache, dass es überhaupt einen Unterschied gab, doch recht erstaunlich. Durch die Ablehnung bekamen die Teilnehmer genau mit, was um sie herum passierte. Ihr Gefühl der Unzufriedenheit sorgte für eine Ausdehnung der Zeit.

Diese Versuche zu Ablehnung und Zeitwahrnehmung beruhten auf der Arbeit des Psychologen Roy Baumeister, der sich mit suizidgefährdeten Menschen beschäftigt hat. Solche Menschen befinden sich meist in einem Zustand der Dekonstruktion, in dem sie sich innerlich so betäubt fühlen, dass die Zukunft nur eine geringe oder auch gar keine Rolle spielt. Sie können sich einfach nicht vorstellen, dass es ihnen irgendwann besser geht, wenn sie am Leben bleiben, oder dass ihre Entscheidung für den Tod irgendwelche Auswirkungen haben könnte. Menschen, die über Selbstmord nachdenken, befinden sich in einem Geisteszustand, in dem die Zeit ohne weiteres verdreht wahrgenommen wird.

Dieser Zustand erklärt übrigens auch, warum Abschiedsbriefe meist keinerlei Hinweise geben. Der amerikanische Soziologe Edwin Shneidman hat sich über ein Vierteljahrhundert mit solchen Briefen beschäftigt, nachdem er 1959 im gerichtsmedizinischen Archiv des Los Angeles County einen ganzen Stapel davon entdeckt hatte. Seine Auswertung zeigte – nicht wirklich überraschend –, dass Abschiedsbriefe viel öfter als andere Dokumente das Ich-Pronomen enthalten. Nur vom Inhalt her sind die Schreiben eher enttäuschend. Nachdem Shneidman viele Jahre lang Abschiedsbriefe untersucht hat, kam er zu dem Schluss, die meisten würden mehr oder weniger die gleiche Geschichte erzählen – obwohl »im vermutlich dramatischsten Moment des jeweiligen Lebens geschrieben, sind sie meist nur allgemein gehalten und banal, wenn nicht sogar langweilig oder auch vollkommen belanglos«.[10] Später fand er dann, dass bestimmte Formulierungen durchaus Hinweise liefern könnten, die meisten Abschiedsbriefe den Hinterbliebenen aber wenig erklärten. Nur ein Drittel derer, die sich umbringen, hinterlässt einen Abschiedsbrief. Mit übertriebener Härte meint Shneidman, dass die, die es tun, Menschen seien, die gern das Offensichtliche aussprechen. Er lässt deutlich erkennen, wie sehr ihn der Stil dieser Briefe enttäuscht: »Zu einem Schild mit der Aufschrift ›Quarantäne – Masern‹ würde eine solche Person noch hinzufügen: ›Hier drin Krankheit – bitte draußen bleiben‹.« Weil sich nun Menschen, die sich umbringen wollen, in eben diesem veränderten Zustand befinden – einem zweckgerichteten Zustand, in dem die Zeit verzerrt ist –, können sie auch nicht erklären, was mit ihnen los ist. Tragischerweise wäre eine Erklärung natürlich genau das, was die Hinterbliebenen gerne hätten. Wobei Shneidman vermutet, wir würden noch mehr als das erwarten und davon ausgehen, dass jemand an der Schwelle zum Tod »uns etwas Besonderes mitzuteilen hätte«. Aber selbst wenn wir finden, Shneidman würde für suizid-getriebene Menschen wenig Mitgefühl aufbringen, hat er doch im Bereich der Selbstmordverhütung echte Pionierarbeit geleistet und im Jahr 1958 das Los Angeles Suicide Prevention Center mitbegründet, eine Einrichtung, die 1962 durch die Feststellung berühmt wurde, Marilyn Monroes Tod sei wohl durch »vermutlichen Selbstmord« verursacht.

Menschen mit Depressionen können auch ohne Selbstmordgedanken eine Verzerrung der Zeit erleben. Bei einer Phase der Depression rücken Vergangenheit und Gegenwart ins Zentrum, während die Zukunft – und speziell eine freudige Zukunft – so gut wie nicht vorstellbar ist. Der britische Psychiater Matthew Broome stellt das bei seinen Patienten häufig fest. Und wie sich bei Versuchen gezeigt hat, schätzen depressive Menschen einen Zeitraum durchschnittlich doppelt so lang wie solche ohne Depressionen. Anders gesagt, hat die Zeit hier nur die Hälfte ihrer Normalgeschwindigkeit. Das führt mich zu der Frage, ob eine Depression in manchen Fällen als eine Störung der Zeitwahrnehmung gelten kann. Oder ist die Verlangsamung der Zeit eine Folge der Depression, die sie dann nährt und so verhindert, dass man aus ihr herauskommt? Matthew Broome weist auf die bekannte Tatsache hin, dass Schlafentzug und der Einsatz von Licht sowohl die Stimmung einer Person verbessern als auch die innere Uhr durcheinanderbringen können.[11] Wenn jemand Depressionen hat, werden Gegenwart und Zukunft »im Leid miteinander verknüpft«.[12] Das zeigt sich so deutlich, dass nach Meinung des Psychiatrie-Philosophen Martin Wyllie Fachleute im psychiatrischen Bereich auf das zusätzliche diagnostische Werkzeug zurückgreifen könnten, ihre Patienten die Dauer der jeweiligen Sprechstunde schätzen zu lassen. Vielleicht lässt man sie ja auch einfach sagen, wann eine Minute vorbei ist. Wenn sich 40 Sekunden für sie wie eine Minute anfühlen, dann dehnt sich die Zeit aus. Und je langsamer sie für die jeweilige Person verstreicht, desto schlimmer ist womöglich ihr Zustand.

Die Zeit verlangsamt sich auch für besorgte Krebspatienten. Der Psychophysiker Marc Wittman hat herausgefunden, dass sie Zeiträume überschätzen und meinen, die Zeit würde langsamer vergehen. Das Nachdenken über die Sterblichkeit hat ihre Aufmerksamkeit auf das Verstreichen der Zeit gelenkt, weshalb diese sich nur schleppend bewegt.[13] Im Gegensatz dazu kann sich für Patienten mit einer Störung, die den Bruch mit der Realität beinhaltet, wie etwa bei Schizophrenie, die Zeit auf ganz unterschiedliche Weise verzerren – sie kann unterschiedliche Geschwindigkeiten haben, sich wiederholen oder sogar ganz stehenbleiben. Durch eine extrem verzerrte Zeitwahrnehmung ist das Cotard-Syndrom gekennzeichnet. Benannt nach dem französischen Neurologen, der sie 1882 erstmals beschrieben hat, besteht diese seltene Störung in einem extremen Pessimismus, der mit Depressionen beginnt und in einer Verleugnung aller Dinge endet, darunter dem Besitz wichtiger Organe, der Familie, der Zukunft und sogar der Existenz überhaupt. Im Jahr 1882 schrieb Cotard über eine Patientin: »Sie sagte, da sie ja nicht mehr existiere, solle man ihr doch bitte die Adern öffnen, damit auch jeder sehen könne, dass darin kein Blut vorhanden sei und es auch keine Organe gäbe.«[14] In gewisser Hinsicht ist dies die ultimative Zeitwahrnehmungsstörung. Es gibt kein Gefühl von Vergangenheit und Zukunft, und bei den Fallbeschreibungen dieser seltenen Krankheit meinten drei Viertel der Patienten sogar, sie seien tot.[15] So etwas kommt natürlich nur selten vor, aber wie wir sehen werden, könnten Probleme bei der Zeitwahrnehmung auch der Grund für eine viel häufigere Störung sein.

Hyperaktive Zeit

Er kann nicht stillsitzen. Er zappelt herum. Er kann sich nicht konzentrieren. Er bewegt sich von einer Sache zur nächsten und lässt sich ständig ablenken. Das klingt, als hätte man es mit einem normalen, vielleicht etwas lebhaften Kind zu tun. Aber es gibt einen großen Unterschied. Kinder mit Aufmerksamkeitsdefizit-Hyperaktivitätssyndrom, abgekürzt ADHS, machen das viel öfter als andere Kinder im gleichen Alter, und erst jüngst hat man herausgefunden, dass der Grund dafür vermutlich schlechtes »Timing« ist.

Kinder mit ADHS sind fest in der Gegenwart verankert. Sie haben Probleme damit, die Konsequenzen ihrer Handlungen zu bedenken und empfinden Warten, und sei es auch nur für kurze Zeit, fast schon wie Folter. Das liegt vielleicht daran, dass ein Zeitraum, der sich für uns wie fünf Minuten anfühlt, ihnen wie eine geschlagene Stunde vorkommt – und die Bitte, jetzt einmal fünf Minuten dazusitzen und zu warten, für sie eine echte Herausforderung darstellt. Bei Laborversuchen haben ADHS-Kinder mit Aufgaben zur Zeitbestimmung die allergrößten Probleme. Ihre Wahrnehmung der Zeit scheint sich von der anderer Kinder stark zu unterscheiden. Wenn sie etwa abschätzen sollen, wann drei Sekunden vorüber sind, sagen sie viel eher, die Zeit sei um. Mit anderen Worten: Wenn man ADHS hat, vergeht die Zeit sehr langsam. Das ist bei ADHS-Kindern so häufig, dass Katya Rubia, eine Kognitivwissenschaftlerin am Londoner Institute of Psychiatry, durch Tests zur Zeiteinschätzung 70 Prozent der von ihr untersuchten Fälle richtig klassifizieren konnte – was ganz schön viel ist, wenn man bedenkt, dass es derzeit keinen einzigen Test gibt, mit dem ADHS eindeutig bestimmt werden kann. Eine Diagnose erfolgt bislang durch Experten, die das Verhalten eines Kindes beobachten und dann ihre Entscheidung treffen.

Ganz schön erstaunlich, dass die häufigste Störung bei Kindern – betroffen sind zwischen drei und fünf Prozent – ihre Ursache im Timing, also im Umgang mit der Zeit, hat. Sie äußert sich auf ganz unterschiedliche Weise. Wenn ich Sie fragen würde, ob Sie 100 £ jetzt gleich oder 200 £ in einem Monat haben wollen, wären Sie wohl eher für die Verdoppelung, aber für Menschen mit ADHS ist eine verzögerte Gratifikation uninteressant. Wenn man Kindern mit ADHS eine

Belohnung dafür verspricht, dass sie das Aufleuchten eines roten Lichts abwarten, dann weitere fünf Sekunden warten und erst dann einen Knopf drücken, sind sie so scharf auf das Drücken dieses Knopfs, dass sie es nicht aushalten und es sofort tun. Kinder mit ADHS haben Probleme mit dem Warten und handeln oft übereilt, ohne an die Konsequenzen zu denken. Während unsereiner also mehr in der Gegenwart leben will, tun diese Kinder es viel zu sehr.

Wenn aber ADHS eine Störung der Zeitwahrnehmung ist, könnte man dann bei betroffenen Kindern nicht irgendwie die Beziehung zur Zeit verändern und auf diese Art die ADHS-Symptome reduzieren? Im Moment zielen therapeutische Maßnahmen einerseits auf Hemmung des Verhaltens, andererseits auf verbessertes Nachdenken vor dem Handeln, wohingegen Katya Rubia plant, eine Form der kognitiven Verhaltenstherapie zu entwickeln, bei der Kinder lernen, zu warten und Dinge zu verzögern. Darauf werde ich im fünften Kapitel noch einmal zurückkommen. Das Problem ist aber: Wenn ein Kind das Verstreichen der Zeit auf ungewöhnliche Weise wahrnimmt, wird dadurch, dass es warten lernt, das zugrundeliegende Problem nicht beseitigt. Vielleicht kann es die schleppende Langsamkeit der Zeit tatsächlich besser ertragen, aber wenn sich fünf Minuten wie eine Stunde anfühlen, dann wird das auch in Zukunft so bleiben. Und auch wenn das Kind lernt, nicht mehr so ungeduldig zu sein – hätte es nicht trotzdem das Gefühl, die Zeit würde stillstehen? Katya setzt aber voll auf die Formbarkeit des Gehirns: Wenn sie Kindern ein anderes Verhalten beibringen kann, dann wirkt sich das ihrer Meinung nach auf das Gehirn und ganz explizit auf die Zeitwahrnehmung aus. Sie konnte bereits nachweisen, dass Ritalin, das Medikament, mit dem normalerweise gegen die ADHS-Symptome vorgegangen wird, die Zeitwahrnehmung und die Abschätzung von Millisekunden verbessert. Wenn ein Kind lernt, zu warten, lernt es dabei vielleicht auch, ein Zeitintervall genauer zu beurteilen. Wie Katya mir sagte: »Wenn man nie wartet, lernt man auch nicht, einen Zeitraum richtig wahrzunehmen und entsprechend einzuschätzen.«

Nach der Zeit tauchen

Insgesamt 14 Taucher waren es – sechs Amateure und acht Techniker der British Army. Es war Mitte der 1960er Jahre, ein heißer Augusttag in der Famagusta-Bucht auf Zypern. Dieser Ort war gerade dabei, ein richtiger Hotspot zu werden. Neue Hotels schossen wie Pilze aus dem Boden – Platz für die Reichen und Berühmten, die hier Ferien machen wollten. Archäologische Ausgrabungen in der langen Sichel des Sandstrands brachten ein perfektes Säulenrechteck zum Vorschein. Hier hatte vormals ein Gymnasion gestanden, bis – so die Legende – der König im vierten vorchristlichen Jahrhundert seinen Palast lieber anzündete, als ihn den Ägyptern zu überlassen. Wobei die 14 Taucher nicht gekommen waren, um die Ausgrabungen zu bewundern – und auch nicht die Zackenbarsche oder Hummerkolonien im tiefblauen Mittelmeer. Sie waren da, um an einem Experiment zur Zeit teilzunehmen. Zu Beginn saß jeder Taucher mit einem Thermometer im Mund da, während sein Puls gemessen wurde. Dann musste er ohne mitzuzählen schätzen, wann eine Minute vergangen war. Daraufhin reichte ihm ein Heerestechniker eine 30-Gramm-Ladung Nitrozellulose

(Schießbaumwolle) und zündete die Lunte an. Aufgabe des Tauchers war es, mit dem Sprengstoff drei Meter tief zu tauchen, ihn auf einem der vielen Schiffswracks, die in der Bucht verstreut waren, abzulegen, sofort zurück an die Oberfläche zu kommen und die Explosion abzuwarten. Erneut wurden Temperatur und Puls gemessen, und genau wie vorhin musste auch die Dauer einer Minute geschätzt werden. Doch es gab einen Haken. Die Taucher hatten Anweisung, bei etwaigem Ausbleiben einer Explosion erneut nach unten zu tauchen und das Baumwollsäckchen wieder heraufzuholen. Es handelte sich um echten Sprengstoff, was dem Experiment verständlicherweise etwas Spannung verlieh. Geleitet wurde es von Alan Baddeley, der später einer der wichtigsten britischen Gedächtnisforscher wurde. Er war in Zypern, um an ein Experiment anzuknüpfen, das er an einem kühlen Märztag vor der walisischen Küste durchgeführt hatte. Er stellte fest (nicht wirklich überraschend), dass die Taucher nach ihrem Tauchgang eine niedrigere Körpertemperatur hatten, aber dass sie, je kälter sie waren, auch die Minute immer länger schätzten. Anders gesagt, fühlte es sich für sie an, als würde die Zeit schneller vergehen (jetzt sind Sie verwirrt, aber erinnern Sie sich: Wenn die Zeit sich langsam angefühlt hätte, hätten sie die verstreichende Minute *unter*schätzt, denn nach 40 Sekunden wäre es ihnen vorgekommen, als sei die Minute vorüber). Es war aber theoretisch möglich, dass sich die Zeit nicht erst *nach* dem Tauchgang beschleunigte, sondern dass sie aufgrund ihrer Angst *davor* bereits langsamer verging, was dann zu den unterschiedlichen Schätzwerten führte. Also verlagerte Baddeley den Versuch in die warmen Gewässer Zyperns und entwickelte eine Aufgabe, die kaum Einfluss auf die Körpertemperatur der Taucher nahm, durch die Verwendung von Sprengstoff aber äußerst stressig war. Bei der Versuchsanordnung in Zypern gab es kaum Unterschiede bei den Zeitschätzungen vor und nach dem jeweiligen Tauchgang, was die ursprüngliche These stützte, die veränderte Zeitwahrnehmung bei den walisischen Tauchern sei in den Temperaturen begründet – und nicht etwa in der Angst.[16]

30 Jahre davor lag die Frau des amerikanischen Psychologen Hudson Hoagland mit einer Grippe im Bett. Obwohl ihr Mann sich rührend um sie kümmerte, klagte sie darüber, dass er immer dann, wenn sie ihn brauchte, für längere Zeit aus dem Zimmer verschwunden war. Tatsächlich wich er aber immer nur für wenige Minuten von ihrer Seite. Deshalb kam er auf die Idee, ihre Zeitwahrnehmung sei vielleicht durcheinandergeraten, und nutzte die Gelegenheit für ein Experiment zum Zusammenhang von Zeitwahrnehmung und Körpertemperatur. Wegen des Fiebers hatte sie starke Temperaturschwankungen, deshalb bat er sie bei jedem neuen Wert, die Sekunden zu zählen, bis eine Minute erreicht war, wobei er das mit der Stoppuhr kontrollierte und verglich. Und um ganz sicherzugehen, ließ er sie die Prozedur bei jeder Temperaturmessung fünf Mal wiederholen, was zur Folge hatte, dass diese arme, kranke Frau innerhalb von 48 Stunden sage und schreibe 30 Tests absolvierte.[17]

Hoagland stellte nicht nur fest, dass sie eine extrem geduldige Patientin war und auf seine Bitte hin immer wieder die Sekunden zählte – ohne zu wissen, wofür –, sondern dass sie außerdem, je höher ihr Fieber war, umso eher dachte, die Minute sei um. Als ihre Temperatur knapp 40 °C betrug, hatte die Zeit sich so sehr verlangsamt, dass sie bereits nach 34 Sekunden dachte, die Minute sei verstrichen.

Hoagland muss große Überzeugungskraft besessen haben, denn für seinen nächsten Versuch konnte er tatsächlich einen Studenten überreden, sich einer Diathermie zu unterziehen – dabei wird der Körper sorgfältig verpackt und mit elektrischem Strom auf 38,8 °C erwärmt. Angesichts der Tatsache, dass 40 °C eine tendenziell lebensbedrohliche Körpertemperatur sind, zeigte sich der Student – kaum überraschend – etwas besorgt, was, wie Hoagland bemerkte, seine anfänglichen Zeitschätzungen eher inkonsistent werden ließ. Sobald er sich aber entspannen konnte, veränderte sich seine Zeitwahrnehmung genau wie die von Hoaglands Frau. Je höher die Temperatur war, desto langsamer verstrich die Zeit. Hoagland führte seine Tests nur mit zwei Personen durch, aber Baddeleys spätere Tauch-Experimente bestätigten die Tatsache, dass die Körpertemperatur unsere Zeitwahrnehmung verzerren kann.

Fünf Mal täglich über 45 Jahre

Die Entdeckung des nächsten zeitverlangsamenden Faktors erforderte allergrößte Hingabe, was diesem Forschungsbereich aber insgesamt eingeschrieben zu sein scheint. Robert B. Sothern ist ein Biologe, der tagtäglich Messungen durchführt – und das seit dem Jahr 1967. Fünf Mal pro Tag schätzt er die Dauer einer Minute, ohne dabei auf die Uhr zu sehen. Dabei misst er nicht nur Blutdruck, Körpertemperatur und Puls, sondern testet außerdem noch die Auge-Hand-Koordination und bewertet seine Stimmung sowie den generellen Energiezustand. 19 Jahre lang bezog er dabei auch noch seine Eltern mit ein, und über mehrere Jahrzehnte sammelte er zusätzlich Daten zur Stärke seines Händedrucks sowie der Menge seines Urins. Alles fing damit an, dass er von den USA nach Deutschland reiste, um an einem Versuch teilzunehmen und dazu drei Wochen lang ohne jede Möglichkeit der Zeitmessung im Untergrund zu leben. Dieses Experiment brachte ihn auf die Idee, die Körperrhythmen und ihre Veränderung beim Älterwerden zu beobachten, und zwar an einer Testperson, die dazu mehr als andere bereit war – an sich selbst. Wo sonst hätte man denn auch jemanden finden können, der genügend Motivation und Pflichtbewusstsein besaß, um das Forschungsprojekt nicht durch Urlaub oder Krankheit unterbrechen zu müssen? Robert hat mittlerweile 72 000 Messungen durchgeführt, und wie er mir sagte, hat er auch nicht die Absicht, damit aufzuhören.[18]

Robert möchte in erster Linie wissen, ob der Zeitpunkt einer medizinischen Behandlung womöglich Einfluss auf ihre Wirksamkeit hat. Ist sie morgens, abends oder an einem ganz bestimmten Tag des Monats am effizientesten? Wie er sehr wohl weiß, wird dieser Forschungsbereich von Medizinerseite aus eher skeptisch betrachtet, und angesichts der Dürftigkeit an echten Belegen wird das wohl auch so bleiben. Was mich aber interessiert, ist ein Nebenprodukt seiner Forschungen. Die jahrzehntelangen Messungen der Zeitwahrnehmung weisen auf einen weiteren Faktor für eine Verlangsamung hin – die Jugend. In Roberts in Deutschland erlebten Phase der Isolation zeigten die Messungen, dass die Zeit in seiner Wahrnehmung langsamer verging. Als er dann aber 30 wurde, passierte das Gegenteil, und die Zeit schien sich nach und nach zu beschleunigen.[19] Dieses Gefühl stellt sich beim Älterwerden für alle Menschen ein, und weiter hinten werde ich noch genauer darauf eingehen.

Wie man die Zeit anhält

Gefühlsregungen, Angst, Wut, Isolation, Körpertemperatur und Ablehnung nehmen also Einfluss auf unsere Wahrnehmung der Geschwindigkeit, mit der die Zeit verstreicht – genau wie Konzentration oder auch »Aufmerksamkeit«, wie man in der psychologischen Literatur gern dazu sagt. Wenn Sie zufällig in einem Raum sind, in dem sich eine Uhr mit Sekundenzeiger befindet, und dieser bewegt sich nicht sanft und gleichmäßig, sondern tickt im Sekundenabstand vor sich hin, dann sehen Sie jetzt zur Uhr und beobachten, was passiert. Wenn Sie den richtigen Moment erwischen, steht der Sekundenzeiger länger still, als er eigentlich sollte. Für einen Moment fragen Sie sich, ob die Uhr vielleicht stehengeblieben ist, aber da bewegt er sich auch schon weiter. Dies ist ein Beispiel für »Chronostasis«: die Illusion, die Zeit würde stillstehen. Wenn es beim ersten Mal nicht klappt, sehen Sie immer wieder hin, und irgendwann funktioniert es wirklich. Die landläufige Erklärung für diese Illusion ist, dass unser Gehirn versucht, uns ein konsistentes Bild von der Welt zu liefern, das eben nicht bei jedem Blick durchs Zimmer verschwimmt – weshalb es optische Eindrücke bei einer Bewegung der Augen kurzzeitig ausblendet oder nicht aufnimmt. Dadurch sehen wir das Leben wie einen gleichmäßig verlaufenden Film. Um diesen Moment der unterdrückten Sinneswahrnehmung auszugleichen, denken wir zu Recht, dass die meisten Dinge in einem Raum stillstehen. Der tickende Sekundenzeiger führt unser Gehirn hinters Licht. Zumindest ist das die Theorie. Das Problem an dieser Erklärung ist aber, dass es die Uhren-Illusion auch auf anderen Sinneskanälen gibt. Ein ähnliches Phänomen, genannt »Tote-Leitung-Illusion«, findet man in Ländern, in denen das Amtszeichen aus einer Abfolge von Tuten und Stille besteht. Nimmt man den Hörer im richtigen Moment von der Gabel, fühlt sich die anfängliche Stille so lang an, als sei die Leitung tot.

Was hat das also mit der Aufmerksamkeit und der Verzerrung der Zeit zu tun? Na ja, die Forscherin Amelia Hunt hat eine andere Erklärung für die Uhren-Illusion, und zwar eine, die Hinweise darauf gibt, wie sich Aufmerksamkeit auf die Zeitwahrnehmung auswirkt. Wir können einen Ball fangen oder sicher Auto fahren und dabei ständig Zeiträume ganz präzise abschätzen, aber abstrakte Zeitmessungen sind erheblich schwieriger.[20] Hunts Erklärung der Uhren-Illusion hat nichts mit dem tatsächlichen Sehen, sondern ausschließlich mit Aufmerksamkeit zu tun. Die Zeit, sagt sie, ist verzerrt, weil wir quer durchs Zimmer sehen und uns auf etwas Neues konzentrieren. Wenn wir unsere Aufmerksamkeit auf ein Ereignis richten, und sei es ein kurzes wie der Blick auf die Uhr, erzeugt das den Eindruck, es hätte länger gedauert, als es tatsächlich der Fall war. Die Aufmerksamkeit erklärt auch, warum die Zeit bei Langeweile langsamer vergeht. Im späten 19. Jahrhundert schrieb der bedeutende Psychologe und Philosoph William James, Langeweile würde sich einstellen, wenn »wir auf das Vergehen der Zeit als solcher aufmerksam werden«. Zur Illustration schlug er vor, man solle die Augen schließen und eine hilfsbereite Person sagen lassen, wann eine Minute vorbei sei. Probieren Sie das mal: Es dauert ewig. Und diese stille Minute kommt einem noch länger vor, wenn die vorausgehende mit Musik oder Reden gefüllt war. Demgemäß kann die Beteiligung von Aufmerksamkeit auch erklären, warum bei Ablehnung die Zeit langsamer wird. Durch die Ablehnung konzentrieren wir uns auf die eigene Person mit all ihren, also unseren, Unzulänglichkeiten, und erneut dehnt sich die Zeit aus.

Ob wir nun vom Himmel fallen oder eine Uhr ansehen – es wird langsam klar, dass unser Verhältnis zur Zeit nicht geradlinig und Eins zu Eins ist. Aufmerksamkeit ist dabei nur *ein* Teil der Geschichte, die allgemeine, mit anderen geteilte Auffassung von der Zeit ein anderer. Und im nächsten Kapitel werde ich fragen, wie das Gehirn denn *überhaupt* die Zeit misst, wo es doch gar kein spezielles Organ dafür hat.

Bis hierher haben wir Chuck Berry bei seinem außerplanmäßig verlaufenen Neujahrssegelflug in seiner Zeitblase und wortwörtlich auch in der Luft hängen lassen. Im wirklichen Leben wäre er längst am Boden zerschellt. Seine Fliegerfreunde auf dem Coronet Peak hatten ein entferntes Krachen gehört. Sie konnten sehen, wie die Flügel vom Swift-Glider abfielen und Chuck abstürzte, dabei die Reste des Gleitschirms hinter sich herziehend. Dann war er verschwunden. Warum machte er den Reserve-Fallschirm nicht auf? Ohne den würde er garantiert nicht überleben.

Chuck musste über so vieles nachdenken, dass er so gut wie keine Angst hatte. Obwohl die Zeit sich für ihn ausdehnte, reichte sie bei weitem nicht, um sich zu fürchten. Er streckte den Arm so weit wie möglich aus und fand schließlich, was er gesucht hatte, nämlich den Griff der Reißleine, der im Wind flatterte. Er zog fest daran und hoffte, gleich das wohlige Gefühl zu erleben, das sich einstellt, wenn der Fallschirm schlagartig aufgeht und man gemütlich in seinen Gurten baumelt, als würde man von einem Riesen aufgehoben und sanft hin und her gewiegt. Nur dass das nicht passierte. Er wurde zwar ein bisschen langsamer, wusste aber, dass er immer noch viel zu schnell fiel. Als er nach oben sah, verstand er auch, warum. Der Fallschirm war ein älteres Modell, also klein und rund. »Wie bei den Fallschirmspringern am D-Day?«, fragte ich ihn. »So ungefähr, nur etwa zehn Mal kleiner.« Jetzt bekam er Angst. Nach allem, was er unternommen hatte, würde er dennoch am Boden zerschellen. Wenn es hier doch nur Bäume gäbe. Normalerweise würde er alles tun, um nicht in irgendwelchen Bäumen zu landen, aber bei dieser Geschwindigkeit und einem Sturz aus 700 Metern Höhe waren Äste, die den Fall irgendwie abmilderten, seine einzige Überlebenschance. Aber es gab keine Bäume, nur das Buschwerk und Unterholz am steilen Hang des Coronet Peak. Die Zeit war mit quälender Langsamkeit vergangen. Jetzt verdrehte sich das ins Gegenteil. Sie raste. Es gab keinerlei Möglichkeit zu steuern und Chuck krachte in die Büsche.

Eine halbe Stunde später lag er immer noch auf dem Boden, angegurtet an sein Cockpit-Wrack. Er hatte keine Ahnung, wie er dorthin gekommen war. Er sah an sich hinunter und erkannte an der Kleidung, dass er wohl mit dem Gleitschirm geflogen sei, nur dass hier weit und breit keiner zu sehen war. Dann fiel sein Blick auf die Swift-Flügel oben am Berghang.

Das GPS-Gerät in Chucks Tasche versorgt uns mit ein paar unbeabsichtigten Daten zur Zeitwahrnehmung. Es hat den Sturz ebenfalls überlebt. Während Chucks Wahrnehmung also die eine Version der Geschichte erzählt, liefert das GPS mit der genauen Aufzeichnung seines Orts in jedem einzelnen Moment eine vollkommen andere. »Der freie Fall dauerte ewig. Das war ein unglaublich langer Zeitraum.« In Wahrheit hatte der freie Fall nur zehn Sekunden gedauert, und vom Öffnen des kleinen Fallschirms bis zur Bruchlandung vergingen weitere fünf Sekunden. Chuck weiß noch, dass er dann sofort die Flugaufsicht in Queenstown über den Unfall informierte. Er erinnert sich nur an ein einziges Telefonat, aber sein Handy zeigt an, dass er zwei Mal mit dem Tower gesprochen hat – wohl weil er verwirrt war oder sogar eine Gehirnerschütterung hatte. Er lag hoch oben am Berghang und wartete auf die Rettungskräfte. 40 Minuten dauerte es, bis sie eintrafen, aber auch jetzt spielte die Zeit mit seinem Verstand. Sie wurde nämlich schneller. Er war so aufgedreht, dass er glaubte, sie hätten nur zehn Minuten gebraucht. »Ich war überglücklich, am Leben zu sein. Etwas Besseres gibt es nicht.« Und in Bezug auf Verletzungen sagte er mir: »Ich hatte eine Beule am Kopf und einen Dorn im Handgelenk. Und das war's auch schon.«

Dass er überlebt hat, liegt für ihn an seiner jahrelangen Erfahrung als Fallschirmspringer. Für ihn fühlt sich der freie Fall ganz normal an, deshalb geriet er nicht in Panik. Seine Abenteuersportarten hat er nicht aufgegeben und baut sich derzeit sogar sein eigenes Flugzeug. Chuck ist der Meinung, die zwei Jahrzehnte des Fallschirmspringens hätten seine Zeitwahrnehmung verändert, und das nicht nur, wenn etwas schicfläuft. Wo die meisten von uns fünf Sekunden für eine kurze Zeitspanne halten, weiß er, dass sie ausreicht, um 300 Meter im freien Fall zurückzulegen. Für ihn sind fünf Sekunden also mittlerweile ein langer Zeitraum. Sein Erlebnis illustriert ziemlich gut, wie jeder von uns das Gefühl für die Zeit im Kopf erzeugt. Um aber zu verstehen, *wie* wir das machen, müssen wir uns ansehen, wie unser Gehirn die Zeit misst.

UHREN IM GEHIRN

Um fünf Uhr klingelte der Wecker. Es war die Regenzeit in Costa Rica, und wir hatten uns an Regenfälle gewöhnt, bei denen man sich fühlte, als würde jemand gewaltige Wasserfässer vom Himmel leeren. An diesem Morgen war es aber trocken und ruhig: ideale Bedingungen fürs Birdwatching.

Ricky traf pünktlich ein und verbrachte einige Minuten damit, aus seinem blauen Halstuch eine Art von Piraten-Haube zu basteln. Kaum war diese auf ihrem Platz, setzte er sich noch eine braune Mütze auf, Schild nach hinten. Diese Kopfbedeckung war mit einem Arrangement aus Zweigen, Blättern und Federn geschmückt. Gräuliche Dreadlocks quollen unter der Mütze hervor, und rund um sein wettergegerbtes Gesicht sprießte ein strubbeliger, stechginsterähnlicher Bart.

Ricky entstammt, wie viele Costa-Ricaner, verschiedenen Ethnien. In seinem Fall sind das die afrokaribische und die der Bribri, einer indigenen Gruppierung des Landes. Als Kind folgte er dem Beispiel seiner Freunde, Vögel zu fangen und in Käfigen zu halten. Aber im Gegensatz zu seinen Freunden behandelte er die Tiere nie grausam. Von seiner Großmutter lernte er, dass Vögel zu achten sind – man kann sie bewundern und lässt sie dann wieder frei. Als Erwachsener wurde er dann Naturforscher, und heute zeigt er Menschen aus aller Welt den Vogelreichtum an der costa-ricanischen Karibikküste.

Die Morgendämmerung war ganz grau, weil die Sonne nicht durch die Wolkendecke brechen konnte. So waren die Farben der Vögel kaum zu erkennen, wenngleich ihre Töne und Geräusche das gesamte Samasati-Tal erfüllten. Schon bald hörten wir das Krächzen von Tukanen und sahen zwei über uns hinwegfliegen. Als sie auf der Spitze eines großen Baumes landeten, zeigte ein Blick durchs Fernglas deutlich, warum so viele Reiseagenturen den Tukan als Logo wählen. Dies waren Regenbogen-Tukane mit grün-rot-gelbgestreiften Schnäbeln, die oben noch einen limettengrünen Klecks hatten. In einem anderen Baum entdeckten wir einen Schläfenfleckspecht, der sich genauso bewegte wie das kleine, gefederte Ding, das in der Unterstufe das Ende meines Bleistifts zierte.

Aber wir sahen keineswegs nur Vögel. Ein unförmig-grauer Klumpen in der Gabelung eines hohen, unbelaubten Baums entpuppte sich als weibliches Zweifingerfaultier. Schlafend, klar. Wie Ricky uns sagte, blieb die Dame wohl tagelang oben und begab sich nur für den wöchentlichen Stuhlgang nach unten. Faultiere sind ziemlich pingelig, was ihre Ausscheidungen betrifft, und vergraben sie genau wie Katzen. Dieser Hang zur Hygiene ist aber nicht ohne Konsequenzen, denn viele werden während ihres Bodeneinsatzes von Hunden überrascht und getötet.

Der Morgen wurde langsam wärmer und wie gewohnt schwül und stickig. Bei uns stellte sich bereits leichte Erschöpfung ein. Da sah Ricky ihn. Das war der Vogel, wegen dem wir gekommen waren, ein Vogel mit ganz ungewöhnlichen Fähigkeiten – die Braunschwanzamazilie. Er war so klein, dass man ihn glatt für ein fliegendes Insekt halten könnte. Mit einem Gewicht, das nicht einmal das einer größeren Büroklammer erreicht, schwebte er in der Luft und steckte seinen roten, gebogenen Schnabel in die Blüten, während seine Flügel in Form einer Acht schwirrten, ohne dass die Bewegung für das menschliche Auge überhaupt sichtbar wäre. Zu erkennen waren nur sein smaragdgrüner Kopf und der berühmte, rostfarbene Schwanz.

Kolibris sind weltweit die einzigen Vögel, die auch rückwärts fliegen können. Ganz schön trickreich. Faszinierend ist außerdem ihre Fähigkeit, die Zeit abschätzen zu können. Genau wie Menschen wissen sie, wann 20 Minuten vorbei sind.

Sie besuchen eine Pflanze und stehen mit schwirrenden Flügeln in der Luft, während sie ihren hauchdünnen Schnabel mit der extralangen Zunge in die Blütenkelche stecken und den Nektar aufsaugen. Wenn sie genug haben, ziehen sie weiter. Der Braunschwanz-Kolibri verteidigt seine Nahrungsquellen, indem er aggressiv gegen andere Vögel vorgeht und sie aus seinem Revier vertreibt, aber er verfügt auch noch über eine weitere Technik, mit der er früher als alle anderen an den Nektar kommt. Diese wird »Traplining« genannt und erlaubt dem Kolibri, genau abzuschätzen, wann 20 Minuten vorbei sind – also exakt die Zeit, in der die Blüte ihren Nektar nachgefüllt hat. Indem er mit dieser präzisen Zeiteinschätzung zur Blüte zurückkehrt, sichert er sich vor anderen Vögeln den Zugriff auf diese lebensspendende Substanz.

Jetzt wissen wir also, dass Kolibris 20 Minuten abschätzen können – aber sind sie in ihrer Entwicklung nur zur Beherrschung dieses *einen* Zeitraums gelangt oder können sie vielleicht auch den Umgang mit kürzeren Zeitintervallen lernen? Um das herauszufinden, haben Wissenschaftler an der Universität von Edinburgh künstliche Blumen hergestellt, die ihren Nektar nicht in 20, sondern bereits in zehn Minuten nachfüllen. Würden die Kolibris im Versuchslabor sich auch auf einen Zehn-Minuten-Rhythmus einstellen können? Wie sich gezeigt hat, konnten sie das.[21] Und es sind nicht nur diese exotischen Tiere, die solche bemerkenswerten Fähigkeiten besitzen. Auch unsere gewöhnliche Stadttaube kann so trainiert werden, dass sie Zeitabschnitte mit ziemlicher Genauigkeit abzuschätzen lernt.

Wie wir im letzten Kapitel gesehen haben, besitzen auch Menschen diese Fähigkeit. Wir erkennen auch noch die Millionstelsekunde, die es braucht, um ein Geräusch zu lokalisieren, und gleichzeitig erraten wir ziemlich gut das jeweilige Jahr, in dem unsere zahlreichen Erinnerungen angesiedelt sind. In diesem Kapitel möchte ich die konkurrierenden Theorien erörtern, die es zum Umgang unseres Gehirns mit diesen vollkommen verschiedenen Zeitrahmen gibt. Es fühlt sich an, als gäbe es eine Uhr im Gehirn, auf der Millisekunden, ganze Sekunden, Minuten und Stunden vergehen, was uns eine Messung der Zeit ermöglicht – nur dass bislang weder durch Sezieren noch durch die immer besser werdenden Scan-Technologien etwas entdeckt wurde, das eine irgendwie uhrenähnliche Struktur aufweist. Genau wie Einsteins Relativitätstheorie uns sagt, dass es so etwas wie die absolute Zeit nicht gibt, scheint im Gehirn auch kein absoluter Mechanismus zur Zeitmessung vorhanden zu sein.

Zwar besitzen wir eine Körperuhr (auch »innere Uhr« genannt), aber die kontrolliert nur unseren zirkadianen,

24-stündigen Tag-Nacht-Rhythmus. Sie hat keinerlei Bedeutung für unsere Abschätzung von Sekunden, Minuten oder Stunden. Was die Neurowissenschaftler in diesem Forschungsbereich festzustellen versuchen, ist, wie das Gehirn die Zeit misst, wo es doch dafür auf gar kein Organ zurückgreifen kann.

Betrachtet man, wie Chuck Berry bei seinem freien Fall vom Himmel die Zeit aufgrund seiner Angst verzögert erlebte, und Mrs. Hoagland aufgrund ihres Fiebers, dann zeigt sich klar und deutlich, dass das Gehirn die Zeit irgendwie misst und dazu über ein System verfügt, das zudem äußerst flexibel zu sein scheint. Es bezieht sämtliche der im letzten Kapitel angeführten Faktoren mit ein – Gefühle, Reizaufnahme, Erwartungen, die Erfordernisse einer Aufgabe und sogar die Körpertemperatur. Der jeweils beanspruchte Sinn spielt dabei auch eine Rolle: Ein auditives Ereignis kommt uns länger vor als ein visuelles. Dennoch fühlt sich das im Gehirn erzeugte Zeiterleben vollkommen echt an – so echt, dass wir zu wissen glauben, wie damit umzugehen ist, und regelmäßig überrascht sind, wenn es uns durch eine Verzerrung irritiert.

Sie können Ihre eigene Fähigkeit zur Zeitabschätzung leicht überprüfen, indem sie auf dem Handy die Stoppuhr laufen lassen und ohne irgendwie mitzuzählen raten, wann eine Minute vorbei ist. Die meisten von uns sind ziemlich gut darin, aber es gibt natürlich individuelle Unterschiede und mit zunehmendem Alter sogar eine Abnahme dieser Fähigkeit. Wir lassen uns auch leicht ablenken: Die Länge eines Songs zu schätzen, fällt den meisten nicht schwer, solange sie sich ausschließlich darauf konzentrieren können, aber sagt man ihnen, sie sollen auch auf die Tonhöhe achten, halten sie den Song für länger, als er eigentlich ist. Menschen mit einer Tendenz zur Langeweile pflegen diese Minute in der Regel zu unterschätzen. Die Zeit vergeht für sie so langsam, dass die gefühlte Minute bereits nach 30 oder 40 tatsächlichen Sekunden vorbei ist.

Die Erörterung diesbezüglicher Studien kann verwirrend sein, denn es gibt zwei Möglichkeiten der Zeitabschätzung: prospektiv/vorausschauend – wobei man jemanden bittet, ab jetzt eine Minute zu schätzen – oder retrospektiv/zurückblickend, wobei man jemandem eine Aufgabe gibt und ihn danach raten lässt, wie viel Zeit vergangen ist. Wenn die Zeit für eine Person langsam vergeht, wird sie die Dauer einer gegenwärtig erlebten Minute *unter*schätzen, aber wenn man sie im Nachhinein fragt, wird sie die Dauer *über*schätzen. Beides zeigt an, dass die Zeit langsam verstreicht. Stellen Sie sich vor, Sie sind bei einem Fußballmatch, das besonders langweilig ist. Sie sitzen also da und warten ungeduldig auf die Halbzeitpause, nur hat Ihnen vorhin jemand gesagt, Sie sollen angeben, wann eine Stunde vorüber ist. Da die Zeit nur schleppend vergeht, ist das für Sie soweit, wenn tatsächlich erst 40 Minuten vergangen sind. Wenn dann die Halbzeitpause kommt, blicken Sie zurück und sind der Meinung, die erste Hälfte hätte mindestens zwei Stunden gedauert. Von den Zahlen her haben wir also einerseits eine Unterschätzung, andererseits eine Überschätzung. Und doch zeigen beide an, dass die Zeit sich langsam bewegt.

Wenngleich man bislang noch keine richtige Uhr im Gehirn entdeckt hat, wurden mehrere Bereiche gefunden, die an der Zeitwahrnehmung beteiligt sind – und jeder einzelne gibt Hinweise auf die Art und Weise, wie sie vonstattengeht. Beginnen wir mit dem Kleinhirn. Dieser Bereich, im hinteren Teil des Gehirns und bis zum Genick reichend, macht nur etwa 10 Prozent des Gehirnvolumens aus, enthält aber dennoch die Hälfte aller Hirnzellen. Das Kleinhirn hilft uns bei der Koordination von Bewegungen, indem es unzählige Informationen aus dem übrigen Nervensystem verarbeitet. Dank des Kleinhirns sind wir beim morgendlichen Aufwachen imstande, sofort unsere gegenwärtige Lage oder Position zu erkennen (man nennt diesen Sinn »Propriozeption«), denn es überprüft ohne Unterlass die Position oder Stellung sämtlicher Gliedmaßen. So nebensächlich das auf den ersten Blick wirken mag, ist mir die Lebensnotwendigkeit dieses Zusammenspiels spätestens dann klar geworden, als ich Ian Waterman kennenlernte, der sich im Alter von 19 Jahren ein seltenes Nervenleiden zugezogen hat und ab da unter einer Unterbrechung der Informationswege zwischen Körper und Kleinhirn litt. Mittlerweile kann er zwar wieder gehen und Auto fahren, nur muss er dazu ständig seine Arme und Beine im Blick haben und jede Bewegung genau planen und kontrollieren. Wenn er auch nur einen einzigen Moment unkonzentriert ist, kann eine simple Handlung wie das Ergreifen eines Eis dazu führen, dass das Ei entweder am Boden landet oder in seiner Hand zerquetscht wird.

Ians Probleme entstehen dadurch, dass er vom Hals abwärts nichts mehr spürt, was wiederum bedeutet, dass seine peripheren Nerven dem Kleinhirn keine Rückmeldung geben können. Durch seine geschützte Lage im hinteren Teil des Schädels wird das Kleinhirn zwar selten verletzt, aber wenn das passiert, ist davon nicht nur die Koordination der Bewegungen betroffen, sondern auch die Wahrnehmung von winzigen Zeitintervallen.

Bläst man jemandem ein kleines bisschen Luft ins Auge,

wird die Person angewidert blinzeln, aber wenn man das vorab per Signal ankündigt, wird sie analog zum Pawlow'schen Hund, der beim Klang einer Glocke zu sabbern begann, in Erwartung des Luftstoßes genau in diesem Moment blinzeln. Im Gegensatz zum pawlowschen Hund mit seinem konditionierten Speichelreflex erfordert dieses Blinzeln aber ein äußerst präzises Timing, und es ist das Kleinhirn, das diese Berechnung leistet. Dass ein Mensch mit beschädigtem Kleinhirn genau diese Fähigkeit verliert, ist so zwangsläufig, dass im Jahr 2009 ein Forschungsteam mit Patienten in Cambridge und Buenos Aires auf die Idee kam, mithilfe der Luftstoß-Tests herauszufinden, ob Patienten in dauerhaft vegetativem Zustand eines Tages wieder das Bewusstsein erlangen würden. Wobei der stichhaltigste Beweis dafür, dass das Kleinhirn an der Zeitwahrnehmung beteiligt ist, durch eine viel dramatischere Technik erbracht wurde.

Eine Elektrifizierung des Gehirns

Als man mich in das Sprechzimmer führte, saß mitten im Raum eine ältere Dame auf einem Stuhl. Sie sah aus, als hätte sie Angst. Der Arzt näherte sich ihrem Kopf und hielt dabei etwas in der Hand, das wie ein vergrößerter Seifenblasenspender aussah, wie ihn Kinder bei einer Geburtstagsparty verwenden. Über ein langes Spiralkabel war dieses Ding mit einem Rollwagen verbunden, auf dem eine Vielzahl elektrischer Geräte stand. Als der Arzt mit starkem Akzent versicherte: »Diese ist völlig harmlos«, kam es mir peinlicherweise so vor, als sei das hier ein Science-Fiction-Film, in dem der verrückte Professor zwar das Gegenteil beteuerte, in Wahrheit aber eine ältere Dame per Stromstoß ins Jenseits befördern wollte.

»Sehen Sie diese!«, rief er, indem er sich die Spule an den Kopf legte und einen Schalter betätigte. Sofort zuckte die eine Hälfte seiner Oberlippe grimassenartig auf und ab. »Oder noch diese.« Er bewegte die Spule an eine andere Stelle des Kopfes und schaltete erneut das Gerät an, woraufhin sein Arm in einer Art Hitlergruß hochschnellte. »Wollen Sie auch mal?«, fragte er und hielt mir seine große Spule vor die Nase. Ganz sicher nicht.

Der Arzt führte hier eine Apparatur vor, die in einer Art sanfter Elektroschocktherapie Stromstöße erzeugt. Die ältere Dame war dabei, eine noch sanftere Form zu probieren. Mit der Spule, die nur ganz wenig Strom führte, sollte im Zuge einer sogenannten »transkraniellen Magnetstimulation« (TMS) jeweils ein bestimmter Bereich des Gehirns stimuliert werden. Sie unterzog sich dieser Prozedur, weil sie starke Depressionen und damit zusammenhängend Suizidgedanken hatte. Nichts konnte ihr bislang helfen.

Der Arzt untersuchte ihren Schädel mit äußerster Sorgfalt. Als er dachte, er hätte die richtige Stelle gefunden, nahm er die zweite Spule, zählte von zehn ab rückwärts und versetzte ihrem Gehirn eine Reihe von Stromstößen. Sie stöhnte leise, wohl mehr aus Furcht als vor Schmerz. Aber sie erhoffte sich eben Heilung. Bei bisherigen Behandlungen kam es bei den Patienten immer wieder zu einer deutlichen Reduzierung der Depressionen. Sie würde jetzt einfach abwarten und sehen, ob es bei ihr auch funktionierte.

Dass mit dem Gerät bestimmte Hirnregionen angesteuert werden können, ist nicht nur in therapeutischer Hinsicht nützlich, sondern auch zur Identifizierung der Bereiche, die an der Zeitwahrnehmung beteiligt sind. Die leichten Strom-stöße können eine bestimmte Region vorübergehend außer Kraft setzen, ohne dass nachhaltige Schäden entstehen, und mit diesem Verfahren wurde der bislang schlagendste Beweis erbracht, dass das Kleinhirn bei der Zeitwahrnehmung eine Rolle spielt. Den Versuchspersonen, bei denen dieser Bereich via TMS deaktiviert wurde, fiel das Abschätzen der Zeit deut-lich schwerer. Genauer gesagt, reduziert sich ohne funktio-nierendes Kleinhirn die Fähigkeit zum Abschätzen von Mil-lisekunden, ohne dass jedoch Zeitintervalle betroffen wären, die mehrere Sekunden dauern. Für deren Messung nutzen wir einen anderen Teil des Gehirns.

Der Mann, der dachte, der Arbeitstag sei zu Ende

Ein Mann saß am Stadtrand von Rom im Sprechzimmer der Santa Lucia Foundation und wartete auf Dr. Giacomo Koch. War dies in den 1960er Jahren ein Krankenhaus für Kriegs-veteranen gewesen, hatte man sich mittlerweile auf neurolo-gische Schäden spezialisiert, weshalb der Mann hoffte, ihm könne endlich geholfen werden. Er war erst 49 Jahre alt, konnte sich aber kaum noch konzentrieren und hatte seit ein paar Tagen das Gefühl, eine Körperseite sei irgendwie beein-trächtigt.

Dies war ein spannender Fall. Der Mann glaubte, dass bei ihm ein ernsthaftes Problem vorlag, aber die Ärzte konnten einfach keine ihnen bekannte Krankheit feststellen. Sie führ-ten einen Test nach dem anderen durch. Zur Überprüfung des Gedächtnisses gab es den Digit-Span-Test, den Corsi-Span-Test, den Rey-Osterrieth-Complex-Figures-Test (sofortige und verzögerte Erinnerung), den Verbal-Supraspan-Test sowie nicht zuletzt den Forward/Backward-Test. Für die räumlich-visuellen Fähigkeiten griff man auf Ravens Progressive Matritzen zurück. Die Konzentration konnte via Trial-Making-Test überprüft werden, das Sprechvermögen mit Tests zu verbaler Flüssigkeit und Satzbaukompetenz. Für die Entscheidungsfindung hatte man den Tower-of-London-Test sowie den Wisconsin-Card-Sorting-Test. Die Ärzte werteten die Ergebnisse aus. Alles war vollkommen normal. Sie ließen den Mann Bilder zeichnen, Wortlisten auswendig lernen und bekannte Redewendungen vervollständigen. Nach wie vor keinerlei Auffälligkeiten.[22]

Aber der Mann hatte noch etwas anderes erwähnt: Seine innere und die äußere, tatsächliche Uhr liefen komplett unterschiedlich. Er ging ins Büro, verrichtete sein (gefühltes) Tagewerk, bereitete sich aufs Heimgehen vor und stellte fest, dass es noch nicht einmal Mittagszeit war. Auch sonst kamen ihm Ereignisse oder Zeiträume viel kürzer vor als tatsächlich der Fall – eine Minute fühlte sich für ihn an wie 30 Sekunden.

Aufgrund dessen ließen ihn die Ärzte Aufgaben zur Zeiteinschätzung machen. Um auch wirklich zuverlässige Ergebnisse zu erhalten, organisierten sie acht weitere Testpersonen (ebenfalls zwischen 40 und 50) und gaben ihnen die gleichen Aufgaben. Jeder saß allein vor einem Computer und betrachtete Zahlen, die in zufälliger Reihenfolge auf dem Bildschirm auftauchten. Diese Zahlen mussten einfach vorgelesen werden. Das hielt sie davon ab, im Kopf die Sekunden mitzuzählen. Im Anschluss mussten sie schätzen, wie lange der Test gedauert hatte. Da das Ergebnis nur eines einzigen Versuchs die Gefahr des Zufalls barg, wurde er mit unterschiedlichen

Zahlen wiederholt, bis sie den Test insgesamt 20 Mal gemacht hatten. Bei jedem dieser Testläufe schnitt der Mann schlechter als die restlichen acht ab. Seine Fähigkeit, die Zeit zu schätzen, war irgendwie eingeschränkt.

Ein Gehirnscan deutete auf die Beschädigung seines rechten Frontallappens, welcher sich, wie der Name sagt, rechts vorne im Gehirn befindet. Damit sind wir bei der nächsten Hirnregion, die mit der Zeitwahrnehmung zu tun hat, einer Region, die wir normalerweise mit der Fähigkeit, sich an etwas zu erinnern – unserem Arbeitsgedächtnis –, in Verbindung bringen. Diese Fähigkeit erlaubt uns, ein Rezept zu lesen und uns die Zutaten zu merken, während wir zum Schrank gehen und sie dort herausholen. Die Spitze des Frontallappens, genannt »präfrontaler Cortex« und unmittelbar hinter der Stirn plaziert, scheint dabei besonders wichtig zu sein.

Die Beteiligung dieser Hirnregion an der Zeitmessung bzw. Zeitkontrolle wird auch durch die neuere Erkenntnis belegt, dass Kinder mit Tourette-Syndrom Zeiträume von etwas mehr als einer Sekunde besser abschätzen können als andere.[23] Die Unterdrückung ihrer Ticks erfordert Aktivitäten im präfrontalen Cortex, und wie von Experten festgestellt wurde, schnitten Tourette-Kinder, die ihre Ticks besonders gut unterdrücken konnten, bei Aufgaben zur Zeitabschätzung sogar noch besser ab. Dadurch, dass sie diese Hirnregion vermehrt einsetzen müssen, scheinen sie noch einen zusätzlichen Vorteil bei der Zeitwahrnehmung zu haben.

Bislang haben wir also zwei Regionen betrachtet, die mit der Zeitwahrnehmung zu tun haben – das Kleinhirn, das ganz unten an der Rückseite des Gehirns sitzt, für die Abschätzung von Millisekunden, sowie den Frontallappen gleich hinter der Stirn für Zeiträume von mehreren Sekunden. Aber was passiert mit Zeiträumen, die länger dauern – also Stunden oder Tage –, wenn wir ohne Uhr sind und keinerlei Hinweise darauf erhalten, ob gerade Tag oder Nacht ist?

Der perfekte Schlaf

Bahnen sich Gletscher ihren Weg durch unterirdische Höhlen ebenso, wie sie das über der Erde bei ihrer Bewegung talwärts tun? Dies war die Frage, die sich der Höhlenforscher Michel Siffre stellte, als er im Jahr 1962 eine unterirdische Expedition plante. Nachdem er dazu die ersten Dinge arrangiert hatte, begann er jedoch über eine weitere Frage nachzudenken, eine Frage, die einen völlig anderen Forschungsbereich komplett revolutionieren sollte.

Er wollte die Expedition wie geplant durchführen und die übliche Ausrüstung mitnehmen, also Zelte, Seile, Lampen und Verpflegung. Nur auf eines verzichtete er – auf seine Armbanduhr. Anstatt das Volumen des Gletschers zu messen, wollte er lieber festhalten, wie er das Verstreichen der Zeit wahrnahm. Er wollte die natürlichen Rhythmen des Körpers erforschen, und zwar ohne Signale von außen. Der längste Versuch in dieser Richtung hatte bis zu diesem Zeitpunkt nur sieben Tage gedauert – im Kalten Krieg gab es sowohl mit amerikanischen als auch mit sowjetischen Astronauten Isolationsversuche, bei denen erforscht werden sollte, wie Menschen nach einem nuklearen Angriff in den Atombunkern überleben können. Michel hatte so etwas auch gemacht und – bei einem Versuch auf einem Luftwaffenstützpunkt in Ohio – freiwillig eine Woche lang in Stille und Dunkelheit zugebracht. Jetzt wollte er das einmal länger probieren – und unter extremeren Bedingungen.

Bei den zuständigen Behörden stieß der 23-Jährige mit seinem riskanten Plan nicht gerade auf Begeisterung. Aber Michel war fest entschlossen und in puncto Überzeugungsarbeit auch nicht gerade unerfahren: Er hatte bereits einmal einen Professor an der französischen Akademie der Wissenschaften dazu überredet, ihn als Geologiestudenten anzunehmen – mit gerade mal 15 Jahren. Nur war der Unterschied jetzt, dass er sein Leben in Gefahr brachte.

Der Ort, den Michel für sein Experiment ausgewählt hatte, war die Höhle von Scarasson, entstanden durch ganze Hundertschaften horizontal verlaufender Eisschichten und – ganz unüblich für einen unterirdischen Gletscher – ohne Verbindung zu einem überirdischen Teil. Um zu der Eishöhle zu gelangen, musste Michel einen 40 Meter tiefen Schacht hinabsteigen, der stellenweise S-förmig gebogen war. Dementsprechend würde man ihn im Fall, dass er ausrutschte und sich den Arm brach, nicht herausziehen können – auch ein geringfügiger Bruch konnte also seinen Tod bedeuten. Fest davon überzeugt, dass er sicher nach unten gelangen würde, plante er, dort ganze *zwei Monate* in vollkommener Isolation zu verbringen. Er bot an, Verzichterklärungen auszustellen und die Behörden damit von der Haftung für seine Sicherheit zu entbinden, doch sie meinten, sie hätten darüber hinaus auch eine moralische Verantwortung. Man hielt ihn für zu jung, zu unerfahren und vor allem viel zu optimistisch. Auch nachdem er sich ein Jahr lang vorbereitet hatte, hielten viele die Sache immer noch für viel zu gewagt. Die Wende kam, als er bei seinen Höhlenforscher-

Freunden vom Club Martel einen Vortrag über seine bisherigen Expeditionen hielt. Sie hatten den Eindruck, die Sache sei ihm ernst, und boten ihre Unterstützung an. Trotzdem brauchte er noch Fördergelder und die schriftliche Erlaubnis. Er machte zahllose Besuche bei den einschlägigen Ämtern, wo er geduldig wartete und dann nach einer Stunde oder mehr mitgeteilt bekam, die zuständige Person sei leider zu beschäftigt und könne ihn deshalb nicht empfangen. Irgendwann kam es ihm so vor, als würden diese Behördengänge mehr Durchhaltevermögen erfordern als die Expedition selbst.

Während er sich durch alle bürokratischen Hindernisse kämpfte, dachte er über das Experiment nach, das er da mit seinem eigenen Kopf durchführen wollte. In seiner Vorstellung gab es die Zeit auf drei Ebenen: die biologische Zeit, die sich über viele Jahre erstreckt; die wahrgenommene Zeit, die vom Gehirn erzeugt und durch die Abfolge von Hell und Dunkel geregelt wird; und die objektive Zeit, wie man sie auf der Uhr ablesen kann. Sein Interesse lag im Vergleich der letzten beiden. Insbesondere wollte er in diesem extremen Eigenversuch herausfinden, ob Menschen eine innere Uhr besitzen, die auch ohne Hinweise von außen mit der eigentlichen »Uhrzeit« übereinstimmt. Außerdem wollte er wissen, wie die Zeit sich *anfühlt*. Bei seinen letzten Höhlenexpeditionen war ihm aufgefallen, dass die Zeit sich verzerrte. Die unterirdische Welt hatte ihn derart in Beschlag genommen, dass er bei der Rückkehr an die Erdoberfläche jedes Mal nur staunen konnte, wie viel Zeit tatsächlich vergangen war.

Irgendwann hatte Michel das nötige Geld aufgetrieben und auch die Behörden dazu gebracht, ihn machen zu lassen. Obwohl er schlussendlich allein in der Höhle sein würde, hatte er bei den Vorbereitungen ein Team von Helfern. Über mehrere Wochen hielten sich die Freunde vom Höhlenforscher-Verein bei ihm im elterlichen Haus auf, wo sie tagsüber Ausrüstung und Verpflegung vorbereiteten und nachts im Hausgang schliefen. Michel hingegen hatte Anweisung, sich auszuruhen und Kräfte zu sammeln. Dann lud das Team die Ausrüstung in ein paar Lieferwagen und fuhr damit so nahe wie möglich an die Höhle heran. Als die Fahrzeuge eingeschneit wurden, mussten sie eine Art primitiver Förderbahn mit Seilzug und Bremsen bauen, um die schwersten Gegenstände befördern zu können. Den Rest der Vorräte brachten sie zu Fuß an den Rand der Höhle, was durch den Schnee mehrere Stunden in Anspruch nahm. Sie bewältigten den schwierigen Abstieg und überprüften, ob Michel auch alles hatte, was er an Ausrüstung und Verpflegung brauchte. Sobald das unterirdische Camp errichtet war, machten zwei der Männer die Probe und verbrachten dort drei Nächte.

Michel verabschiedete sich von seiner Mutter. Erneut sagte sie ihm, wie viel Angst sie habe. Erneut sagte er ihr, wie zuversichtlich er sei. Die letzte Nacht vor seinem Abstieg verbrachte er in einem Zelt im Basislager, wobei er dachte, er würde sich noch einmal ordentlich ausruhen können. Aber die Angst hielt ihn wach, und als er am nächsten Morgen aus dem Schlafsack kletterte, hatte er so wenig geschlafen, dass ihm alles wehtat. Beim Marsch zum Höhleneingang erlitt er eine Durchfall-Attacke. Es sah ziemlich schlecht aus. Dennoch gab er dem Team strikte Anweisungen, ihn dort unten nicht aufzusuchen, bis zwei Monate vergangen seien. Unmittelbar vor dem Abstieg unterschrieb er außerdem ein Dokument mit dem Inhalt, dass im ersten Monat keinerlei Rettungsversuche erfolgen dürften, und zwar unter keinen

Umständen. Dann legte er die Armbanduhr ab und kletterte mit dem Team nach unten. Die Helfer checkten noch einmal, ob Zelt und Feldbett im gewünschten Zustand waren, zeigten ihm, wie er bei der Beleuchtung und seinem Telefon die Batterien wechseln konnte, nahmen ein paar Eis-Proben vom Gletscher und gingen. »Au revoir« erklang es noch aus dem Schacht. Dann hörte Michel, wie sie die Leiter hinaufzogen. Bis zu ihrer Wiederkehr in zwei Monaten würde er wirklich vollkommen allein sein. Gab es in seinem Körper eine Uhr, die das Verstreichen der Zeit messen konnte, und würde er auch weiterhin grob sagen können, wann eine Minute vorbei war?

Bevor wir zu Michel zurückkehren, der dann zwei Monate Einsamkeit hinter sich hat, möchte ich kurz betrachten, wie wir Zeiträume von ein paar Sekunden oder mehr messen – eine Zeitspanne, die Michel für minimal und vernachlässigbar halten würde, die in der Forschung zur Zeitwahrnehmung aber für überraschend lang gehalten wird. Warren Meck ist Neurowissenschaftler an der US-amerikanischen Duke University und beschäftigt sich mit Menschen, deren Zeitgefühl verdreht ist. Bei der Untersuchung kognitiver Prozesse, die an der Bewältigung weniger Sekunden oder auch mehrerer Stunden beteiligt sind, konnte er die Wahrnehmung von Zeitintervallen, die länger als nur ein paar Sekunden dauern, in einem zentralen Bereich des Gehirns ansiedeln, den man »Basalganglien« nennt. Bis zum Jahr 2001 hatte niemand auch nur geahnt, dass dieser Bereich, in dem sich massenhaft Neuronen befinden, bei der Zeitwahrnehmung eine Rolle spielen könnte. Die Basalganglien – es gibt sie in jeder Hirnhälfte – befinden sich tief in der Mitte des Kopfes und sind leicht gebogen, wodurch sie ein bisschen wie die alten Hörgeräte aussehen, die man sich noch oben ans Ohr geklemmt hat. Die Basalganglien sind bei der Bewegungskontrolle behilflich, indem sie durch Ausschüttung des Neurotransmitters Dopamin bei der Muskulatur die Bremse ziehen. Wenn Sie sich etwa hinsetzen wollen, müssen alle Muskeln zur Ruhe kommen, außer natürlich die, die zur Erhaltung der aufrechten Sitzposition nötig sind. Wenn Sie dann wieder aufstehen möchten, lösen die Basalganglien diese Bremse wieder und Sie können sich geschmeidig erheben. Gleichzeitig wird dem Bewegungsapparat, der die aufrechte Haltung im Ruhezustand ermöglicht hat, die Bremse angelegt. Wenn nicht genügend Dopamin vorhanden wäre, um die Bremse wirksam zu aktivieren, würden Sie zittern und zucken wie jemand, der an Parkinson erkrankt ist. Sie hätten Schwierigkeiten, eine Bewegung zu beginnen, etwa so wie beim Autofahren mit angezogener Handbremse. Aber die Basalganglien sind auch an der Zeitmessung beteiligt, wenn ein Ereignis länger als zwei Sekunden dauert. Das ist auch etwas, das Menschen mit Parkinson Probleme macht. Die Erkrankung zerstört die Zellen, in denen das Dopamin hergestellt wird, und je mehr dieser Zellen ein Patient verloren hat, desto schwerer fällt ihm die Zeitabschätzung.

Das gesamte Dopamin-System scheint bei der Zeitwahrnehmung eine entscheidende Rolle zu spielen. Gibt man einer Person das Medikament Haloperidol, das oft bei Schizophrenie verschrieben wird, dann blockiert es die Dopaminrezeptoren und lässt diese Person die verstrichene Zeit *unter*schätzen. Bei der entspannenden Freizeitdroge Methamphetamin (Speed) passiert das Gegenteil: Sie erhöht den Dopaminpegel im Gehirn, weshalb sich die Uhr beschleunigt und die Leute die verstrichene Zeit *über*schätzen. Auch wenn es der Intuition vielleicht zuwiderläuft, passiert hier doch genau das Gleiche wie bei Menschen, die sich in Lebensgefahr befinden.

Emotionale Momente

Mit den Basalganglien, dem Kleinhirn und dem Frontallappen haben wir also bereits drei Hirnregionen betrachtet. Wenn man bedenkt, welche Funktionen sie sonst so haben, leuchtet ohne weiteres ein, dass sie auch im Zusammenhang mit der Zeit eine Rolle spielen. Bei einem vierten Bereich ist das allerdings deutlich mysteriöser. Ein Psychologe namens Bud Craig hat festgestellt, dass bei Menschen, die Aufgaben zur Zeitabschätzung erledigen mussten und dabei im Gehirnscanner beobachtet wurden, noch ein weiterer Bereich tätig war, ohne dass man ihn bislang berücksichtigt hätte – ein Bereich, der Signale aus dem restlichen Körper verarbeitet. Ihm wurde klar, dass möglicherweise auch Körperteile *außerhalb* des Gehirns bei der Zeitwahrnehmung eine Rolle spielen.[24]

Wenn es ganz leise ist und Sie nachts still im Bett liegen, können Sie manchmal Ihren Herzschlag hören, auch ohne die Hand auf die Brust zu legen. Zehn Prozent der Menschen können ihren Herzschlag ständig wahrnehmen, speziell wenn sie jung, schlank und männlich sind – hilfreich ist auf jeden Fall, zwischen Herz und Ohr so wenig Körpermasse wie möglich zu haben. Die Fähigkeit, Veränderungen in der eigenen Physiologie zu erfassen, nennt man »interozeptive Wahrnehmung«. Als ich einmal eine Sendung zu diesem Thema machte, fragte ich ganz viele Leute, ob sie dazu in der Lage wären. Niemand konnte es. Beim Heimkommen ging ich an der Tür eines schlanken, jungen Mannes namens Hadley vorbei, der einen Stock unter mir wohnt. Er ist längst daran gewöhnt, dass ich ihm für meine Sendungen immer wieder seltsame Fragen stelle, und als ich läutete und wissen wollte, ob er seinen Herzschlag hören könne, fing er sofort an, den Rhythmus auf dem Tisch mitzuklopfen. Okay, niemand behauptet, dass wir die Zeit anhand unseres Herzschlags messen, aber die interozeptive Wahrnehmung könnte dabei doch durchaus eine Rolle spielen.

Die Gehirnregion, für die sich Bud Craig interessiert, heißt vorderer Inselcortex. Mit ihm registrieren wir, wie unser Körper sich fühlt, außerdem ist er verantwortlich für intuitive Empfindungen wie Ekel oder die Schmetterlinge im Bauch, wenn man verliebt ist – also Gefühle, die zwar seelischer Natur sind, sich aber doch an der Schwelle zum Physischen befinden. Das würde gut zu dem passen, was Forschungen zur Achtsamkeit ergeben haben, dass nämlich bei Achtsamkeitsmeditation eine verstärkte Aktivität im Inselcortex feststellbar ist. Wir wissen, dass für Menschen, die ihrer Sinne beraubt sind, die Zeit nach eigener Aussage langsamer vergeht. Könnte die Häufigkeit der Signale, die durch die verschiedenen Sinneskanäle nach innen gelangen (inklusive des interozeptiven Bewusstseins), zur Erzeugung unseres Zeitgefühls beitragen?

Craigs Modell einer interozeptiven Beteiligung kann auch erklären, warum bei Hoaglands Experimenten mit seiner fiebernden Frau die Körpertemperatur ihre Zeitwahrnehmung beeinflusste. Unser Bewusstsein dafür, dass wir Wärme, Juckreiz, Schmerz, Durst oder Hunger empfinden, entsteht über den vorderen Inselcortex. Nach Craigs Meinung liefert uns diese Hirnregion in jedem einzelnen Moment einen jeweils aktuellen Bericht unseres emotionalen Zustands – wie eine Kette ausgeschnittener Papierfiguren, von denen jede einzelne einen von ihm so genannten »emotionalen Moment« repräsentiert. Es scheint, als gäbe es eine lange Reihe von »Ich-Zuständen«, die von der Vergangenheit über die Gegenwart bis in die Zukunft reicht. Dieses System, das die Abfolge emotionaler Momente festhält, wird möglicherweise auch zur Messung der Zeit verwendet. Es könnte sogar die starke emotionale Wirkung erklären, die Musik auf eine Person ausüben kann. Vielleicht zählt das System, das mit Emotionen umgeht, außerdem auch noch den Rhythmus mit. Und erfreulicherweise erklärt Craigs Idee auch, warum Angst eine Verlangsamung der Zeit bewirkt. Die Abfolge der emotionalen Momente muss schneller erfolgen, um in dieser schrecklichen Situation auch die Intensität der erlebten Gefühle registrieren zu können. Also zählt die Uhr schneller, weshalb die Zeit langsamer zu vergehen scheint.

Es zeigt sich also, dass die Zeit von mehr Gehirnregionen verwaltet wird als ursprünglich gedacht. Alle vier der hier besprochenen Bereiche scheinen etwas beizutragen, was vielleicht auch erklärt, warum nach einer Beschädigung des Gehirns die Defizite in der Zeitwahrnehmung meist nicht so stark sind wie erwartet: Wenn nur einer dieser kleinen Bereiche beschädigt ist, kann das zwar eine Persönlichkeitsveränderung bewirken, das Gedächtnis zerstören oder zu einem Sprachverlust führen, während das Zeitempfinden nicht beeinträchtigt ist bzw. Probleme oft nur bezüglich eines bestimmten Zeitrahmens auftreten. Vielleicht liegt das einfach daran, dass es die *eine* Uhr eben nicht gibt.

Okay, die Neurowissenschaftler wissen also, wo das Gehirn die Zeit misst, offen bleibt dabei aber das Mysterium des

Wie. Gelangen Informationen vielleicht von den Basalganglien und dem Kleinhirn irgendwie in den Frontallappen, der alles zusammenrechnet und uns so ein Gefühl für die Dauer vermittelt? Oder stimmt eher, was Craig sagt, und wir zählen die emotionalen Momente? Beides könnte zutreffen. Problematisch bleibt aber, dass es trotz der rasanten Entwicklungen innerhalb der Neurowissenschaft bislang keinerlei Anzeichen für diese geheimnisvolle Uhr gibt, die das Zählen tatsächlich leistet. Es gibt gleich mehrere Theorien darüber, wie das Gehirn die Zeit misst, und ich werde auf die wichtigsten eingehen. Im Zentrum der Debatte steht die Frage, ob wir dazu das Gedächtnis, die Aufmerksamkeit, eine tatsächliche Uhr, eine ganze Reihe von Uhren oder die tagtägliche Arbeit des Gehirns selbst nutzen. Jede dieser Theorien muss aber erklären können, warum unser Zeitempfinden schon durch eine simple Methode wie die hier folgende aus der Bahn zu werfen ist.

Der »Oddball-Effekt«

Stellen Sie sich vor, ich spiele Ihnen eine Abfolge von sieben Tönen vor, alle identisch außer dem mittleren – also drei Mal C, dann ein G, dann wieder drei Mal C. Jeder Ton ist gleich lang, aber dennoch glauben Sie, das G sei länger gewesen. Analog dazu kann ich Ihnen auf dem Bildschirm nacheinander Fotos zeigen – Giraffe, Giraffe, Giraffe, Mango, Giraffe, Giraffe, Giraffe – und Sie sagen, die Mango sei länger angezeigt worden. Es ist, als hätte sich beim Anblick der Mango die Zeit verlangsamt. Man nennt das den »Oddball-Effekt«. Er stellt einen grundlegenden, dabei ganz normalen Irrtum bei der Zeitabschätzung dar und kann uns aufgrund seiner Einfachheit erkennen lassen, wie die Uhr im Kopf möglicherweise funktioniert.

Eine Erklärung für den Oddball-Effekt könnte das Modell der minimalistischen Uhr liefern. Danach gibt es im Gehirn eine Art Schrittmacher, der wie ein Metronom tickt und dabei endlos die Zeit mitschlägt. Er ist mit einem Zählwerk gekoppelt, das mit Beginn einer bestimmten Zeitperiode angeht, am Ende wieder abgestellt wird und dabei die Anzahl der erfolgten Schläge festhält. Es gibt diverse Theorien darüber, wie das konkret abläuft, wobei die einflussreichste die sogenannte »Scalar Expectancy Theory« (Skalare Erwartungstheorie) ist. Das Element der Erwartung macht sich wie folgt bemerkbar: Wenn man zwei Töne vorgespielt bekommt und sagen soll, welcher länger war, dann lässt die innere Uhr die Millisekunden des ersten Tons verstreichen und misst sie gleichzeitig. Dann erklingt der zweite Ton. Wenn er gleich lang ist, besitzt man damit eine Vorstellung, wie lang ein Ton erwartungsgemäß sein soll. Indem man die tatsächliche Dauer mit seiner Erwartung vergleichen, kann man beurteilen, ob er jetzt länger oder kürzer war. Mit dieser Theorie lässt sich der Oddball-Effekt erklären. Die Überraschung, statt einer weiteren Giraffe plötzlich eine Mango zu sehen, weckt einen emotional auf, was die Uhr kurzzeitig schneller ticken lässt und dazu führt, dass das Zählwerk mehr Schläge festhält und einem den Eindruck vermittelt, die Mango sei länger zu sehen gewesen. Dasselbe passiert mit jedem Beginn einer Sequenz: Die Neuartigkeit des Wahrgenommenen erregt uns leicht, die innere Uhr tickt schneller, mehr Schläge werden festgehalten, und es fühlt sich an, als hätte der erste Eindruck länger gedauert.

Das Problem an dieser Theorie zeigt sich bei Versuchen, in denen Leute lernen, unterschiedliche Zeitintervalle auseinanderzuhalten. Musiker sind uns Normalsterblichen weit überlegen, wenn es um die Abschätzung von Zeit geht. In Istanbul hat der türkische Psychologe Emre Sevinc eine raffinierte Studie durchgeführt, bei der er die Zeitwahrnehmung bei Musikern mithilfe von Notenpaaren maß. Er spielte den Leuten immer zwei Töne nacheinander vor und fragte dann, welches der dazwischenliegenden Zeitintervalle das kürzeste sei.[25] Wir würden wohl davon ausgehen, dass ein professioneller Musiker so etwas leicht beantworten kann, und tatsächlich war das auch so. Sevinc wollte aber wissen, ob sich diese Fähigkeit auch auf die anderen Sinne erstreckte. Deshalb erhielten die Musiker beim zweiten Teil des Tests zwei leichte Schläge auf die Hand. Erneut sollten sie sagen, bei welchem Paar der zeitliche Abstand am kürzesten war. Wie Sevinc zeigen konnte, ist die Fähigkeit zur Zeitabschätzung bei allen Sinnen gleich. Nur stellte sich außerdem heraus, dass bei ganz kurzen Intervallen von 100 Millisekunden Länge die Nichtmusiker gleich gut abschnitten (oder gleich schlecht – das ist ziemlich schwierig), was die Vermutung nahelegt, dass wir für die unterschiedlichen Zeitintervalle auch unterschiedliche innere Uhren besitzen. Ähnliche Versuche mit Nichtmusikern haben gezeigt, dass Menschen, die sich in dieser Fähigkeit üben, ziemlich schnell besser werden und ihre neuerworbenen Kenntnisse auch auf andere Sinne übertragen können. Was aber nicht geht, ist, die Fähigkeit auf andere Zeitintervalle zu übertragen. Wenn man ihnen nach überstandenem Training Töne mit längeren Zwischenräumen vorspielt, sind ihre Urteile genauso gut oder schlecht wie die von anderen.

Da nun also nicht nur *eine* Uhr für alles zuständig ist – heißt das, wir besitzen tatsächlich *mehrere* und messen mit jeder eine bestimmte Zeitspanne? Wenn das der Fall ist, gelingt es unserem Gehirn offenbar, diese verschiedenen Prozesse zusammenzubringen und uns die Zeit als nahtloses Gefüge erscheinen zu lassen. So wie das Gehirn die visuelle Information beider Augen empfängt und uns nicht zwei überlappende Kreise, sondern ein einziges Bild zeigt, ist es analog dazu vielleicht auch in der Lage, die Zeitsignale aus unterschiedlichen Prozessen zu einem einzigen Eindruck zu verarbeiten. Es wird sogar vermutet, wir hätten im Gehirn eine Art Sanduhren-Reihe, von denen jede auf ein bestimmtes Zeitintervall eingestellt ist. Hört man dann wie im oben angeführten Experiment einen Ton, werden neurologische Prozesse in Gang gesetzt, die dasselbe bewirken, wie wenn in mehreren Sanduhren die Körnchen zu rieseln beginnen. Beim nächsten Signal hört das Rieseln auf, und je nachdem, welche Sanduhr angehalten wurde, verfügt man über die jeweilige Dauer. Aber muss dann nicht jedes einzelne Zeitintervall seine eigene Sanduhr haben? Auch wenn es keinerlei Hinweise auf den Ort gibt, an dem sich eine solche Sanduhren-Reihe befinden könnte, können wir auch ohne Stoppuhr ziemlich genau die Zeit abschätzen und diese Fähigkeit durch Übung sogar noch verbessern. In der Fahrschule lernt man, wie lange eine rote Ampel rot bleibt, bevor sie umschaltet. Fährt man dann in ein anderes Land, kann eine davon abweichende Rotphase ganz schön irritierend sein. Da ich Radiosendungen mache, in denen Einspielungen von 40 Sekunden Länge normal sind, weiß ich einfach, wie sich 40 Sekunden anfühlen, und wie mir Therapeuten gesagt haben, sind 50 Minuten der Zeitrahmen, den sie am besten abschätzen können, einfach weil eine Sitzung so lange dauert. Selbst wenn sie beim einen oder anderen Patienten konzentrierter oder auch gelangweilt sind, merken sie doch ziemlich genau, wann die Zeit um ist.

Es ist durchaus möglich, dass das Gehirn keine speziellen Uhren besitzt, sondern stattdessen die Fähigkeit zur Größen- oder Umfangsmessung, sei es bezüglich einer Länge der Zeit, einer Anzahl an Tönen, einer Entfernung, einer Fläche oder sogar eines Volumens. Selbst ohne Lineal oder Messbecher sind wir erstaunlich gut darin, ein jeweiliges Ausmaß abzuschätzen. Wenn bei Menschen der Bereich hinten am Kopf beschädigt ist, also dort, wo der Schädel sich von oben weg nach unten krümmt, haben sie nicht nur Probleme bei der Beurteilung von Entfernungen, sondern auch von Position und Geschwindigkeit eines Objekts. In dieser Region, man nennt sie den »parietalen Cortex«, beginnen wir eine Handlung, die dann in einer Bewegung mündet. Wenn ein Baby spielerisch versucht, Dinge zu ergreifen, wegzuschieben, hochzuheben, in den Mund zu stecken oder zu besteigen, dann entwickelt es dabei seinen parietalen Cortex weiter.

Das Webersche Gesetz besagt, dass Fehlurteile proportional zum Ausmaß der zu beurteilenden Dinge anwachsen. Ist also etwa eine Entfernung von einigen Metern abzuschätzen, dann wird ein Fehler kleiner sein als der, den man bei einigen Kilometern macht. Der dänische Psychologe Steen Larsen meint, da dasselbe auch mit der Zeit passiert, würde die Vorstellung einer Zeitdauer für uns gedanklich die Form einer Entfernung annehmen. Genau wie bei räumlichen Distanzen werden kleine Unterschiede umso vernachlässigbarer, je länger der zur Betrachtung stehende Zeitabschnitt ist. Das Webersche Gesetz ist artenübergreifend und für alle möglichen

Größen gültig, deshalb passiert bei einem kleinen Kind, das die Fläche von zwei bunten Pappstücken vergleichen soll, dasselbe wie bei einer Taube, die nur durch exakt bemessene Schnabelhiebe Körner erhält. Dies legt nahe, dass die Beurteilung von Größen bzw. Formaten womöglich den Schlüssel für die Zeitwahrnehmung darstellt.

Die bislang behandelten Vorstellungen, wie wir die Zeit messen, sind also folgende: das Vorhandensein einer inneren Uhr oder auch einer Reihe von Uhren, ein System, das auf emotionalen Momenten basiert, oder etwas weniger Kompliziertes wie die Fähigkeit, Größe, Umfang und Ausdehnung abschätzen zu können. Um herauszufinden, welche Erklärung am ehesten zutrifft, könnte vielleicht die Zahl Drei hilfreich sein.

Die Magie der Drei

Die Zahl Drei taucht in den Forschungen zur Zeitwahrnehmung immer wieder auf. So verwendet etwa die gesprochene Sprache rhythmische Strukturen von drei Sekunden Länge, und auch Dichter bilden oft Verse eben dieser Dauer.[26] Es scheint dies ein Zeitrahmen zu sein, den wir mögen. Man entdeckt ihn überall, von den drei Sekunden langen Einspielern, mit denen Radiosendungen aufgelockert werden, bis hin zu den nervtötenden Klängen beim Hochfahren des Computers. Die Ethnologin Margret Schleidt hat mit vier verschiedenen Gruppierungen gearbeitet – Europäern, Kalahari-Buschmännern, Trobriand-Insulanern und Yanomami-Indianern – und dabei nicht nur ihr Alltagsleben gefilmt, sondern im Anschluss daran auch noch alles gemessen, von den Kopfbewegungen bis hin zu den Füßen.[27] Sie stellte fest, dass in allen vier Kulturen die Dauer eines Händedrucks – Sie haben es schon erraten – drei Sekunden beträgt. Es scheint, als würde eine stille Übereinkunft bezüglich der richtigen Länge eines Händedrucks existieren. Ist er zu lang oder zu kurz, fühlt man sich sofort unwohl.

Die Drei taucht auch in vielen Experimenten auf, die der tatsächlichen Dauer eines »Moments« nachspüren. Im elften Buch seiner *Bekenntnisse* schrieb Augustinus, Vergangenheit und Zukunft seien geistige Konstrukte, die wir nur durch ein »Gegenwartsfenster« erblicken könnten. Eine lange Reihe von Wissenschaftlern hat herauszufinden versucht, wie lange dieses »Jetzt«, also ein »Moment« oder »Augenblick«, eigentlich dauert. Im Jahr 1864 meinte der deutsch-baltische Naturwissenschaftler Karl Ernst von Baer, für unterschiedliche Tiere sei dieser Moment unterschiedlich lang. Er definierte den Moment als die längstmögliche Dauer, die ein Zeitpunkt, den man als solchen wahrnimmt, haben kann. Eine Stunde ist dafür zu lang, genau wie eine Minute, aber viele aus diesem Forschungsbereich halten einen Moment doch für länger als eine Sekunde. Eine Ausnahme bildet dabei der Physiker Ernst Mach, der im Jahr 1865 als längste Zeitspanne, die ein Moment dauern kann, nur einen Bruchteil davon angab, nämlich exakt 40 Millisekunden.[28]

Jüngeren Forschungen zufolge dauert ein Moment oder Augenblick zwischen zwei und drei Sekunden, was nicht nur dem entspricht, was für die Dichtung gesagt wurde, sondern auch auf Musik, Sprache und Bewegung zutrifft. Wir scheinen Tätigkeiten in Abschnitte von zwei bis drei Sekunden aufzuteilen. Autistische Kinder haben manchmal Probleme mit der Zeitwahrnehmung, und wenn man ihnen einen Musikton vorspielt und sagt, sie sollen ihn in genau derselben Länge wiederholen, spielen sie – egal ob er eine oder fünf Sekunden gedauert hat – meist einen Ton, der drei Sekunden lang ist.

Aus den grundlegenden Studien zum Arbeitsgedächtnis weiß man, dass drei Sekunden genau der Zeitraum sind, den wir im Gedächtnis behalten können, ohne etwas aufschreiben oder irgendwie ins Langzeitgedächtnis verschieben zu müssen. Wenn Ihnen also jemand eine Telefonnummer sagt, können Sie diese sofort wählen, als stünde sie vor Ihrem geistigen Auge und sei ablesbar. Sind Sie aber unkonzentriert (wobei das Drücken der entsprechenden Tasten zur Beendigung eines Anrufs und die Vorbereitung des nächsten ausreichen) *oder* warten länger als drei Sekunden, dann haben Sie Probleme damit. Es scheint, als würde das Gehirn alle paar Sekunden fragen, was es Neues gibt.

Eine der wichtigsten der hier diskutierten Fragen zur Zeitmessung ist, wie eine oder auch mehrere innere Uhren mit unterschiedlichen Zeitrahmen umgehen kann bzw. können. Kann ein und derselbe schnelle Puls im Gehirn fünf Minuten ebenso wie 100 Millisekunden schlagmäßig erfassen oder braucht man dafür zwei separate Uhren? Und wenn es für unterschiedliche Zeitspannen unterschiedliche Uhren gibt – wo sind die jeweiligen Grenzen? Hier kommen jetzt die drei Sekunden ins Spiel. Experimente haben gezeigt, dass bei unserer Beurteilung verschiedener Zeitrahmen irgendwo zwischen 3,2 und 4,6 Sekunden eine klare Grenze liegt.[29]

Zu Beginn dieses Kapitels konnten wir sehen, dass überraschend viele Gehirnregionen an der Zeitwahrnehmung beteiligt sind. Ausschlaggebend sind dafür vielleicht die verschiedenen Zeitrahmen, mit denen wir zu tun haben. Es ist ja auch kaum davon auszugehen, dass die Messung von zwei Klicks auf einem akustischen Gerät wie dem Savart-Rad genau gleich erfolgt wie die der bitterkalten Nächte, die Michel in seiner dunklen Eishöhle zugebracht hat. Der Psychologe Ernst Pöppel meint, es gäbe zwei verschiedene Mechanismen – einen für kurze Zeitspannen und einen für längere. Andere Forscher sagen, wir würden über eine ganze Reihe von Uhren für jeweils unterschiedliche Zeiträume verfügen, deren Zuständigkeitsbereiche sich teilweise auch überschneiden können. Ich persönlich stelle mir die Sache wie ein Pressezentrum mit einer Uhr für jede Zeitzone vor, nur dass die Uhren eben unterschiedliche Zeitspannen messen. Aber wenn das wirklich so ist, warum fühlt sich dann ein und derselbe Zeitraum beim Hören eines Tons länger an als beim Betrachten eines Bildes? Brauchen wir für jeden unserer Sinne ein eigenes Uhren-Set?

Es ist durchaus möglich, dass in den zuständigen Gehirnregionen die verschiedenen Zeitrahmen mit einem jeweils speziellen Mechanismus gemessen werden. Wir wissen aus den Forschungen zu unseren Emotionen, dass das Gehirn nicht wie ein glatter, phrenologischer Keramikkopf aufgebaut ist, der für jede Emotion eine sauber abgetrennte Abteilung besitzt, sondern dass jede Emotion eine individuelle Kombination von Systemen innerhalb des Gehirns nutzt. Könnte dasselbe auch für die Zeitmessung zutreffen? Nutzt das Gehirn vielleicht individuelle Kombinationen von Bereichen, um die Dauer unterschiedlicher Zeitspannen zu bemessen?

Vielleicht ist die Vorstellung einer oder auch mehrerer Uhren viel zu kompliziert. Eine alternative Überlegung geht mehr in Richtung Aufmerksamkeit. Genau wie die Zeit verfliegt, wenn man in ein Buch vertieft ist, fühlt sich auch ein Zeitraum umso kürzer an, je komplizierter die Aufgabe ist, die man im Versuchslabor erledigen muss. Wenn man also eine Liste mit Wörtern vor sich hat und nicht nur diejenigen ankringeln soll, die mit E beginnen, sondern auch noch die, die ein Tier bezeichnen, dann braucht man dafür zwei verschiedene Fähigkeiten und dementsprechend mehr Konzentration, als wenn es nur um Tiernamen ginge. Je mehr also los ist, desto schneller scheint die Zeit zu vergehen. Ein Beispiel für diese Vorstellungsweise ist das »Attentional-Gate-Modell«.[30] Hiernach besitzen wir einen Schrittmacher, der im Gehirn eine endlose Folge an Pulsschlägen erzeugt, sowie eine Art Portal, das unserem Gehirn erlaubt, jeden hindurchgehenden Impuls zu zählen – genau wie ein Schäfer, der seine Herde beim Passieren des Weidegatters abzählt. Wenn man Angst hat, erhöht sich die Frequenz, also gehen jetzt innerhalb einer definierten Zeitspanne mehr Schläge durch das Portal, was einem das Gefühl gibt, es sei mehr Zeit vergangen, als tatsächlich der Fall war. Mit anderen Worten, die Zeit fühlt sich an, als würde sie langsamer verstreichen. Achtet man auf die Zeit als solche – wenn man etwa in der Schlange steht oder an einem Versuch teilnimmt, bei dem man zur Abschätzung einer Zeitspanne aufgefordert wurde –, dann wandert ebenfalls eine höhere Anzahl an Impulsen durch das Portal, was einem das Gefühl einer verlangsamten Zeit vermittelt. Diese Theorie würde außerdem erklären, warum die Zeit in einer Phase der Depression schleppender verläuft. Wenn jemand intensiv mit sich selbst beschäftigt ist (oder auch meditiert), richtet sich seine Aufmerksamkeit eben nach innen, weshalb jeder zeitliche Pulsschlag wahrgenommen wird und die Stunden sich mehr dahinziehen als normal.

So einleuchtend das auch klingt – aber warum vergeht die Zeit schneller, wenn wir viel zu tun haben? Vielleicht teilt das Gehirn seine Ressourcen zwischen der Konzentration auf das vorliegende Ereignis und seiner zeitlichen Bemessung auf, weshalb man bei Unkonzentriertheit denkt, die Zeit würde unbemerkt verfliegen. Das ist die Basis dessen, was man »Ressource-Allocation« (Ressourcen-Zuweisung) oder auch »Time-Sharing-Hypothese« (Parallel-Hypothese) nennt. Und mit dieser Theorie spielt es auch keine Rolle, wie die Uhr beschaffen ist – sie könnte ein Schrittmacher sein, aus einer Reihe Sanduhren bestehen oder die Anzahl der im Gehirn abgefeuerten Neuronen messen. Entscheidend ist hierbei aber, dass der Messmechanismus unterbrochen wird, wenn sich die Aufmerksamkeit verlagert. In dem Moment, in dem man jemandem eine zweite Aufgabe gibt, vergehen die Minuten schneller: Ein Kochtopf, den man beobachtet, will niemals den Siedepunkt erreichen, aber kaum checkt man mal kurz seine E-Mails, ist er auch schon übergekocht. Nach dem Attentional-Gate-Modell ist es so, dass, je mehr eine Aufgabe Sie fordert, Sie umso weniger Aufmerksamkeit auf die Zeit richten, weshalb die Impulsfrequenz abnimmt, eine geringere Anzahl das Portal passiert und Sie glauben, es sei weniger Zeit verstrichen, als tatsächlich der Fall war.[31] Das Raffinierte an dem Modell ist, dass es genügend Flexibilität besitzt, um auch den Einfluss der Emotionen zu berücksichtigen. Und es sollte mittlerweile klar sein, dass die Zeitwahrnehmung eng mit unserem Gefühlsleben zusammenhängt.

Mit verbundenen Augen Richtung Abgrund

Jonas Langer, ein Psychologe an der Clark University in Illinois, hatte eine Idee. Er wollte eine Plattform auf Rädern bauen, Leute mit verbundenen Augen darauf stellen und sie dann vorsichtig an den Treppenhausrand manövrieren lassen, von wo aus es mehrere Stockwerke nach unten ging. Ihn interessierte, ob die Zeit für sie gefühlt schneller verging, wenn sie an die Kante oder von dort wieder weg rollten. Da das in den 1960ern war und man an den Universitäten die Dinge noch nicht so eng sah, versuchte auch niemand, ihn davon abzuhalten. Auf der Abbildung unten können Sie sehen, dass es seitlich zwar Haltegriffe, nach vorne aber keine Sicherheitsbarriere gab. Die Versuchsteilnehmer konnten über einen Knopf den Motor bedienen, der die Plattform mit rund 3 km/h vorwärtsbewegte, während Langer und sein Team sie von hinten kontrollierten. Die Blind-Fahrt auf den Rand des Treppenhauses zu konnte von zwei Startpunkten aus erfolgen – der erste, »weniger gefährliche«, befand sich knapp sieben Meter vor der Kante, der zweite, »sehr gefährliche«, nur fünf Meter. Man sagte den Teilnehmern, sie sollten den Knopf, ohne im Geist mitzuzählen, gefühlte fünf Sekunden lang drücken. Wenn man sich klarmacht, dass sich die Plattform mit rund 3 km/h bewegte und fünf echte Sekunden lang auf eine fünf Meter entfernte Kante zumanövrierte, dann war man beim Anhalten gerade mal 50 Zentimeter vor dem Abgrund. Erstaunlicherweise wollten acht Männer und Frauen mitmachen, auch nachdem sie die Augenbinde und die Kante zum offenen Treppenhaus gesehen hatten. Jeder musste so dastehen, dass

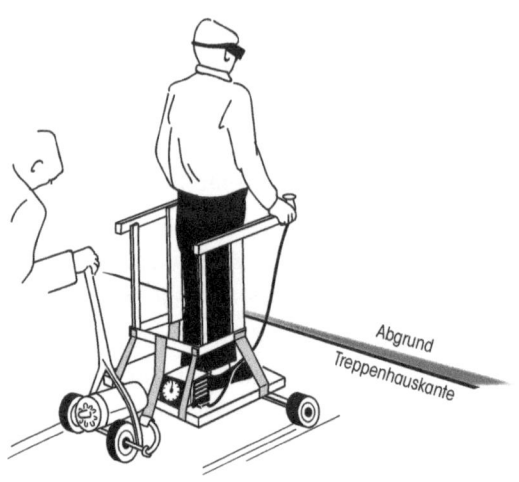

die Schuhspitzen mit dem vorderen Rand der Plattform bündig waren.

Es kommt jetzt nicht wirklich überraschend, dass die Leute aufgrund der drohenden Gefahr den Knopf nur für einen kürzeren Zeitraum drückten. Langer interpretierte das so, dass ihre Angst die Zeit für sie verlangsamte, weshalb sie schon nach 3,6 Sekunden glaubten, die fünf gedachten seien vorbei.[32] Aus dem letzten Kapitel und auch aus eigener Erfahrung wissen wir, dass genau das bei Angst passiert, aber das geschilderte Experiment kann natürlich auch anders erklärt werden. Wenn man weiß, dass man sich mit verbundenen Augen auf einen Abgrund zubewegt, erscheint es durchaus sinnvoll, sich aus Sicherheitsgründen lieber zu irren und das Gefährt etwas früher anzuhalten. Hätte die Dauer sechs anstatt nur fünf Sekunden betragen und der Helfer nicht schnell genug die Stopptaste erreicht, dann wäre die Versuchsperson über die Kante gefahren und das Treppenhaus hinuntergestürzt.

Trotzdem wissen wir natürlich aus einer Vielzahl von Laborversuchen, dass die Emotionen unsere Zeitwahrnehmung verändern. Genau wie Angst die Zeit langsamer vergehen lässt, tun das auch der Anblick verstümmelter Körper und das Anhören weinender Frauen.[33] Es scheint, als würden sich Körper und Geist bei der Wahrnehmung beängstigender Eindrücke entweder auf Flucht oder auf Angriff vorbereiten, weshalb die innere Uhr schneller geht und es sich anfühlt, als würde die Zeit langsamer vergehen.

Wie wir gesehen haben, wird das Verstreichen der Zeit auf zweierlei Art gemessen – prospektiv, während ein Ereignis stattfindet, und retrospektiv, also im Nachhinein. Bei der prospektiven Zeitabschätzung ist leicht ersichtlich, dass – wie ich schon erwähnt habe – sowohl Aufmerksamkeit als auch Emotionen eine Rolle spielen. Ist man aber retrospektiv gefragt und muss abschätzen, wie lange ein zurückliegendes Ereignis gedauert hat, dann wirkt sich noch ein dritter Faktor auf die Antwort aus – das Gedächtnis. Der Unterschied zwischen prospektiver und retrospektiver Zeitabschätzung ist dabei nicht nur erheblich, er liefert auch Lösungsansätze für etliche Rätsel der Zeit. Zum Beispiel erklärt er das bereits erwähnte Phänomen, das ich als »Urlaubs-Paradox« bezeichnet habe. Jeder kennt das: Die Ferien gehen wie im Flug vorbei, aber im Rückblick betrachtet kommt es einem vor, als sei man ewig weggewesen. Im vierten Kapitel werde ich darauf dann genauer eingehen.

Man ist sich einig, dass das Gedächtnis an der Zeitwahrnehmung beteiligt ist, wobei ungeklärt bleibt, ob wir vielleicht über ein separates Arbeitsgedächtnis nur für die Zeitverwaltung verfügen. Besitzt das Arbeitsgedächtnis eine Art Puffer, der uns wie bei der Telefonnummer, die man sich bis zum Wählen merkt, für wenige Sekunden auch zeitliche Informationen im Kopf behalten lässt? Es scheint durchaus möglich, dass ein Schrittmacher die Millisekunden zählt, während komplexere Gedächtnisprozesse den Umgang mit längeren Zeitintervallen leisten. Studien mit Menschen, die unter Gedächtnisschwund leiden, haben gezeigt, dass die Zeitverarbeitung die gleichen Neuralbahnen benutzt, die auch der Erzeugung und Abrufung bestimmter Erinnerungen dienen. Die Verbindung zwischen Gedächtnis und Zeitwahrnehmung wird weitergehend auch dadurch belegt, dass der Tranquilizer Valium sowohl die Erinnerung als auch die Zeitwahrnehmung beeinträchtigt.

Zusammenfassend können wir sagen, dass wir also offenbar eine Art Uhrwerk im Gehirn haben, das die Zeit zählt und dabei von diesen drei Faktoren beeinflusst wird: Aufmerksamkeit, Emotionen und Gedächtnis. Dieses kann die Form einer einzigen Uhr oder einer Reihe spezieller Impulse haben. Es gibt nur ein Problem: Niemand weiß, wo es sich befindet.

Misst das Gehirn sich selbst?

Gibt es womöglich für die Zeitmessung weder Uhren noch irgendwelche speziellen Impulse? Vielleicht schlachtet das Gehirn ja auch die Aktivitäten aus, die ohnehin in ihm vorgehen, und nimmt zeitliche Informationen aus den neuralen Netzwerken, die zur Erfassung von Farben, Tonhöhen und unzähligen anderen Dingen pausenlos Berechnungen anstellen. Gemäß dieser Theorie gibt es im Gehirn keinen gesonderten Bereich, der aktiv und vorsätzlich die Zeit misst. Es sind also keine speziellen Mechanismen für die Zeitwahrnehmung vorhanden. Stattdessen wird die Zeit anhand der Schaltkreise, die im Gehirn für andere Dinge, wie etwa Raumerfassung oder Gesichtserkennung zuständig sind, quasi »abgeleitet«. Etliche Neurowissenschaftler richten ihre Aufmerksamkeit zunehmend auf diesen Ansatz. Sie wollen wissen, wie das Gehirn dabei vorgeht. Neuronen sind in der Lage, eine regelmäßige Abfolge von Impulsen zu produzieren, die für die Zeitmessung eingesetzt werden könnten, nur scheint das Gehirn keinen Zählmechanismus zu besitzen.

Nach einer anderen Theorie nutzen wir für die Messung kurzer Ereignisse Gehirn-Oszillationen. Diese Oszillationen – die Alpha-Wellen der Gehirnaktivität, die man im EEG sieht – sind sehr kurz und könnten die Rolle der Uhr gut übernehmen. Dieser Gedanke wird unterstützt durch das Erlebnis, das man bei einer Vollnarkose hat. Wir wissen, dass im narkotisierten Zustand die Neuronen nicht mehr oszillieren, und wer schon einmal eine Operation hinter sich gebracht hat, kennt das Gefühl beim Aufwachen, dass scheinbar überhaupt keine Zeit vergangen ist. Das unterscheidet sich sehr vom normalen Schlaf. Wenn unser Gehirn das Verstreichen der Zeit mit diesen Oszillationen misst, wäre das die Erklärung dafür. Die Theorie hat nur einen einzigen Haken. Diese Oszillationen dauern 30 Millisekunden, was bedeuten würde, dass das Gehirn in Einheiten dieser Dauer misst. Und dennoch können wir Zeitspannen registrieren, die nicht durch 30 Millisekunden teilbar sind.

Die französische Neurowissenschaftlerin Virginie van Wassenhove glaubt, dass jedes Neuronenbündel im Gehirn das Potenzial hat, uns bei der Zeitmessung behilflich zu sein – es geht nur darum, die Aufmerksamkeit darauf zu richten. Die Aktivität ist also durchgängig vorhanden, aber erst wenn wir das Gehirn auffordern, beispielsweise die unterschiedlichen Abstände zwischen Notenpaaren zu messen, lesen wir die dazu nötigen Berechnungen tatsächlich ab. Das ist ein bisschen so wie mit der Anzahl der Leute im Raum – normalerweise dringt diese Information nicht in unser Bewusstsein, aber würde uns jemand danach fragen, könnten wir sie problemlos angeben. Wenngleich nicht immer ganz korrekt, ist die Zeit also »transparent für das Bewusstsein«.[34]

In seinem Versuchslabor in Los Angeles setzt der Neurobiologe Dean Buonomano elektrophysiologische, computergestützte und psychophysikalische Techniken ein, um herauszufinden, wie das Gehirn die Zeit misst. Auf seiner Website kann man überprüfen, wie gut man beim Verarbeiten kleiner Zeiteinheiten ist.[35] Beim Anklicken hört man zwei Klangpaare, die jeweils nur durch Millisekunden unterbrochen sind, und muss sich entscheiden, welche der Pausen jetzt kürzer war – was durchaus der Aufgabe ähnelt, die den Musikern in Istanbul gestellt wurde. Buonomano hat eine Erklärung für das, was ich oben erwähnt habe: dass man durch Übung besser wird, bei einer abweichenden Zeitspanne aber wieder bei Null anfangen muss – vorhandene oder erworbene Fähigkeiten können also auf andere Sinne übertragen werden, nicht aber auf andere Zeitintervalle. Er meint, dass das Gehirn zur Bewältigung dieser Aufgabe die Klänge wie die Ringe behandelt, die ein ins Wasser geworfener Stein bildet. Sie sind für kurze Zeit auch dann noch vorhanden, wenn der Stein bereits versunken ist – als eine Art Erinnerung an das, was wenige Augenblicke zuvor passiert ist. Wenn ein zweiter Stein geworfen wird, werden dessen Ringe durch die Wellen des ersten beeinflusst, und das Wasser kann kurzzeitig beide Ereignisse registrieren. Analog dazu aktiviert der erste Klang im Gehirn eine Reihe von Neuronen, was sie in einen neuen Zustand versetzt, dann folgt der zweite und wird dadurch, dass der Zustand verändert ist, auch anders wahrgenommen. Es ist, als ob die Wellen des ersten Klangs einen neuen Kontext für den darauffolgenden schaffen würden. Bei Klängen ist das Gehirn in der Lage, die Aktivitätsstruktur des ersten Paares mit der des zweiten zu vergleichen, bevor es dann entscheidet, welches jetzt kürzer war. Deshalb brauchen wir für die Messung auch keine tickende Uhr, denn es ist die Aktivitätsstruktur des Gehirns selbst, die die Zeit nimmt. Buonomano nennt das ein »state-dependent network«, ein zustandsbedingtes Netzwerk. So leicht das vielleicht klingen mag – bei meinem ersten Testversuch habe ich von 30 Punkten gerade mal 23 erreicht, nicht gerade eine Glanzleistung, wenn man bedenkt, dass allein schon zufälliges Raten von der Wahrscheinlichkeit her 15 ergeben könnte. Zum Glück müssen wir derart exakte Abschätzungen im Alltag nicht anstellen, wenngleich die Messung von Millisekunden so wichtig beim Verständnis und der Erzeugung von Sprache ist, dass die Fähigkeit, diesen extrem kurzen Zeitrahmen zu beurteilen, auch unserem linguistischen Vermögen zugrundeliegen könnte. Tatsächlich würde man in der Forschung gern wissen, ob eine Störung wie Legasthenie womöglich auf Defiziten bei der Zeitmessung beruht. Das könnte nämlich erklären, warum manche Leute so ein ungewöhnliches Verhältnis zur Zeit haben – etwa Eleanor, die immer zu spät kommt, weil sie eben kein Gefühl für das Verstreichen der Zeit hat. Ist die präzise Messung der Bewegungen, die der Stift auf dem Papier macht, oder der Abfolge von Buchstaben der Grund dafür, dass wir richtig lesen und schreiben können?[36]

Experimente mit drei aufeinanderfolgenden Klängen scheinen zu bestätigen, dass wir gar keinen eigenen Mechanismus für die Zeitabschätzung brauchen, sondern die jeweilige Dauer an der Aktivität der Neuronen ablesen, die nur ihre Arbeit machen. Versuchsteilnehmer sollen die Pause zwischen zwei Klängen beurteilen und dabei eine dritte, ganz zu Beginn gespielte Note ignorieren. Wenn das Gehirn seine eigene Stoppuhr besitzt, sollte das kein Problem darstellen – man startet sie erst nach dem ersten Klang und misst das Zeitintervall zwischen dem zweiten und dritten. Aber so läuft das nicht. Der dritte Klang sorgt bei den Versuchspersonen für allergrößte Verwirrung, was die Vermutung nahelegt, dass eine neurale Aktivität, die nicht speziell der Zeitmessung dient, genau diese Aufgabe übernimmt und aus der Bahn geworfen wird, wenn ein zusätzlicher Klang im Spiel ist. Dadurch ist das System zwar nicht perfekt, besitzt aber große Flexibilität. Theoretisch kann so ein System alles messen, was gemeldet wird, egal über welchen Sinn. Auffällig ist dabei, dass eine dritte Note *nicht* irritiert, wenn sie eine andere Tonhöhe hat. Was bei mir die Frage aufwirft, ob die verschiedenen Klänge vielleicht sogar mit unterschiedlichen Neuronenbündeln gemessen werden.

Derselbe David Eagleman, der Leute rückwärts von Hochhäusern wirft, vertritt einen anderen Ansatz, der aber genau wie Buonomanos Theorie auf der Vorstellung beruht, in unseren Gehirnzellen sei die Fähigkeit zur Zeitmessung von vornherein eingebaut. Wenn man ein Bild betrachtet, benötigen die Neuronen eine gewisse Energie, um das Gesehene auch zu erkennen. Denken Sie an die Aufgabe mit den Giraffen-/Mango-Fotos, bei der Versuchsteilnehmer in konstanter Abfolge Giraffen und mittendrin eine überraschende Mango vorgesetzt bekamen – und dann felsenfest behaupteten, die Mango sei länger zu sehen gewesen. Die Wahrnehmung der ersten Giraffe erfordert eine bestimmte Menge an Energie. Beim Anblick einer identischen Giraffe muss das Gehirn aber nicht mehr so viel Energie für die Erkennung aufbringen. Nach Eaglemans Theorie beruht unser Gefühl für eine Dauer auf dem Ausmaß der aufzubringenden Neuronenenergie. Demnach erfordert das erste Giraffenbild mehr Energie und wirkt deshalb länger, während die folgenden Giraffen weniger benötigen und uns dadurch kürzer vorkommen. Dann taucht plötzlich die Mango auf. Sie stellt etwas Neues dar und muss mit höherem Energieaufwand erkannt werden, weshalb sie vermeintlich länger sichtbar ist. Was die Belege für diesen Ansatz betrifft, ist es tatsächlich so, dass das Feuern der Neuronen bei einem neuen Bild zunimmt und bei einer Wiederholung abnimmt. Ob unsere Zeitmessung tatsächlich so funktioniert, muss sich erst noch zeigen, aber eine gewisse Plausibilität besitzt das schon. Wir wissen, dass der Faktor der Neuartigkeit bei unserer Zeitmessung eine Rolle spielt, auch bei längeren Zeitintervallen. Wenn man in eine neue Stadt kommt und vom Hotel zum Restaurant geht, ist für die Registrierung aller neuen Anblicke und Geräusche ein hoher Energieaufwand nötig, was uns das Gefühl vermittelt, dieser Spaziergang hätte ziemlich lange gedauert. Beim Zurückgehen ist der Weg bereits bekannt, weshalb er uns von der Zeit her kürzer vorkommt.

Der Gedanke, dass die Neuronenaktivität als solche unsere Zeitmessung leistet, könnte erklären, warum Leute mit Schizophrenie Probleme bei der Zeitwahrnehmung haben. Obwohl das Hören von Stimmen und irrationales Denken bekanntere Symptome sind, leiden Betroffene oft unter einem Gegenwartsverlust, während sie sich gut an die Vergangenheit erinnern und die Zukunft antizipieren können. Der Philosoph Edmund Husserl war der Meinung, eine geistige Bewältigung dieser drei Zeitrahmen sei die Grundbedingung für Bewusstsein und Realitätsgefühl. Bei der Schizophrenie kann genau das gestört sein, weshalb sich die Zeit nicht real anfühlt. Menschen mit Schizophrenie haben Probleme damit, in einem Oddball-Experiment das abweichende Bild auszumachen oder auch nur blinkende Lichtsignale zu erkennen. Ihre neuronale Reaktion ist so, dass ihnen alles, was sie sehen, neuartig vorkommt. Normalerweise wird bei Leuten, denen man immer wieder die gleiche Giraffe zeigt, die neuronale Reaktion schwächer – bei Schizophrenen ist das aber nicht so.[37]

Wir können alles Mögliche einschätzen – vom Schwingen eines Pendels bis hin zur Autotür, die zufällt, ohne dass wir uns den Finger einquetschen. Diese kleinen Berechnungen, die wir tagtäglich hundert Mal anstellen, fallen uns gar nicht auf. Aber stellen Sie sich vor, wie unangenehm es wäre, wenn das alles nicht mehr funktionieren würde. Dazu addieren Sie dann noch Ihre geistige Verwirrung. Wenn die Hinweise auf die zeitliche Realität fehlen und Sie Ihre Gedanken nicht mehr zeitlich einordnen können – und so nicht mehr wissen, was davon Erinnerungen, was Tagträume und was die realen Eindrücke im Hier und Jetzt sind –, dann verwundert es nicht, dass eine psychotische Phase von geradezu beängstigender Verwirrung geprägt ist. Nach Meinung des Philosophen und Neurowissenschaftlers Dan Lloyd könnte eine Störung der zeitlichen Wahrnehmung sogar eine ganze Reihe von Schizophrenie-Symptomen erklären. Das erscheint mir durchaus sinnvoll. Ich habe bereits den Einfluss erwähnt, den Dopamin auf die Zeitwahrnehmung ausübt, und eine der Theorien zur Ursache von Schizophrenie, die sogenannte »Dopamin-Hypothese«, beruht genau auf diesem Neurotransmitter. Demnach ist für das Stellen der Uhr im Gehirn, die jeweils die Impulsrate diktiert, nichts anderes als das Dopamin verantwortlich, was bedeutet, dass einige Schizophrenie-Symptome auf Aussetzern der Uhr beruhen.

Eaglemans Theorie liefert auch eine Erklärung für die vermeintlich stehengebliebene Uhr. Der erste Sekundenschlag wirkt länger, weil das Gehirn erstmalig die Bewegung des Zeigers registriert, woraufhin dann neuronale Zündungen und Energieaufwand abnehmen – und damit auch die gefühlte Dauer der Schritte, die der Sekundenzeiger bei seiner Runde macht. Analog dazu kommt uns ein helles Licht, das kurz angeschaltet wird, länger vor als ein schwächeres, und auch ein Zeitintervall, das mit anspruchsvoller Musik gefüllt ist, wirkt für uns länger als eines mit »leichter«, also weniger komplizierter Musik. Liegt das womöglich daran, dass wir die Abschnitte anhand der für die Verarbeitung aufgewendeten Energie messen?

Okay, jetzt habe ich eine ganze Menge Theorien vorgestellt. Unterm Strich kann man anhand der gefundenen Erkenntnisse wohl Folgendes sagen: dass Impulse, die bereits für andere Zwecke eingesetzt werden, dabei in unserem Gehirn auch die Zeit messen. Vielleicht haben sie die Form gekräuselter Ringe oder Wellen, vielleicht bestehen sie auch aus Energiepäckchen – jedenfalls steigern sie ihre Geschwindigkeit oder Frequenz, wenn wir unsere Aufmerksamkeit auf die Zeit als solche richten. Diese Beschleunigung – wie wir sie von den Schafen kennen, die durchs Gatter gehen – vermittelt uns den Eindruck, die Zeit würde sich ausdehnen. Extreme Angst führt ebenfalls zu einer Beschleunigung der Impulse, deshalb erlebt Chuck Berry, der verzweifelt um sein Leben kämpft, genau das – und hat dabei das Gefühl, die Zeit würde langsamer vergehen. Zur Messung eines Zeitrahmens verwenden wir sowohl das Dopamin-System als auch eine Kombination aus den vier entscheidenden Regionen des Gehirns, also Kleinhirn, Basalganglien, Frontallappen und Inselcortex – je nach Dauer eben.

Das weist erneut auf unser zentrales Thema hin – dass wir die Wahrnehmung der Zeit selbst erzeugen, und zwar durch eine Neuronenaktivität im Gehirn, die von den physiologischen Symptomen im Körper gespeist wird. Das wirkt jetzt vielleicht wie eine allzu reduktionistische Erklärung, nach der die Zeit nur auf chemischen Prozessen beruht und von der Neuronenaktivität im Verbund mit dem Dopamin-System erschaffen wird. Aber diese neurowissenschaftlichen Hintergründe sollten nicht die Bedeutung mindern, die unsere subjektive Zeitwahrnehmung besitzt. Für Chuck Berry, Alan Johnston oder auch Michel Siffre, der in der Gletscherhöhle im eiskalten Schlafsack lag, hatten die Neuronenimpulse keinerlei Bedeutung. Allein das Erlebnis war wichtig, und genau das ist, was wir ändern können. Wir besitzen eine ganze Reihe von Fähigkeiten zum Umgang mit der Zeit. Im Geist können wir uns nach vorne in die Zukunft oder auch rückwärts in die Vergangenheit versetzen. Wir können uns zukünftige Situationen vorstellen, die wir noch nie erlebt haben, und außerdem Ereignisse in eine chronologische Reihenfolge bringen, Rhythmen in der Musik erkennen, sprechen, einen Ball fangen, dem Zug nachrennen oder die

Straße überqueren – ohne dass wir uns dabei der Vorgänge im Gehirn bewusst sein müssten.

Die Realität, die wir für uns erzeugen, kann aber leicht Störungen erfahren. Eleanor hat etwa Probleme damit, ohne Uhr die Zeit zu messen. Und wie schwer wäre das erst, wenn es kein Tageslicht gäbe oder man niemanden nach der Uhrzeit fragen könnte?

Das Projekt Zeit

Für zwei Monate, also 1500 Stunden, lebte Michel Siffre in seiner Höhle in den französischen Alpen nicht nur in völliger Isolation, sondern auch noch ohne jede Ahnung, ob gerade Tag oder Nacht war. Er ließ seinen Körper entscheiden, wann er ruhen wollte, und schlief genau dann, wenn er eben müde war. Diesen vom Körper diktierten Schlaf beschrieb er als viel besser, als über der Erde je möglich. Er aß, wenn er hungrig war. Nur dass er schon bald keinen Appetit mehr hatte. Der einzige Vorteil an den niedrigen Temperaturen war, dass die Lebensmittel sich länger hielten als erwartet, nur war Michel kein guter Koch, und der Versuch, etwa simplen Milchreis zu machen, ging derart daneben, dass er zur Geschmacksverbesserung eine Dose mit Ananasstücken öffnen musste. Irgendwann merkte er, dass ihm Brot und Käse im Grunde ausreichten. Tagtäglich las er, schrieb Tagebuch und notierte die physiologischen Daten, die ihm die Elektroden an Kopf und Brust lieferten. Das Experiment, das er schon so lange durchführen wollte, verlief ganz zufriedenstellend, und dennoch ging es ihm immer schlechter. Seine Matratze bestand zwar aus dickem Schaumstoff, aber weil sich bei Minustemperaturen Eis unter ihr befand, war das Bett in der Regel klamm und feucht. Michel hatte ständig nasse Füße, und auch die Luft um ihn herum war eisig. Seine Kleidung wurde über Nacht nicht trocken, und wenn er sie am nächsten Morgen wieder anzog, ließ ihn die bitterkalte Feuchtigkeit auf seiner Haut frieren. Durch das viele Sitzen bekam er Rückenschmerzen, aber lindernde Medikamente wollte er nicht einnehmen, um nicht womöglich die physiologischen Experimente zu beeinträchtigen.

Michel merkte, dass er die Zeit damit verbrachte, über eine vollkommen andere Periode nachzudenken – die Zukunft. Er versuchte, sich irgendwie zu vergnügen und bei Laune zu halten, wobei seine Version des Wurfringspiels darin bestand, dass er mit Zuckerwürfeln einen Topf heißes Wasser zu treffen versuchte. Ein Plattenspieler war mit heruntergebracht worden, um ihm Gesellschaft zu leisten, aber Beethoven und Mario Lanza erwiesen sich als Fehlschlag. »Die klassischen Werke, die mir früher gefallen hatten, waren jetzt nichts als chaotischer Lärm. Und was ich an zeitgenössischen Liedern oder Chansons dabeihatte, schien meine Einsamkeit nur noch schlimmer zu machen.« Er war so allein, dass mit das Einzige, worüber er zumindest halbwegs freudig schrieb, eine Spinne war, die er gefangen hatte und als Haustier in einer kleinen Schachtel hielt. Immer wieder erwähnt er, wie er sie betrachtete und mit winzigen Mengen an Nahrung und Flüssigkeit versorgte.

Ungeachtet der nasskalten Bedingungen und seiner zunehmenden Abneigung gegen den gelben Zeltstoff fühlte er sich langsam so wohl in seiner improvisierten Behausung, dass er immer mehr Zeit im Bett verbrachte und das Zelt so selten wie möglich verließ. Wenn er dann für seine Messun-

gen hinaus in die Höhle ging, freute er sich beim Zurückblicken über sein gemütliches, eiskaltes Zuhause, das da
hinter ihm im Dunkeln leuchtete. Schon bald verlor er das
Interesse daran, die Höhle sauber zu halten, und warf seinen
Abfall einfach vors Zelt. Aufgrund der niedrigen Temperatur
verrotteten die Essensreste nur langsam, aber als er am Kern-
gehäuse eines Apfels Schimmel entdeckte, errichtete er – immer auf der Suche nach dem nächsten Experiment – einen
separaten Haufen aus abgenagten Äpfeln, damit im nächsten
Jahr vielleicht jemand die Entwicklung des Schimmels untersuchen konnte.

Ohne Tageslicht verringerte sich seine Sehschärfe, und
schon bald konnte er Blau nicht mehr von Grün unterscheiden. Wenngleich so etwas wie Klaustrophobie ausblieb, kam
es aber gegen Ende seiner Zeit im Untergrund immer wieder
zu Schwindelgefühl – im Nachgang wurde von ärztlicher
Seite aus bestätigt, dass sein Körper in einen Zustand des
»beginnenden Winterschlafs« getreten war.

Über den gesamten Zeitraum waren oben am Höhleneingang zwei Helfer, die tagsüber in der Sonne schwitzten und
nachts die Kälte ertrugen. Sie durften ihn nicht kontaktieren,
um Rückschlüsse auf die Tageszeit auszuschließen. Stattdessen war eine Telefonleitung eingerichtet worden, die ihn mit
dem Bodenteam verband, und immer, wenn er aufwachte,
etwas aß oder sich schlafen legte, rief er oben an. Die Helfer
waren angewiesen, den exakten Zeitpunkt des Anrufs zu notieren, ihn Michel aber nicht mitzuteilen. Am zweiten Morgen war sein Rhythmus bereits um zwei Stunden verschoben.
Nach einer Woche lag er sogar schon zwei Kalendertage zurück. Nach zehn Tagen hielt er die Nacht für den Tag und notierte sogar in seinem Tagebuch, dass die erfreuten Begrü-

ßungen seiner Teamkollegen klangen, als seien sie bereits seit Stunden wach. Tatsächlich hatte er sie wieder einmal mitten in der Nacht aufgeweckt.

Bei jedem Telefonat maß er den Puls und zählte im Sekundentakt von 1 bis 120. Dabei geschah aber etwas sehr Merkwürdiges. Zwar dachte er, das Zählen würde die erwarteten zwei Minuten in Anspruch nehmen, aber wie das Bodenteam an der Stoppuhr ablesen konnte, brauchte er dafür ganze fünf Minuten. Das Leben ohne Tag und Nacht hatte Michels »Mind Time«, seine innere Uhr, durcheinandergebracht. Er hatte jedes Gefühl für das Verstreichen der Stunden oder Minuten verloren und konnte nicht einmal mehr die Dauer seiner Telefonate richtig einschätzen. Anfangs hatte er noch seine Mario-Lanza-Platten, um zumindest kurze Zeitabschnitte abzuschätzen, aber auch das war bald vorbei: »Anfang und Ende einer Aufnahme gehen ineinander über und verschmelzen mit dem Fluss der Zeit … Die Zeit hat für mich keinerlei Bedeutung mehr. Ich bin von ihr abgelöst, ich lebe außerhalb der Zeit.« Die Zeit wurde für ihn etwas, das jenseits seines Beurteilungsvermögens lag und ihm zunehmend fremd vorkam.[38] Er war zweifellos gelangweilt und einsam, nur stellte er rückblickend fest, dass ihm die Tage zwar endlos vorkamen, in Wahrheit aber längst nicht so viele Stunden verstrichen wie geglaubt. Dies ist ein ganz normales Paradox der Zeit. Wobei sie doch viel schneller verging als von Michel angenommen. Er rationierte seinen Käsevorrat, um damit auch gewiss über die gesamten zwei Monate zu kommen, aber sein Zeitempfinden war derart daneben, dass er sich überhaupt nicht hätte beschränken müssen.

Er hielt es durchaus für möglich, vom exakten Datum abgewichen und vielleicht ein paar Tage voraus zu sein, nur dachte er keine Sekunde daran, dass er vielleicht hinten lag. Dann gab das Team plötzlich durch, das Experiment sei vorbei und man würde den 24. September schreiben. Das überraschte Michel. Er dachte, er hätte noch 25 Tage vor sich. Aber der Umstand, dass er jetzt die klamme Höhle verlassen und hinauf ins Sonnenlicht konnte, machte ihn nicht glücklich. Vielmehr war er ziemlich verwirrt. Er fühlte sich, als hätte er den Sinn für die Realität verloren und im Zuge dessen auch 25 Tage. Wohin waren die verschwunden? Er fühlte sich um seine Erinnerungen betrogen.

Dann verzerrte sich die Zeit erneut. Obwohl er bis zu diesem Moment davon ausgegangen war, noch fast einen Monaten unter der Erde bleiben zu müssen, verstrich die Zeit seit der Mitteilung, die Kollegen würden jetzt heruntersteigen und ihn holen, fast schon unerträglich langsam. Noch wenige Minuten vor ihrem Eintreffen fragte er sich, warum sie denn nur so lang brauchten. Er hatte von Anfang an gewusst, dass auch mit dem Eintreffen des Teams eine weitere Übernachtung nötig sein würde, um alles für den Aufstieg zusammenzupacken, nur war er dafür jetzt viel zu ungeduldig. Und er hatte Angst. Er befürchtete, nach allen bis hierher überlebten Strapazen vielleicht doch noch im letzten Moment zu sterben. Bei jedem Geräusch – ob ein Steinchen nach unten kullerte oder das Eis knackte – zuckte er zusammen. Als die Freunde dann eintrafen, wurde er ruhiger. Sie waren entsetzt über den mittlerweile hüfthohen Müllhaufen, freuten sich aber darüber, dass es Michel soweit gut ging. Im letzten Moment wollte er den Aufstieg doch nicht machen. Er wusste, dass oben Leute von der Presse kampiert hatten und jetzt auf seine glorreiche Rückkehr warteten, aber er nahm in der

Höhle weiterhin Proben, bis seine Kollegen meinten, er solle das jetzt lassen.

Der Weg nach oben war anstrengend. So geschwächt, wie Michel war, musste er im Ganzkörpergurt mit der Seilwinde hochgehievt werden, wobei er zwischendurch in Ohnmacht fiel und beinahe aufgeben wollte, als er aus eigener Kraft durch die »Klüse« genannte Öffnung klettern musste. Man bedeckte seine Augen, um ihn vor dem Tageslicht zu schützen. Erneut fiel er in Ohnmacht und wurde sofort zu einem Hubschrauber gebracht, nachdem ihm seine Freundin Anne-Marie noch schnell ein paar frisch gepflückte Veilchen unter die Nase gehalten hatte. Das wurde für ihn zu einer intensiven Erinnerung – der erste angenehme Geruch nach zwei Monaten.

Es gab durchaus Stimmen, nach denen die gesamte Unternehmung nichts als ein Publicity-Gag war und wegen des Telefonkontakts von echter Isolation keine Rede sein könne, aber alles in allem wurde akzeptiert, dass Michel mit seinen 23 Jahren den Forschungsbereich der Chronobiologie geschaffen hatte – die wissenschaftliche Erforschung der Einflüsse, die die Zeit auf unsere biologischen Rhythmen nimmt. Sein Experiment belegte erstmals die Existenz einer Körperuhr, die unabhängig von Licht und Dunkelheit am Werk ist. Bis dahin hatte niemand gewusst, wie die Körperrhythmen eigentlich funktionieren, aber bei der Analyse seiner Schlaf- und Wachzyklen zeigte sich, dass unabhängig von der jeweiligen Tageszeit beim Zusammenzählen von Ruhe- und Aktivitätsphasen immer der gleiche Zeitraum herauskam, nämlich 24 Stunden und 31 Minuten. Dies ist die einzige Uhr, die wir im Körper genau lokalisieren können. Sie bildet einen Teil des Hypothalamus an der Hirnbasis, den man »suprachiasmatischen Nucleus« oder auch »Zirbeldrüse« nennt. Hier oszillieren die Neuronen unentwegt und erzeugen so einen Rhythmus von etwas mehr als 24 Stunden, der durch das Tageslicht korrigiert wird.[39] Da aber keines zur Verfügung war, kam es bei Michel zu einem sogenannten »Freilauf«, und jeder Tag brachte weitere 31 Minuten Abweichung. Irgendwann lag er so weit daneben, dass er eher tagsüber als nachts schlief, und dennoch hielt sich sein Körper an einen erstaunlich regelmäßigen Ablauf.

Für den Kopf war das aber anders. Michels Zeitwahrnehmung hatte sich derart verzerrt, dass ihm jede Stunde drei Mal kürzer vorkam, und das trotz Einsamkeit und Langeweile. Er konnte einen ganzen Tag sowie dann noch den Abend auf sein und trotzdem glauben, er sei nur wenige Stunden lang wach gewesen. Er erlebte in extremem Ausmaß eine Störung des Zeitgefühls, wie sie das Fieber auch bei Mrs. Hoagland bewirkt hatte. Einerseits war die Zeit schnell vergangen, denn das Experiment war zu Ende, bevor es sich für ihn so anfühlte. Andererseits hatte Michel das Verstreichen der Zeit im Kopf verlangsamt – weshalb sie sich für ihn ausdehnte.

Nach seiner 1962er-Expedition verbrachte Michel weitere 40 Jahre mit der Erforschung der Zeitwahrnehmung, wobei er dafür weiterhin echte Höhlen und nicht etwa Isolationskammern im Labor verwendete. Grund dafür ist einzig und allein, dass manche Leute vollkommen verrückt nach Höhlen sind und auch kein Problem damit haben, dort für einen geschlagenen Monat quasi im Sarg zu liegen. Versiegelte Laborkammern scheinen diese Begeisterung irgendwie nicht zu wecken. Das französische Verteidigungsministerium unterstützte Michels Arbeiten finanziell, denn man erhoffte sich Antwort auf die Frage, ob und wie man eine U-Boot-Besatzung in einem Zeitraum von 48 Stunden nur einmal schlafen lassen kann. Mit dem Ende des Kalten Krieges wurde es dann immer schwieriger, an Gelder zu kommen, und irgendwann erkannte Michel, dass sich wohl nur noch Mathematiker und Physiker der Thematik widmen würden. Die Liebe zu Höhlen bblieb ihm aber erhalten: Selbstverständlich verbrachte er auch den Jahrtausendwechsel im Untergrund, und als Franzose hatte er dabei ebenso selbstverständlich Champagner und *Foie gras* im Gepäck. Nur weil er schon einige Zeit vorher hinuntergestiegen war, hatte er im entscheidenden Moment wieder einmal sein Zeitgefühl verloren – und stieß auf das Jahr 2000 mit einer Verspätung von dreieinhalb Tagen an.

DER MONTAG IST ROT

»Für mich sieht die Zeit aus wie ein Tapeziertisch. Ich sitze leicht seitwärts gedreht am rechten Rand und kann den ganzen Tisch überblicken. Rechts vor mir beginnt die Tapetenbahn (die Gegenwart) und zieht sich bis nach links ans Ende des Tisches. Die Antike befindet sich nicht auf dem Tisch – wie bei der Tapete bildet sie die Rolle, die am linken Ende zu Boden gefallen ist. Ich betrachte die Geschichte im Hinblick auf England und die jeweiligen Herrscher oder Königshäuser. Vom linken Rand des Tisches bis zur Mitte der Tapetenbahn haben wir eine echte genealogische Tafel mit Normannen, Tudors, Stuarts usw. Das geht so bis etwa 1800, ab da zieht sich ein langer Strich im Winkel von 15° bis ganz nach rechts. Darauf sind zwei Schwellen in Form großer Rechtecke, die für den Ersten und Zweiten Weltkrieg stehen. Die rechte Tischkante bildet den Ärmelkanal, und alles, was darüber hinausgeht, ist »Ausland«. Die Karte erstreckt sich ab da rund um die Welt und ist auch so gebogen wie ein riesiger Globus. Burma hat ebenfalls eine Schwelle, die den Sturz von König Thibaw im Jahr 1885 bezeichnet, wobei die Stelle außerdem für Königin Viktorias Familie und die Gründung des Deutschen Reichs reserviert ist.

Die Wochentage sind wie fünf Dominosteine, wobei die angrenzenden jeweils ein Doppelbild haben und quer daliegend die Wochenenden bilden. Wenn das Ende der Woche erreicht ist, springe ich wieder zurück an den Anfang. In diesem Schaubild vergeht die Zeit von rechts nach links, ansonsten genau umgekehrt.«

Dies sind die Worte von Clifford Pope, einem meiner Hörer. Ich frage mich, ob Sie damit etwas anfangen können. Oder auch mit den folgenden, die ein anderer Hörer geschrieben hat, nämlich der 73-jährige David Williams:

»Für mich ist das Jahr wie eine Art Ellipse, die ich von oben betrachte. Jetzt ist März, also sehe ich runter auf Anfang März, von dem aus sich die Kurve nach links Richtung April und Mai zieht. In der linken Beule der Ellipse sind dann August und September. Die weiter zurückliegende Vergangenheit beginnt rechts und ist nicht recht sichtbar, wird aber zugänglich, wenn ich den Blick etwa auf Höhe des April nach rechts wende. Dort liegt das frühe 19. Jahrhundert.«

Auch wenn Sie sich das vielleicht anders vorstellen, zeigt die Forschung, dass rund 20 Prozent der Leser dieses Buches den Gedanken, man könne die Zeit vor dem geistigen Auge sehen, für nachvollziehbar halten. Und so merkwürdig das für die restlichen 80 Prozent klingen mag: Auch Sie »sehen« die Zeit in weit stärkerem Ausmaß als vielleicht geglaubt. Bleiben Sie also bei der Stange!

Wie ich im letzten Kapitel ausgeführt habe, gibt es immer noch keine umfassende Theorie, die unseren Umgang mit der Zeit erklärt. Außerdem verfügen wir über kein gesondertes Organ für ihre Messung. Wie ich aber in diesem Kapitel zeigen werde, ist die Fähigkeit, sich die Zeit räumlich vorzustellen, ganz entscheidend für die Erzeugung unserer Zeitwahrnehmung. Darüber hinaus beeinflusst sie die von uns verwendete Sprache und bahnt den Weg für etwas, das keine andere Spezies machen kann – geistige Zeitreisen.

Bei meinen Recherchen ist klar geworden, dass bestimmte Visualisierungen der Zeit häufiger vorkommen als andere, was durch die Forschung bestätigt wird.[40] Mithilfe der Hörer von *All in the Mind*, meiner Radiosendung in BBC 4, konnte ich untersuchen, wie sich 86 verschiedene Menschen die Zeit räumlich vorstellen. Manche schickten lange Beschreibungen, teilweise auch mit Diagrammen, und während etliche davon ausgingen, dass sich doch jeder die Zeit räumlich vorstellt, schrieben andere, wie etwa Simon Thomas, das sei nur bei ihnen so:

»Bis zu Ihrer Sendung dachte ich, ich sei der Einzige! Ich mache das schon mein ganzes Leben, und als Kind dachte ich sehr wohl, dass das auch bei allen anderen so sei, nur wollte ich irgendwann mit ein paar Freunden darüber reden und kam mir dabei total bescheuert vor. Seither – und weil es ohnehin schwer zu erklären ist – habe ich das weitgehend für mich behalten.«

Auch wenn manche sich überhaupt nicht für kompetent hielten, waren die meisten doch ziemlich stolz auf ihre geistigen

Vorstellungen. Sie zu zeichnen oder zu beschreiben machte ihnen richtiggehend Spaß.

Die Fähigkeit, die Zeit räumlich ausgedehnt zu sehen, wird von vielen als eine Form von Synästhesie bezeichnet, was ein Zustand ist, bei dem im Gehirn mehrere Sinne zusammenfließen. Die häufigste Form dieses Zustands ist die Verbindung von Farben mit Buchstaben, Zahlen, Namen oder Wochentagen. Bei meiner kleinen Umfrage habe ich die Farben aufgelistet, die manche Teilnehmer den Tagen gaben – ein breites Spektrum, von orangefarben marmoriertem Weiß für Dienstag bis hin zu beigefarbenem Senfton für Freitag. So erstaunlich es war, welch präzise Farbgebung dabei verwendet wurde, interessierte ich mich noch mehr für etwaige Zuordnungsmuster. Beruhen diese Farben allein auf kulturellen Assoziationen? Für mich ist der Montag ganz klar rot. Liegt das daran, dass bei uns in Großbritannien die Woche montags beginnt und der Tag deshalb vollgepackt ist und deshalb ins Auge sticht? Vielleicht ist ja für Leute, die Tage mit Farben verknüpfen, der Montag in christlich geprägten Ländern durchgängig rot? Ähm – nein. Offenbar sehen ihn meine britischen Mitbürger auch gern in zartem Pink oder strahlendem Hellblau. Für diejenigen, die den Tagen keine Farbe zuweisen, klingt das hier vielleicht vollkommen absurd – und viele glauben, wir würden alles nur erfinden –, aber wie sich in zahllosen Studien gezeigt hat, sind diese Assoziationen fest verankert und viel zu präzise, um sich an sie erinnern zu können: Fragen Sie mich jetzt und dann in fünf Jahren wieder – und ich werde immer noch darauf beharren, dass Montage rot sind.

Synästhesie ist ein gut dokumentiertes Phänomen und unter Wissenschaftlern durchaus anerkannt. Seltenere Formen können sogar räumliche Geschmacksvorstellungen mit einschließen. Auf ewig ist mir im Gedächtnis, wie ich über einen Mann gelesen habe, dem das Hühnchen zu spitz war, oder wie mir eine Frau die ausgefeilten Muster beschrieb, die sie beim Hören bestimmter Musikstücke sah. Als ich ihr zum Beispiel Gitarrenmusik vorspielte, sprach sie von einem Quadranten, der aus Braun, Blau, Grün und Marineblau bestand und von dessen rechter oberer Ecke sich ein bunter Fluss wie ein Zopf nach unten wellte. Wie oben bereits im Zusammenhang mit meinem roten Montag erwähnt, ist das Besondere daran, dass solche Menschen – konfrontiert man sie erneut mit demselben Musikstück oder dem gleichen Essen – auch zu jedem anderen Zeitpunkt genau die gleichen Assoziationen beschreiben. Dabei kann man sie auf diverse Reize testen, die unmöglich memoriert werden könnten. Synästhetiker denken sich das nicht aus. Sie empfinden *echte* Eindrücke – was die jeweiligen Hirnregionen belegen, die bei Scan-Untersuchungen aufleuchten. Wenn die erwähnte Frau also Gitarrenmusik hört, werden auch die Bereiche ihres Gehirns aktiviert, die mit dem Sehen von Farben zu tun haben.

Niemand kennt die genaue Ursache der Synästhesie, wobei eine der Theorien auf die reichhaltigen Verbindungen deutet, die es im Gehirn von Neugeborenen gibt. In den ersten Lebensmonaten gelangen die vielen Sinneseindrücke noch nicht über spezielle Kanäle ins Gehirn. Es ist, als sei das Gehirn ein chaotischer Dschungel – Sehen, Hören, Riechen und Schmecken sind miteinander vermischt und kaum auseinanderzuhalten. Im vierten Monat beginnt dann eine Art Rebschnitt, genannt »Pruning«, bei dem alle Reben und Triebe zurückgeschnitten werden und nur die einzelnen Zweige für die Sinne übrigbleiben. Das Chaos verwandelt sich in Klarheit und Ordnung. Bei Synästhetikern bleiben aber manche dieser verworrenen Verbindungen intakt, was dazu führt, dass sie auch weiterhin Sinnesüberschneidungen erleben. Die Theorie wird auch dadurch gestützt, dass die Verbindungen manchmal mit zunehmendem Alter schwächer werden. Um hier beim Bild des Weinstocks zu bleiben – was nicht komplett zurückgestutzt wurde, verkümmert irgendwann von selbst. Das habe ich auch bei mir festgestellt. Die Farben, die ich mit gewissen Rufnamen verbinde, sind mittlerweile ziemlich verblasst.

All dies bestätigt die Pruning-Theorie, die unterm Strich die bislang überzeugendste Erklärung der Synästhesie ist. Ich möchte nur eines anmerken. Die Assoziation von Buchstaben und Farben ist die häufigste Form des Phänomens – jawohl, leider bin ich dahingehend ganz stinknormal –, aber dieser Umstand beißt sich etwas mit unserer überzeugendsten Theorie. Denn obwohl Neugeborene in den ersten Monaten eine Menge erleben, kommen sie mit dem Alphabet nur selten in Berührung.

Die Monate vergehen im Kreis

Die Sonderform der Synästhesie, die bei der Zeitwahrnehmung zum Tragen kommt, ist das »räumliche Sehen der Zeit«. Ein Fünftel von uns nimmt die Zeit auf diese Art wahr. Wenn sie erklären sollen, wie sich das »räumliche Sehen der Zeit« für sie darstellt, zeichnen die Befragten oft ein Diagramm. Das kann ich gut verstehen, denn in Worte lässt sich das ja auch nur schwer fassen. Ich werde mich also anstrengen, dabei zum besseren Verständnis aber auch das eine oder andere Diagramm heranziehen. Der Klarheit halber benutze ich für unseren Sachverhalt den Fachbegriff »räumliche Visualisierung«. Bevor ich aber weitermache, möchte ich noch die zurückliegende Fachdebatte erwähnen, bei der es darum ging, ob die räumliche Visualisierung der Zeit – auch wenn sie ein klar erkennbares Phänomen darstellt – letztendlich als Form der Synästhesie einzustufen ist. Meiner Meinung nach schon, schließlich zeigt sie zwei Kernaspekte des Syndroms – die Fähigkeit, Wahrnehmungen über Jahre hinweg nicht nur unwillkürlich, sondern auch vom Inhalt her genau gleich beschreiben zu können. Außerdem scheint sich die Art und Weise, mit der Leute die Zeit räumlich sehen, im Verlauf der Kindheit zu entwickeln.

Bei keiner einzigen meiner Radiosendungen hat ein Thema je die gewaltige Reaktion hervorgerufen, wie das bei der Zeit-als-Raum-Synästhesie der Fall war. Die Hörer waren ganz begeistert darüber, dass offenbar auch andere sich die Zeit räumlich vorstellen. Begeistert und erleichtert. Eine Hörerin namens Sara erzählte mir, dass die Entdeckung, ihre Erlebnisse seien Teil eines anerkannten Phänomens, für sie war, als sei in ihrem Kopf ein Schalter umgelegt worden. Sie hatte das Gefühl, die Zeit räumlich zu sehen, ständig unterdrückt und konnte ihm jetzt freien Lauf lassen: »Plötzlich sah ich, wie die Woche sich um mich herum ausbreitet. Wie froh ich war, alles wieder an seinen vorgesehenen Platz stellen zu können.« Manche Hörer erzählten mir, sie könnten die Zeit offenbar nur dann wahrnehmen, wenn sie sich eine räumliche Vorstellung von ihr machten.

Ich möchte erneut all jene um Geduld bitten, denen das hier Gesagte etwas seltsam vorkommt. Denn obwohl sich nur eine Minderheit die Zeit räumlich vorstellt, kann das

Phänomen doch beleuchten, inwiefern geistige Abbildungen der Zeit das Denken sämtlicher Menschen beeinflussen. Bevor Sie jetzt lesen, was meine Analyse der eingesandten Beschreibungen ergab, denken Sie doch bitte kurz darüber nach, wie *Sie* sich die Zeit vorstellen würden, wenn Sie das *müssten*. Natürlich ist die Zeit kein visuelles Konzept, aber gesetzt den Fall, Sie sollten ein Schaubild zeichnen – wie würde das aussehen? Sind die nächsten paar Wochen vor Ihnen ausgebreitet? Haben die beiden Weltkriege vor Ihrem geistigen Auge einen jeweils separaten Ort? Können Sie die letzten paar Jahrzehnte überblicken? Wo befindet sich der nächste Dienstag?

In den 86 von mir analysierten Einsendungen waren es die Monate, die meine Hörer am ehesten als Zeiteinheit vor sich ausgebreitet sahen. Wobei dieses »Ausbreiten« in ganz unterschiedlicher Form erfolgte. Zwei Drittel derer, die sich die Monate vorstellten, beschrieben sie als Kreis, Schleife oder Oval, während der kleinere Teil eine Welle oder Spirale sah. Das Vorherrschen einer gewissen Zirkularität überrascht nicht wirklich, schließlich kommt es im Verlauf der Jahre zu einer regelmäßigen Wiederholung der Monate. Jeder kennt das Gefühl, dass man das Jahresende erreicht und denkt: »Schon wieder Januar!« Das Jahr hat den Kreis vollendet und beginnt von neuem. Im Gegensatz dazu sehen Zeit/Raum-Synästhetiker die Jahrzehnte, die sich ja nicht wiederholen, eher als eingekerbte oder auch Zickzack-Formen – mehr dazu dann später.

Zurück zum Kreis aus Monaten: Juli und August wurden oft länglicher wahrgenommen als andere Monate, worin sich vielleicht die in der Jugend erlebten langen Sommerferien niederschlagen (in Großbritannien und sicher auch an-

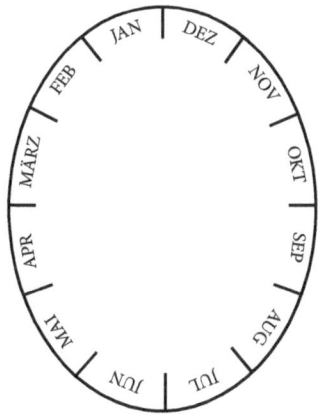

derswo). Fast ebenso häufig war eine Lücke zwischen Dezember und dem darauffolgenden Januar, schließlich gibt es am Jahresende eine »natürliche« Unterbrechung des Kreislaufs. Hier ist der starke Einfluss einer traditionellen Art der Zeiteinteilung spürbar. Nur sechs Teilnehmer beschrieben die Monate als Gebilde mit geraden Linien, sei es in Form von Quadraten, Leitern, Linealen oder parallel aufgereihten Säulen. Eine Frau meinte, sie hätte beim Erreichen des Rentenalters Angst gehabt, ihre geistige Vorstellung der Zeit würde nach einem zeitlich streng geregelten Arbeitsleben verschwimmen, aber das Bild war mittlerweile so stark, dass es ihr auch weiterhin erhalten blieb.

Auch bei der Ausrichtung der Monate innerhalb des Kreises konnte ich Erstaunliches feststellen. Irgendwie würde man doch denken, dass die Monate im Uhrzeigersinn aufeinander folgen. Aber fast vier Mal so viele Teilnehmer sahen das Jahr gegen den Uhrzeigersinn verlaufen. Eine Frau schrieb sogar, sie sei als Lehrerin neu an eine Schule gekommen und hätte am Wochenende gleich einen Jahresplan für ihre Klasse gemacht. Dabei begann der Januar um elf Uhr, der Februar um zehn usw., bis hin zum November um ein Uhr und dem Dezember um Punkt zwölf. Das folgende Diagramm zeigt das noch deutlicher.

Stolz hängte sie ihr Diagramm am Montagmorgen im Klassenzimmer auf, nur hatte sie es bereits zur Mittagszeit wieder entfernt – der Rektor war empört darüber, dass die Monate »falsch« angeordnet waren. Inwiefern »falsch«? Weil der Januar normalerweise als erster Monat des Jahres betrachtet wird, und der November als Nummer elf? Oder lag es daran, dass der Kalender nicht in die gleiche Richtung wie die Wanduhr ging? Wie dem auch sei: Unterschiedliche Menschen »sehen« das jeweils anders.

Interessant ist, dass die Bilder, die sich die Menschen von der räumlichen Zeit machen, diese meist als endlosen Verlauf anlegen – ohne Anfang und Ende. Sie betrachten das Leben keineswegs so wie der englische Dichter John Dryden, der es im 17. Jahrhundert als »helle Spalte zwischen zwei dunklen Ewigkeiten« bezeichnet hat (»a crack of light between two eternities of darkness«). Tatsächlich, und kaum überraschend, steht die eigene Lebenszeit hervorgehoben da, aber weder schwarz eingerahmt noch sonstwie abgegrenzt. Eher verschwimmt das Bild an den Rändern – wie ein Tintenklecks auf einem Blatt Löschpapier. Die Zeit kurz vor der Geburt ist dabei deutlicher sichtbar als die länger zurückliegende Vergangenheit, wo sich das Bild irgendwann in Nichts auflöst.

Der jeweilige Betrachter scheint dabei immer im Mittelpunkt der Zeit zu stehen. Aber so einfach ist das nicht. Manche Leute sagen, sie würden aus ihrem Zeitbild heraus- und dann wieder hineinzoomen wie bei einer Karte in Google Earth, also etwa einen bestimmten Tag heranholen und dann wieder zurückweichen, um ganze Jahrhunderte überblicken zu können. Dem Fortschreiten der Jahrzehnte folgend, rückt für diese Menschen ihre eigene Position jeweils mit.

Die Bilder, die mir hier geschildert wurden, sind wirklich ganz außergewöhnlich. Wie wäre es mit einem Jahr, das wie ein Oval mit Tentakeln aussieht oder den Umriss von Simbabwe hat? Denken Sie bitte auch daran, dass wir über Zeit im *Raum* reden. Diese Bilder sind nicht unbedingt – tatsächlich sogar selten – *flach* oder nur von oben zu betrachten. Es handelt sich weder um Jahresplaner an der Bürowand, noch um Zeichnungen auf dem Flipchart oder »Dias« einer Power-Point-Präsentation. Nichts in der Art. Sie sind in 3D, existieren also keineswegs »vor« der betreffenden Person, sondern »um sie herum«. Manche Leute beschreiben ihr Bild von der räumlichen Zeit als etwas, das ihren Körper umgibt – in der Art einer Schärpe, wie eine Schönheitskönigin sie trägt. Dieses Phänomen hat auch der Psychologe Jamie Ward bei seinen Forschungen in diesem Bereich festgestellt.

Bei der Vorstellung der Wochentage gibt es sogar noch mehr Varianten als bei den Monaten. Für eine kleine Minderheit sind das flache Ovale, andere sehen verschiedenförmige Hufeisen, einen Halbkreis oder sogar einen Bogen, der wie in einer Escher-Grafik vom Sonntag aus in den vergangenen Montag führt. Wieder andere sehen ein Gitter, eine Klaviertastatur oder aufeinanderfolgende Stufen. Relativ oft wurden Dominosteine genannt, die nacheinander aufgestellt sind – wobei es diese Vorstellung auch bei den Jahrzehnten gab. Auffallend war, dass die Wochenenden immer wieder besonders gekennzeichnet wurden, sei es als Trittstufen, die

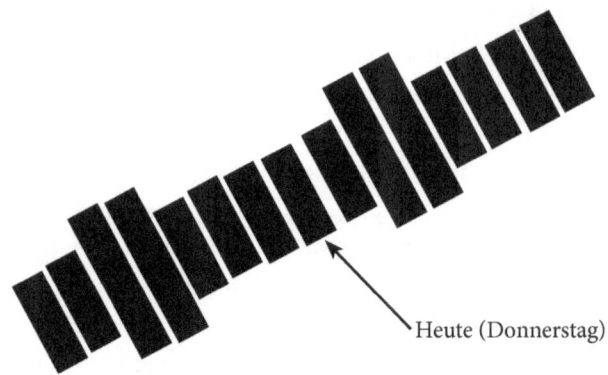

Heute (Donnerstag)

sich aus ihrem Umfeld erheben, oder, wie bei Clifford Pope am Beginn dieses Kapitels, als quer liegende Dominosteine.

Hier kommt jetzt, wie Roger Rowland sich die Tage der Woche vorstellt. Die Wochen verlaufen linear in die Zukunft, und die Rechtecke für Samstag und Sonntag sind größer als die anderen.

So überraschend es vielleicht kommt, haben nur wenige dieser Grafiken den Charakter eines Terminkalenders oder Zeitplaners. Vielmehr scheinen sie Darstellungen zu ähneln, die jemand vielleicht in einem Buch oder an der Wand des Grundschulklassenzimmers gesehen hat. Das ist etwas Wichtiges. Die Art der Vorstellung, die wir uns von der Zeit machen – und die für uns so wichtig wie nützlich ist –, wird offenbar in der Kindheit geprägt. Ich erinnere mich an ein Buch mit Kinderreimen, in dem auch ein Gedicht über die Monate des Jahres war: Dieses hatte die Form eines Ovals, und zu jedem Monat gab es eine passende Illustration – im Mai hüpften auf der linken Seite Lämmchen herum, während rechts die Eichhörnchen im Oktober ihre Nüsse vergruben. Über die Jahre haben sich diese Bilder in meinem

Kopf natürlich stark verändert, aber die Anordnung der Monate ist gleich geblieben. Dieses eine Gedicht, an das ich mich sogar nur vage erinnere, hat möglicherweise festgelegt, wie ich für den Rest meines Lebens die Zeit vor mir sehe.

Ein Teilnehmer meiner Umfrage wusste noch, dass er sich als Kind den Vormittag immer viel kürzer als den Nachmittag vorgestellt hat. Das entsprach nicht der Aufteilung eines Terminkalenders oder Zeitplaners, sondern basierte wohl eher auf den spielerisch verbrachten, also erfreulichen Morgenstunden im Kindergarten sowie den Stunden nach dem Essen, in denen er auch ohne müde zu sein ein Mittagsschläfchen machen musste. Mit sechs stellte er dann überrascht fest, dass der Nachmittag jeweils genauso lange dauerte wie der Vormittag. In diesem Fall reflektiert die räumliche Visualisierung also weniger eine externe Darstellung als vielmehr ein persönliches Empfinden. Und erneut wurde sie ganz früh geprägt.

Das Millenniums-Problem

Es ist noch gar nicht so lange her, da bedrohte der Jahrtausendwechsel meine räumliche Visualisierung der Zeit. Ich hatte meinen ganz persönlichen Millennium-Bug – und war da offenbar nicht die Einzige.

Versetzen wir uns gemeinsam ins Jahr 1999. Ich sitze am Schreibtisch und denke über die Zeit nach. Für mich erstreckten sich die Jahrzehnte des 20. Jahrhunderts in einer senkrechten Linie nach unten bis zum Jahr 1900, wo es im rechten Winkel weiterging und die Zeiteinheiten nicht mehr Jahrzehnte, sondern Jahrhunderte waren. Ab dem Wendepunkt

1900 »sah« ich also ein Jahrhundert neben dem anderen aufgereiht, ganz als hätte ich ein Regal mit Büchern vor mir, die jeweiligen Jahrzehnte wie Kapitel zwischen den Buchdeckeln verborgen.

Wie bereits erwähnt, sind die Psychologen, die diesen Bereich erforschen, fest davon überzeugt, dass die jeweilige Art unserer räumlichen Zeitvorstellung in der Kindheit entsteht und ab da kaum verändert wird. Das erklärt vielleicht auch, warum Leute, die wie ich die Zeit räumlich sehen, Zeiteinheiten wie Monate oder Jahre mit Bildern »illustrieren«, die schon in jungen Jahren gefunden wurden. 1999, am Schreibtisch, waren bei mir die Jahrzehnte des 20. Jahrhunderts gedanklich mit Erinnerungen an das eigene Leben illustriert – die 1970er mit Kindheit, die 1980er mit den Teenagerjahren – oder auch mit Bildern aus Fernsehen bzw. Kino; die 1940er mit dem Zweiten Weltkrieg, die 1930er mit der Großen Depression. Bei den Jahrhunderten davor stammten die Bilder aus Büchern oder Theaterstücken – das 19. Jahrhundert war verknüpft mit dem Bild armer Kinder, die den Kamin hochklettern müssen, um das Einkommen ihrer Eltern aufzubessern; das 18. hingegen zeigte sich in Jane-Austen-Kostümen, im 16. Jahrhundert stand Henry VIII. gebieterisch da und hatte die Hand in die Hüfte gestemmt.

In gewisser Hinsicht ist diese Art, sich die Vergangenheit vorzustellen, ziemlich naheliegend. Sogar diejenigen unter Ihnen, die keine räumliche Zeitvorstellung zu haben glauben, verfügen sicherlich über Bilder, die beim Nachdenken über einen bestimmten Geschichtsabschnitt vor Ihrem geistigen Auge auftauchen. Gut möglich ist außerdem, dass Sie keine Bilder für die, sagen wir mal, 2070er Jahre parat haben. Aber für mich bestand 1999 das Milleniums-Problem nicht darin, mir keine visuellen Vorstellungen vom neuen Jahrhundert machen zu können. Vielmehr gab mein bislang so schönes Zeitordnungssystem bei 2000 den Geist auf. Wenn ich an ein Jahr wie 2003 oder 2009 dachte, also gerade mal vier oder zehn Jahre in der Zukunft, dann hatten sie in meinem Kopf keinen richtigen »Ort« oder »Platz« – sie befanden sich irgendwo im Trüben. Kurz gesagt, konnte ich sie mir nicht räumlich vorstellen.

Wobei das Problem exakt auf das Jahr 2000 einzugrenzen war. Es lag nicht daran, dass ich mir die Zukunft nicht räumlich vorstellen konnte. In den 1970er Jahren waren die 1990er für mich klar erkennbar, und zwar an ihrem vorgesehenen Platz auf der Zeitleiste des 20. Jahrhunderts (auch ohne sie anhand von Bildern aus meinem Leben oder dem anderer Leute »illustrieren« zu können). Problematisch war aber der konkrete Jahrtausendwechsel.

Mit Sicherheit war ich von der Bedeutung beeinflusst, die in Ländern mit unserem Kalender diesem Jahr 2000 beigemessen wurde. Noch als ich ein Kind war, galt der Jahrtausendwechsel bereits als wichtiger Wendepunkt. Dann gab es noch den Umstand, dass die räumliche Visualisierung von Zahlen starken Einfluss auf die der Zeit nimmt. Diesbezüglich ist der Wechsel von 1999 zu 2000 in der Tat ein Riesending. Das erklärte aber längst nicht alles. Auch mein Geburtsdatum spielte eine Rolle. Als Kind der 1970er Jahre organisierte ich meine räumliche Zeitvorstellung so, dass die nächsten beiden Jahrzehnte schön angeordnet waren. Rückblickend bildete das Jahr 1900 einen Einschnitt, ab dem meine räumliche Visualisierung der Zeit in größeren, anders strukturierten Einheiten erfolgte – den Jahrhunderten auf dem Bücherregal. Aber wenn ich nach vorne schaute, ging ich nicht weiter als bis zum Jahr 2000. Dieses bildete definitiv einen ähnlich großen Einschnitt, *außer* dass die Nullerjahre, die 2010er-Jahre und hoffentlich noch ein paar weitere Dekaden Zeitabschnitte darstellten, die ich erleben würde. Deshalb war es auch nicht richtig, die Zeit nach dem Jahr 2000 als Gesamtblock zu »sehen« – wobei es für die Jahre oder Jahrzehnte nach diesem Jahr in meiner Vorstellung einfach keinen Platz gab. Irgendwann würde ich die Zeit ab dem Jahr 2000 im Kopf anordnen können – wie es dann auch tatsächlich geschah –, aber bis zum tatsächlichen Beginn des Jahrtausends konnte ich mir nicht vorstellen, welche Form sie ab da annehmen würde.

Jetzt, wo ich darüber schreibe, kommt mir das alles ziemlich merkwürdig vor, aber damals war ich beileibe nicht die Einzige mit einer derart gestörten Zeitvorstellung. Der Jahrtausendwechsel brachte etliche wohlorganisierte Zeitkonzeptionen durcheinander, sowohl bei den von mir befragten Leuten als auch bei den von Jamie Ward im Rahmen seiner Arbeit an der Universität von Sussex untersuchten.

Clifford Pope war nur einer der vielen Menschen, die das Jahr 2000 nicht »unterbrachten«:

»Das Jahr 2000 ist ein merkwürdiger Zeitpunkt. Ein paar Jahre lang sah die Zeit nach 2000 wie ein kurzes Stück Schnur aus, das planlos herumflatterte. Es hatte keinen festen Platz auf der Tapete. Erst im Jahr 2005 schien sich die Schnur irgendwie zu fangen und verläuft jetzt, nach einem Knick, parallel zur Tischkante nach rechts. Eine Zeitlang hatte ich den Eindruck, die Linie würde sich von mir weg bewegen, aber dann merkte ich, dass ich eine andere Position einnahm und mich am Ende dieser neuen Linie befand, sodass ich entlang der Kante wieder den ganzen Tisch überblickte. Das hat sich aber noch nicht gefestigt – immer wieder kehre ich zu meiner alten Position zurück, von der aus das 21. Jahrhundert in der Zukunft liegt.«

Für mich klingt Cliffords Beschreibung einleuchtend. Obwohl sie natürlich auch ganz schön merkwürdig ist. »Ein kurzes Stück Schnur«, »kein fester Platz auf der Tapete«, »dass ich entlang der Kante den ganzen Tisch überblickte«? Man könnte sich ja durchaus fragen, was denn um Gottes Willen Schnur, Tapete und ein Tisch mit der Zeitwahrnehmung zu tun haben. Aber es ist nicht nur dieses seltsame 21. Jahrhundert, das einem irgendwie komisch vorkommen kann. Meine senkrechte Linie für das 20. Jahrhundert wirkt beispielsweise etwas langweilig im Gegensatz zu dem, was mir an komplizierten Zeichnungen zugeschickt wurde. Dort sind die Jahrhunderte unter anderem als gewellte Schleife, Säulenreihe oder Spule dargestellt, und die Jahrzehnte werden als Türme, Brücken, Förderbänder, Weißdornhecken oder ausgerollte Gummibänder gesehen. Die Einschnitte zwischen den Jahrhunderten und Dekaden haben die Form von Türen, Hürden (auf dem Sportplatz) oder extremen Zacken.

So sieht Lisa Bingsley die Zeit vom späten 19. Jahrhundert bis zur Gegenwart, wobei sie betont, dass man sich die Grafik eigentlich dreidimensional vorstellen muss.

So beeindruckend die Einteilung in Jahrzehnte hier erfolgt, scheint sie insgesamt ein relativ modernes Phänomen zu sein. Denken Sie an ein bestimmtes Jahrzehnt, und mit allergrößter Wahrscheinlichkeit kommt Ihnen sofort ein dazugehöriges Bild in den Kopf – Nachkriegsarmut für die

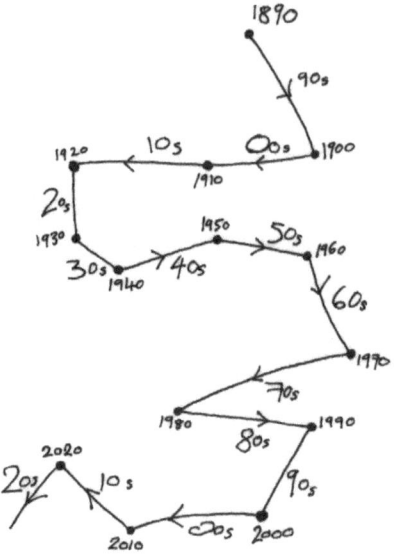

1950er, freie Liebe für die 1960er oder champagnertrinkende Börsenmakler für die 1980er. Um erneut die oben erwähnte Metapher zu bemühen: Das Buch des 20. Jahrhunderts ist in sauber getrennten Kapiteln geschrieben, nur tendenziell gestört durch die beiden Weltkriege. Und dennoch werden die Übergänge vom einen zum anderen nicht wahrgenommen. Auch bei dem behandelten Wendepunkt des Jahres 2000 stellt sich die Frage, was sich denn eigentlich verändert hat. Man erlebt die letzte Sekunde der Silvesternacht, dann beginnt die erste Sekunde des neuen Jahrhunderts – und alles ist genau wie vorher. Trotzdem machen wir heute eine immer deutlichere Unterscheidung zwischen den 1990ern und den Nullerjahren des 21. Jahrhunderts, zwischen dem Jahrzehnt nach dem Mauerfall, das von zunehmendem Optimismus und Wohlstand geprägt war, und einem dunkleren Jahrzehnt, das ganz im Schatten von 9/11 gestanden hat.

Wir haben uns stark daran gewöhnt, die Zeit in Jahrzehnten zu organisieren. Nach Aussage des Historikers Dominic Sandbrook wurden sie in Großbritannien früher kaum erwähnt, denn die Zeiteinteilung erfolgte dort anhand des jeweiligen Monarchen. Dabei sind natürlich sowohl die Herrschaft von Richard II. als auch ein Jahrzehnt wie etwa die 1920er Jahre ganz willkürlich gewählte Einheiten. Und je weiter sie in Richtung Vergangenheit rücken, desto weniger helfen sie uns bei der Zeitstrukturierung. Ich möchte wetten, dass Richard II. (1367–1400) für Sie vom »Mittelalter« verschluckt wurde. Analog dazu wird man die 1920er Jahre irgendwann einfach unter das 20. Jahrhundert subsummieren. Überlegen Sie mal: Die Menschen in ihren Raumanzügen werden genauso wenig zwischen einem Edwardschen Gentleman der Jahrhundertwende und einem Teddy Boy der Rock'n'Roll-Ära unterscheiden, wie wir das bei Ritterrüstungen aus den 1310er und 1350er-Jahren tun. Und voraussichtlich haben sie auch noch ihr eigenes Millenniums-Problem: Wohin mit dem Jahr 3000?

Geschichtskolorierung

Wie Sie sicher noch wissen, ist der Montag für mich rot. Für manche Menschen sind sogar ganze Jahrzehnte oder Jahrhunderte bunt, wobei der jeweilige Block auch mehr als nur eine einzige Farbe haben kann. Einer meiner Teilnehmer schrieb, die geraden Jahre seien für ihn beleuchtet, die ungeraden stünden hingegen im Schatten. Bei vielen liegen die

Lücken im historischen Wissen immer wieder im Dunklen, und wenn es Licht oder Farbe gibt, korrespondiert das nicht unbedingt mit der Stimmung, die wir einem Zeitabschnitt in der Regel zuschreiben. So fand für einen meiner Hörer der Erste Weltkrieg in einem total sonnigen Jahrzehnt statt. Bei anderen sind die 1940er Jahre violett, die Jahre der Elisabeth-anischen Herrschaft hingegen mitternachtsblau. Besonders gefällt mir die Schilderung von Katherine Herepath, die sich erklärtermaßen für Geschichte interessiert:

»Ich sehe die letzten beiden Jahrtausende in Spaltenform ausgebreitet, allerdings quer, wie ein seitlich gedrehtes Kalenderblatt. Es ist, als würde ich ganz oben am 21. Jahrhundert stehen und auf das Jahr 2000 zurückblicken. Die zukünftigen Jahrhunderte schweben wie ein Gazetuch links hinter mir. In den Spalten sehe ich in chronologischer Anordnung Persönlichkeiten, Architektur und Ereignisse. Wenn ich an das Jahr 1805 denke, sehe ich die Schlacht von Trafalgar, Frauen in damaliger Kleidung, berühmte Leute der Zeit, die wichtigen Bauwerke usw. Vom 6. Jahrhundert bis zum Jahr 1000 ist alles recht grün, wobei das Mittel-alter dann schwarz, wenngleich vereinzelt rot oder blau gefleckt ist und im 17. und 18. Jahrhundert braun domi-niert, durchsetzt mit den üppigen Farben der Möbel und der Kleidung.«

Derartige Bilder sind nicht nur schön, sondern auch äußerst nützlich. Sie erlauben es den Menschen, Wissen im Gedächt-nis zu behalten und die Vielzahl an gesammelten histori-schen Informationen irgendwie zu ordnen. Der Gedächtnis-Weltmeister Ed Cooke nutzt sogar absichtlich geistige Bilder.

Um sich alles merken zu können, was im Terminkalender steht, soll man sich ihm zufolge jeden Tag als eigenen Gegenstand vorstellen. Ist der Montag etwa ein Auto, dann wird jede Stunde dieses Tages durch einen anderen Teil des Wagens dargestellt. Im Geist plaziert man nun seine verschiedenen Termine an verschiedenen Stellen des Autos. Der 10-Uhr-Termin beim Zahnarzt kommt etwa aufs Lenkrad, während für Ihr Meeting um 14 Uhr ein kleines Bild ihres Chefs in den rechten vorderen Scheinwerfer gequetscht wird. Visualisierung stellt für Cooke also eine Strategie der Mnemotechnik dar, wobei dazu auch der Aufbau des »Gerüsts« gehört, an das man seine Termine dann hängen kann. Leute mit Zeit/Raum-Synästhesie haben hier einen deutlichen Vorteil. Das Gerüst steht nämlich schon. Es gibt in ihrem Kopf bereits ein vorgefertigtes Bild für den Fall, dass sie in Bezug auf zeitliche Ereignisse die Gedächtnisleistung erhöhen wollen. Eine Teilnehmerin an meiner Umfrage schrieb, sie hätte sich all die historischen Daten, die für ihr Geschichts- und Rechtsstudium nötig gewesen seien, nur über eine bildliche Vorstellung der Vergangenheit merken können. Aber die Fähigkeit des räumlichen Visualisierens ist nicht nur hilfreich, wenn man in Geschichte durchblicken will. Manche Leute schreiben mir, wie sie die räumliche Visualisierung der Zeit einsetzen, um zukünftige Ereignisse zu planen. Andere nutzen die Deutlichkeit geistiger Bilder, um sich an Dinge zu erinnern, die gar nichts mit Zeit oder Geschichte zu tun haben. Eine Frau schrieb, sie hätte eine derart klare Vorstellung von den kreisförmig angeordneten Monaten des Jahres, dass sie dort im Geist physikalische Gleichungen hineinsetzte und sie sich auf diese Art merken konnte.

Die Komikerin Chella Quint benutzt zur Planung ihrer Auftritte ihr von ihr selbst so betiteltes »Zeit-Slinky«. Das Slinky ist ein spiralförmiges Spielzeug und wurde in den 1940er Jahren von einem Mechaniker namens Richard James erfunden, der am Geschwindigkeitsmesser eines Schlachtschiffs arbeitete. Als ihm eine Metallfeder vom Tisch fiel, merkte er, dass sie am Boden ein richtiges Eigenleben entwickelte. Seine Frau hatte die Idee für den Namen, und fertig war das Slinky. Jahrzehnte später stellt sich Chella Quint die Zeit so vor:

»Für mich ist die Zeit eine Spirale, die von mir weg in die Zukunft führt und dabei leicht ansteigt, nach hinten in Form der Vergangenheit aber schräg abfällt (meine eigene Vergangenheit und auch die Weltgeschichte). Jedes Jahr bildet quasi einen Kreis, wobei die Spirale immer eine Ebene weiter und damit zum nächsten Jahresanfang führt. Mit dem Slinky-Kalender kann ich mich an Dinge erinnern, indem ich ihn zusammenpresse. Will ich mir etwa einen bestimmten Winterurlaub ins Gedächtnis rufen, betrachte ich sämtliche Dezember-Monate in ihrer eigenen Spalte (beim Zusammendrücken der Spirale sind die jeweiligen Monate des Jahres direkt übereinander), bis ich den gesuchten entdecke. Dass ich das so sehe, ist keine Absicht – ich mache es einfach.«

Viele Leute sind fest davon überzeugt, mit derartigen Bildern schneller denken zu können – was durch neuere Forschungen tatsächlich belegt wird. In Vancouver stellte die Psychologin Heather Mann ihre Testpersonen vor eine knifflige Aufgabe, an die Sie sich gern einmal selbst wagen können.

✿ Sagen Sie laut die Monate des Jahres auf, indem sie mit dem November anfangen und ab da in Dreierschritten zurückgehen.

Das ist nicht leicht, nur werden einige von Ihnen weniger Probleme damit haben. Bei Manns Versuch schnitten diejenigen besser ab, die eine »Karte« des Jahres im Kopf hatten und darauf die Monate klar und deutlich erkennen konnten. Auf die Art war ein viel schnelleres Rechnen möglich.[41] Jetzt sagen Sie vielleicht, dass eine Bewältigung dieser speziellen Aufgabe nicht besonders wichtig ist, und wissen Sie was – ich gebe Ihnen recht. Nur sind wir im Alltag ständig auf die Umwandlung zeitlicher Informationen angewiesen: wenn wir etwa herausfinden müssen, wie viele Tage wir noch bis zu einer Deadline haben oder wie viel Resturlaub noch übrig ist. Und genau dabei sind Zeit/Raum-Synästhetiker im Vorteil.

Der SNARC-Effekt

Ein beliebter Test in der Psycho-Forschung besteht darin, auf einem Computerbildschirm nacheinander Wörter anzuzeigen, die unterschiedliche Farben haben. Der Betrachter hat eine scheinbar leichte Aufgabe: Er muss so schnell wie möglich die Taste drücken, die für diesen Zweck mit der jeweiligen Farbe verknüpft wurde. Also etwa »D« für Rot und »P« für Blau. Das ist leicht – und für Psychologen sicher kaum von Interesse, oder? Nur birgt dieser Test gewissermaßen Sprengkraft. Sagen wir, das Wort auf dem Bildschirm ist »Doughnut«. Den Versuchspersonen hat man gesagt, die Bedeutung des Wortes sei irrelevant. Wichtig ist einzig und allein die Farbe, die auf dem Bildschirm angezeigt wird. Die

Testperson muss also nur »D« drücken, wenn das Wort »Doughnut« rot ist, oder im Fall von blau eben »P«. Wie sich zeigt, sind Legastheniker bei diesem einfachen Test dennoch bedeutend langsamer als der Durchschnitt. Warum? Weil die Angst vor dem Wort »Doughnut« die gestellte Aufgabe überlagert und damit ihre Fähigkeit, sie zu bewältigen, mindert und verlangsamt. Beim Wort »Rose« sind sie genauso schnell wie der Rest. Tests dieser Art haben über viele Jahre ermöglicht, mittels der Geschwindigkeit, mit der jemand auf ein Signal reagiert, Rückschlüsse auf die jeweiligen Denkvorgänge zu ziehen, ohne dass die Person dabei irgendwie schummeln kann.

Was kann uns also eine Variante dieses Tests über die räumliche Visualisierung der Zeit erzählen? An der Universität Bergen in Norwegen lässt Mark Price Zeit/Raum-Synästhetiker aufzeichnen, wie sie sich die Monate des Jahres vorstellen. Dann setzt er sie vor einen Computer und zeigt ihnen die Monate in zufälliger Reihenfolge. Diesmal sind keine Farben beteiligt. Die Teilnehmer müssen nichts tun, als eine Taste für die Monate des ersten Halbjahrs zu drücken – oder eine andere für die zweite Jahreshälfte. Folgendes kam dabei heraus: Wenn sich auf der geistigen Landkarte einer Person etwa der März links oben befindet, dann drückt sie die Taste für das erste Halbjahr schneller, wenn diese in der linken Tastaturhälfte liegt. Ein und dieselbe Person ist langsamer, wenn die passende Taste beispielsweise das »N« ist – eine Taste im rechten unteren Bereich der Tastatur. Offiziell spielt die geistige Landkarte bei diesem Test gar keine Rolle, und theoretisch müssten die Teilnehmer bei jeder beliebigen Taste gleich schnell sein. Nur kommen sie einfach nicht umhin, sich diese Landkarte vorzustellen, und sind deshalb schneller, wenn die erforderliche Taste rein zufällig dazu passt.[42]

Dieser Umstand trägt die hübsche Bezeichnung SNARC-Effekt – was weder mit einem Schlaflabor noch mit einem weiteren Disney/Pixar-Monster zu tun hat, sondern für Spatial Numerical Association of Response Code steht. Ich habe es selbst ausprobiert, und zwar in Jamie Wards Institut für Experimentalpsychologie an der Universität von Sussex. Heraus kam Erstaunliches. Obwohl die Reaktionszeiten nur minimal unterschiedlich waren, ergab sich über Hunderte von Versuchen ein klares Muster. Wenn die Taste für die erste Jahreshälfte auf der linken Seite der Tastatur war (für mich der »richtige« Ort, denn dort befinden sich auf meinem mentalen Schaubild die Monate Januar, Februar etc.), habe ich schneller reagiert. Jetzt sagen Sie vielleicht: »Na ja, Sie wussten eben, *was* hier getestet wurde.« Stimmt auch. Aber sogar bei mir war der Test idiotensicher. Alles geschah derart schnell, dass ich, selbst wenn ich gewollt hätte, nie und nimmer auf die Anordnung in meinem Kopf hätte zurückgreifen können.

Sieht jeder die Zeit räumlich?

Weiter oben wurde erwähnt, dass manche Leute nur ungern über ihre Fähigkeit der räumlichen Zeitvorstellung reden. Hoffentlich kommen Sie, liebe Leser, trotzdem bald so weit, sich als Zeit/Raum-Synästhetiker zu outen. Es handelt sich um eine nützliche Fähigkeit, allerdings nur dann, wenn man ihr Potenzial auch voll ausnutzt. Wozu sich denn mit Outlook-Programm oder Filofax-Ordnern herumschlagen, wenn man die Monate als Kreis oder dreidimensionale Spirale angeordnet sieht? Wenn man *mit* seinem Gehirn arbeitet – und nicht dagegen –, sollte man sich doch an wichtige Termine wie den Geburtstag der Schwiegermutter oder die Abgabefrist für die Steuererklärung erinnern können, oder? Also los! Malen Sie Ihre eigene »Zeitkarte« auf ein Whiteboard oder in ein Heft, und schon können Sie Ihr Gedächtnis für zeitliche Ereignisse verbessern.

Jetzt denken Sie vielleicht, dieser Rat gilt nur für Leute, die sich automatisch ein Bild von der Zeit machen. Aber wie sich bei Forschungen gezeigt hat, kann jeder von uns bis zu einem gewissen Grad über räumliche Vorstellungen die Zeit kodieren. Dieser Gedanke ist nicht neu. Tatsächlich gab es ihn schon vor mehreren Jahrhunderten: Der Philosoph John Locke äußerte sich im Jahr 1689 dazu, und William James schrieb im 19. Jahrhundert, Zeitpunkte könnten räumliche Positionen einnehmen. Vielleicht waren die Herren ja auch Zeit/Raum-Synästhetiker. An der Universität von Gent hat Wim Gevers herausgefunden, dass Leute, die ihre Vorstellung von den Monaten des Jahres aufmalen sollten, auch dann etwas zustandebrachten, wenn sie nicht von Natur aus so disponiert waren.[43] Deshalb denke ich, dass die Fähigkeit der räumlichen Zeitvorstellung ein Kontinuum bildet: Am einen Ende sind die, die sofort Leitern und Slinkys sehen, und am anderen eben die, die sich das Jahr erst in dem Moment bildlich vorstellen, in dem man sie dazu drängt.

Hier ist noch was anderes zum Ausprobieren:

✿ Zeichnen Sie drei Kreise auf ein Blatt Papier, jeweils für Vergangenheit, Gegenwart und Zukunft. Sie können sie hinmalen, wo Sie wollen, und ihnen jede beliebige Größe geben. Es gibt keine richtige oder falsche Lösung.

Während Sie das tun, erzähle ich Ihnen von dem Mann, der diesen Test erfunden hat. Er heißt Thomas Cottle und führte seine Forschungen zur Zeitwahrnehmung in den 1970er-Jahren mit Rekruten der US-Marine durch, die daran gewöhnt waren, Befehle auszuführen.[44] Sie wurden gebeten, die Übung zu machen, und kamen dieser Bitte auch sofort nach. Cottle stellte fest, dass 60 Prozent der Teilnehmer drei separate Kreise malten, von denen die Zukunft den größten bildete, die Vergangenheit hingegen den kleinsten. Da es insgesamt so wenig Überschneidungen gab, folgerte Cottle, wir Menschen (oder zumindest diese amerikanischen Matrosen) würden die Vergangenheit, Gegenwart und Zukunft jeweils als abgeschlossene Zeiteinheit wahrnehmen.

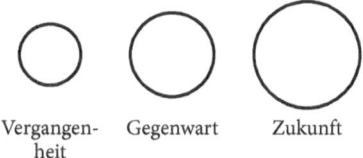

Vergangen-   Gegenwart   Zukunft
heit

Mit diesem Ergebnis war er nicht besonders zufrieden. Er dachte – nicht ganz fair, wie ich finde –, die atomistische Darstellung sei eher kindlich. Er hielt es für viel logischer, wenn sich die Kreise wie bei einem Venn-Diagramm überlappen würden, denn so würde nicht nur der kohärente Zusammenhang der Zeit betont, sondern außerdem noch die Auswirkung von Vergangenheit auf Gegenwart bzw. Gegenwart auf Zukunft.

Manche Leute malen den Zukunftskreis ganz groß und deuten damit an, vor uns würde viel Unbekanntes liegen. Ich habe genau das Gegenteil gemacht und die Zukunft kleiner als Vergangenheit und Gegenwart dargestellt, weil ich im Gegensatz zur Vergangenheit überhaupt nicht weiß, was die Zukunft wohl bergen mag – weshalb nach meinem Gefühl auch viel weniger Informationen unterzubringen sind.

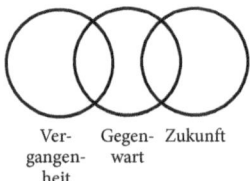

Ver-   Gegen- Zukunft
gangen-   wart
heit

Um weitergehend zu untersuchen, wie wir die Zeit im Verhältnis zur eigenen Lebensdauer und unserem Platz in der Geschichte wahrnehmen, setzte Cottle Zeitleisten ein. Ziehen Sie eine waagrechte Linie und markieren diese an vier Stellen, die jeweils für den Beginn folgender Zeiträume stehen: Ihre eigene Vergangenheit, Ihre eigene Zukunft, die historische Vergangenheit sowie die historische Zukunft nach Beendigung Ihres Lebens. Hier folgt jetzt meine Zeitleiste, wobei es erneut keine richtige oder falsche Lösung gibt – Ihre sieht vielleicht vollkommen anders aus (ganz egal, ob Thomas Cottle sie vielleicht für kindlich halten könnte).

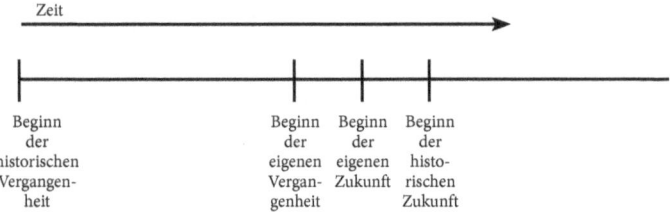

Manche Leute zeichnen die Leiste so, dass ihr eigenes Leben den meisten Platz einnimmt – eine egozentrische Wahrnehmung (was in der Psychologie nicht abwertend gemeint ist). Andere sehen ihr Leben als kurzen Abschnitt einer langen, von der Vergangenheit bis in die Zukunft reichenden Linie – eine historiozentrische Wahrnehmung.

Damals, in den 1970er Jahren, meinte Cottle, die historiozentrische Sicht würde auf eine askriptive Orientierung schließen lassen – dabei denkt man, die Vergangenheit hätte stärkeren Einfluss auf das Leben als die eigenen Bemühungen. Menschen aus der Oberschicht, die ihr Vermögen geerbt haben, schienen ihm dahingehend ein gutes Beispiel.[45] Nur könnte die historiozentrische Sicht auch zu jemandem gehören, der sich an sein Schulwissen erinnert: dass nämlich das eigene Leben im Verhältnis zur Geschichte der Menschheit verdammt kurz ist – von unserem Planeten mal ganz zu schweigen. Haben wir nicht gelernt, dass die Geschichte der Erde so lang ist wie der Abstand zwischen unserer Nase und der ausgestreckten Fingerspitze – und nur ein einziger Schliff mit der Nagelfeile die gesamte Menschheitsgeschichte ausradieren könnte? Darin wäre das eigene Leben definitiv nicht auszumachen.

Die Tatsache, dass unter Druck jeder von uns die Zeit grafisch darstellen kann und ein Gefühl für ihre »richtige« Aufteilung hat, lässt doch darauf schließen, dass im menschlichen Geist eine Verbindung zwischen Zeit und Raum besteht. Die Zeit ist schwer zu verstehen und auch schwer zu greifen. Meiner Überzeugung nach hilft uns jede noch so geringe räumliche Visualisierung bei ihrer Erfassung. Wir müssen ständig über Vergangenheit und Zukunft nachdenken – wenn wir sie also räumlich, im Verhältnis zum eigenen Körper denken, erleichtert uns das den Umgang mit dem Zeitgefüge. Und wie wir sehen werden, beeinflusst diese Verbindung sogar die von uns verwendeten Sprachmetaphern.

Oder ist es die Sprache, die unsere Verbindung von Zeit und Raum beeinflusst?

Zeit, Raum und Sprache

Wenn englischsprachige Menschen ihre Kreise oder Zeitleisten zeichnen, plazieren sie durchgängig die Vergangenheit links und die Zukunft rechts. Niemand kommt auf den Gedanken, es andersherum zu machen. So scheint es offenbar naheliegend – ob man die Zeit jetzt von sich aus räumlich denkt oder nicht. Andere Versuche mit zufällig ausgewählten Englisch-Muttersprachlern haben gezeigt, dass so gut wie jeder, der Kärtchen mit den Wörtern Vergangenheit, Gegenwart und Zukunft vorgelegt bekommt und beliebig anordnen soll, diese horizontal nebeneinanderlegt, mit Vergangenheit links, Gegenwart in der Mitte und Zukunft rechts. Was ist der Grund dafür? Zeigt sich hier vielleicht, dass die meisten Menschen die Zeit räumlich visualisieren, auch ohne sich dessen bewusst zu sein?

Intensive Tests haben also gezeigt, dass in den Köpfen englischsprachiger Menschen eine starke Verbindung zwischen dem Wort »Vergangenheit« und einer Position auf der linken Seite besteht. Sie denken nicht einfach: »Ach, ich muss das Kärtchen irgendwo hin tun, also lege ich es vielleicht einfach mal nach links.« Die Assoziation ist stärker. Erneut sorgt der SNARC-Effekt für Belege. Sollen die Testpersonen eine Taste auf der linken Seite drücken, sobald der Bildschirm ein vergangenheitsbezogenes Wort zeigt, dann tun sie das schneller als bei einer Taste rechts. Vergangenheit und linke Position scheinen irgendwie zu *passen*.

Manche Forscher wollen das mit der Richtung erklären, in die sich die Zeiger der Uhr bewegen. Es stimmt natürlich, dass die Zeiger vom Beginn der Stunde an nach rechts wandern, weshalb man durchaus auf die Idee kommen könnte, die Zukunft befände sich in eben dieser Richtung. Nur zerbröckelt diese Theorie bereits nach 15 Sekunden, denn um Viertel nach bewegt sich der Zeiger wieder nach links und die Zeit verläuft rückwärts in Richtung Vergangenheit! Okay, um Viertel vor ist der Zeiger dann wieder auf seiner rechtsgerichteten Bahn – aber eben nur für 30 Sekunden. Wie Sie sehen, führt uns das nirgendwo hin. Wir brauchen eine bessere Erklärung. Plausibler scheint zu sein, dass englischsprachige Menschen – genau wie der Rest der westlichen Welt – von links nach rechts *lesen*. Die Formulierung »von links nach rechts« selbst kann das gut illustrieren. Wenn man sie liest, nimmt man das Wort »links« früher auf als das Wort »rechts« – was links eben zeitlich vor rechts plaziert. Anders formuliert, ist »links« bereits Vergangenheit, wenn man das »rechts« liest. Aber jetzt kommt's: Arabisch und Hebräisch werden von rechts nach links geschrieben. Wo plazieren die Nutzer dieser Sprachen Vergangenheit, Gegenwart und Zukunft im Links/Rechts-Spektrum? Die Vergangenheit rechts, die Gegenwart in der Mitte und die Zukunft links – genau spiegelverkehrt zu uns. Damit stellt sich dann eine viel grundlegendere Frage, eine Frage, die an eine jahrzehntelang heftig geführte Debatte anknüpft: Was kommt zuerst – die Sprache oder das Denken? Denkt ein hebräisch sprechender Mensch die Vergangenheit rechts, weil sie/er von rechts nach links schreibt? Oder schreibt sie/er von rechts nach links, weil für sie/ihn die Vergangenheit rechts ist?

Lera Boroditsky, eine Psychologin an der Stanford University, hat faszinierende Vergleiche zwischen dem Englischen und dem Mandarin angestellt – und wie die Zeit jeweils räumlich dargestellt wird.[46] Das Erlebnis der Zeit sollte doch universell, also für alle gleich sein – ein Moment ist da und dann auch schon wieder verschwunden, egal wo man lebt und welche Sprache man spricht. Nur ist die Art, wie dieses Erlebnis beschrieben wird, von Sprache zu Sprache durchaus verschieden. Wie Boroditsky feststellte, wird die Zeit sowohl im Englischen (und natürlich Deutschen; Anm. d. Übers.), als auch im Mandarin horizontal oder vertikal dargestellt. »The best is ahead – Das Beste liegt noch vor uns« ist horizontal, wohingegen »Let's move that meeting up – Bringen wir das Meeting auf eine nächste Stufe« vertikal ist. Im Englischen fand sie aber bei weitem mehr horizontale Metaphern: »put events behind us« (man bringt etwas hinter sich) oder »look forward to the party at the weekend« (man ist gespannt auf die Party am Wochenende). Im Mandarin verwendet man mehr vertikale Metaphern – frühere Ereignisse sind »oben« oder »shang«, spätere hingegen »unten« oder »xia«.

Boroditsky stellte sich neben ihre Testpersonen, deutete auf eine Stelle vor ihnen und fragte: »Wenn dieser Punkt hier für heute steht – wo sind dann gestern und morgen?« Im Gegensatz zu Computern hatte diese »Technik« den Vorteil der Dreidimensionalität. Wenn jemand die Zeit als Umhang wahrnahm, wie das ja bei meinen Hörern teilweise der Fall war, dann durfte er seine Antwort dahingehend gestalten. Es gab noch weitere Fragen, etwa: Wenn die Stelle vor Ihnen das Mittagessen bedeutet, wo sind dann Frühstück und Abendbrot?, oder: Wenn diese gleiche Stelle für September steht, wo befinden sich dann August und Oktober? Sie entdeckte, dass Mandarin-Sprecher, ob sie jetzt in Taiwan oder Kalifornien lebten, acht Mal häufiger als englischsprachige Menschen die Zeit vertikal darstellten und für frühere Ereignisse weiter nach oben deuteten, für spätere hingegen nach unten.

Das könnte eine naheliegende Erklärung haben. Mandarin wurde traditionell in vertikal verlaufenden Spalten gelesen, und zwar von rechts nach links. Das hat sich aber verändert. Heutzutage schreibt man oft in horizontaler Ausrichtung und dabei genau wie im Englischen von links nach rechts. Die vertikale Vorstellung der Zeit ist aber geblieben, und sogar die Versuchspersonen, die *ausschließlich* horizontal lesen konnten, ordneten die Zeit immer noch sieben Mal häufiger in vertikaler Richtung an.

Zumindest teilweise können Ausdrücke wie »time creeping up on us – die Zeit sitzt uns im Nacken« oder »time flying by – die Zeit verfliegt« mit unserem Wunsch erklärt werden, die Sprache frisch und lebendig zu halten. Wir erleben die Zeit nicht *wortwörtlich* so. Nur erzählt uns die Sprache, mit der wir über die Zeit reden, doch wichtige Dinge über den existentiellen Charakter unseres Zeiterlebnisses. Nicht zuletzt spiegelt sie wider, wie kapriziös, seltsam und variabel dieses Erlebnis für uns ist.

Mit Ausnahme der Sprache, die von den Amondawa im Amazonasgebiet verwendet wird und in der es kein Wort für »Zeit« gibt, wird sie in fast allen Sprachen der Welt unter Bezugnahme auf den Raum oder reale Distanzen thematisiert. Wir reden von langen Ferien oder kurzen Meetings, aber andersherum passiert das selten – also dass wir die Sprache der Zeit für Entfernungen verwenden. Wir sagen, die Zeit würde sich schneller bewegen – als sei sie genau wie ein Auto ein physikalischer Körper im Raum –, aber eine Straße bezeichnen wir nicht als vier Minuten lang. Was sagt uns das also bezüglich der Art und Weise, mit der wir uns die Zeit vorstellen? Verwenden wir zeitbezogene Ausdrücke, weil sie gut in unsere Satzstrukturen passen, oder zeigt sich hier tatsächlich die Art unserer Zeitwahrnehmung? Ist unser Zeiterlebnis so unbeständig und verwirrend, dass wir Ausdrücke prägen, die diesem Gefühl Rechnung tragen?

Ist die Art und Weise, mit der wir uns die Zeit vorstellen, von der jeweils verwendeten Sprache beeinflusst? Der Psychologe David Casasanto hat Metaphern der Rubriken »Zeit als Entfernung« und »Zeit als Menge« in vier verschiedenen Sprachen untersucht. Im Englischen sagt man, etwas würde »a long time« (eine »lange Zeit«, was Distanz meint) in Anspruch nehmen, wohingegen die Griechen die Zeit als physikalisch groß bzw. umfangreich bezeichnen und spanischsprechende Menschen mit »mucho tiempo« viel Zeit meinen. Mit der raffinierten Methode, die Anzahl der Treffer in Google zu vergleichen, hat Casasanto untersucht, was denn jetzt häufiger angezeigt wird: »much time« oder »long time«? Wie sich zeigte, bevorzugten englische und französische Nutzer eher »lang«, also die Entfernungsmetapher, Griechen und Spanier hingegen die Mengenmetapher »viel«. Der spannendste Teil der Studie kommt aber erst jetzt.[47] Einer Gruppe englisch- und griechischsprachiger Menschen wurde auf dem Computerbildschirm Aufgaben präsentiert, mit denen untersucht werden sollte, ob die Art, mit der sie über die Zeit *sprachen*, auch Auswirkungen darauf hatte, wie sie über die Zeit *dachten*. Bei einigen Tests sollte geschätzt werden, wie lange eine Linie braucht, um sich über den Bildschirm zu bewegen. Bei anderen sollte man sagen, wie lange es wohl dauert, bis ein Gefäß voll ist. Manchmal war beides gefragt. Das Ergebnis war klar: die englischsprachigen Teilnehmer ließen sich von der Entfernung irritieren und erlebten Einbußen bei der Zeitabschätzung, während die Griechen von der Menge irritiert waren. Wie Casasanto aber herausfand, lässt sich die große Treue, die Menschen zu ihren Metaphern haben, auch durchaus vermindern: Er konnte Sprechern des Englischen beibringen, sich die Zeit nicht mehr als Entfernung, sondern als Menge vorzustellen.

Klar kann einem dieses Experiment merkwürdig vorkommen. Aber wenn die Sprache, die man spricht, wirklich in so starkem Ausmaß die Vorstellung von Zeit und Raum beeinflusst, dass davon unsere Einschätzung von Geschwindigkeit, Distanz, Menge und Dauer abhängt, dann ist das schon erstaunlich. Wir haben es hier mit einem relativ neuen Forschungsbereich zu tun, man kann also im Moment nur darüber rätseln, was das für uns bedeutet. Könnte es sein, dass die von uns verwendeten Wörter unser gesamtes *Verhältnis* zur Zeit beeinflussen?

Wenn Zeit und Raum sich vermischen

Unsere Verwendung der Sprache ist nicht der einzige Beleg für die Verbindung von Zeit und Raum. Wobei das tatsächlich mehr als nur eine Verbindung ist. Zeit und Raum werden nämlich miteinander vermischt. Der Vater der Entwicklungspsychologie, Jean Piaget, hat untersucht, wie Kinder in unterschiedlichen Stadien der Entwicklung denken. Er führte eine Studie durch, bei der zwei Züge exakt gleich lang auf parallel verlaufenden Schienen fahren, aber weil der eine Zug schneller ist als der andere, kommt er ein paar Zentimeter weiter hinten zum Stehen. Kleine Kinder behaupten steif und fest, dieser Zug sei länger gefahren. Piaget schloss daraus, dass kleine Kinder nicht zwischen zeitlichem und räumlichem Umfang unterscheiden könnten. Das kindliche Gehirn befindet sich natürlich noch im Zustand der Entwicklung, aber wie Lera Boroditsky bei Tests zeigen konnte, fällt uns das im Erwachsenenalter nicht unbedingt leichter.[48] Zwar können wir gut Entfernungen abschätzen, nur beeinträchtigen diese Schätzungen unsere Zeitwahrnehmung. Wenn also ein paar eng beieinanderstehende Punkte über den Bildschirm wandern, tun sie das dem Gefühl nach schneller als im ausgebreiteten Zustand – obwohl sie sich eigentlich mit exakt derselben Geschwindigkeit bewegen. Zeiträume sind also für uns nur schwer abschätzbar, wenn dabei irgendwelche räumlichen Überlegungen mit im Spiel sind.

Wir sind in der glücklichen Situation, dass wir über ein äußerst komplexes Gehirn verfügen: Es kann nicht nur verschiedene Dimension be- und verarbeiten, sondern ist sich dessen auch noch *bewusst*. Das Gehirn ist wahnsinnig schlau, nur kann diese Schlauheit auch zum Fallstrick werden. Im vorliegenden Fall wird das Gehirn durch seine Annahme, Zeit und Raum seien miteinander verbunden, tatsächlich *getäuscht*. Größer heißt manchmal auch schneller, aber eben nicht immer. Ein Löwe ist schneller als eine Maus, aber *noch* schneller ist eine Kugel. Im Alltag stellen wir ständig Berechnungen zu Geschwindigkeit, Dauer und Entfernung an – denken Sie an den Ball, den wir fangen, oder die Straße, die überquert werden muss. Deshalb überrascht es nicht wirklich, dass sie im Kopf miteinander verknüpft und manchmal auch vermischt oder sogar verwechselt werden. Zeigen Sie Kindern zwei Lichter und fragen sie, welches denn länger angeschaltet war: mit Sicherheit entscheiden sie sich für das hellere. Zeigen Sie ihnen zwei Züge, die um die Wette fahren, und sie sagen, der größere von beiden sei schneller gewesen. Sie erkennen das unterschiedliche Ausmaß, beziehen es aber oft auf die falsche Sache, was uns zu der im vorigen Kapitel besprochenen Thematik zurückführt: dass wir nämlich über neuronale Strukturen verfügen, die eher die Menge messen als nur die Zeit als solche. Im Erwachsenenalter machen wir solche Fehler nicht so oft, aber manches von der ursprünglichen Raum/Zeit-Vermischung ist eben nach wie vor vorhanden.

In all dem gibt es ein äußerst mysteriöses Element: Zeit und Raum stehen für uns in keinem symmetrischen Verhältnis. Zeigt man Leuten eine Reihe aus drei Glühbirnen, macht eine nach der anderen an und fragt dann, wie lange jeweils die Pause dazwischen war, dann schätzen sie die Dauer umso länger, je größer der räumliche Abstand zwischen den Lichtquellen war. Dieses Phänomen heißt »Kappa-Effekt«. Es ist so ähnlich wie bei dem Beispiel mit den Punkten, die sich über den Bildschirm bewegen, und funktioniert auch andersherum. Macht man die Glühbirnen der Reihe nach an und fordert die Leute auf, die *Entfernung* zwischen ihnen zu schätzen, rücken sie mit zunehmender Lichtfrequenz immer näher zusammen. Dies nennt man den »Tau-Effekt«. Analog zu unserem Wissen, dass ein Löwe groß ist und deshalb wohl auch schnell rennt, können wir den erfahrungsgemäßen Zusammenhang von Geschwindigkeit und Entfernung nicht ignorieren und denken deshalb, dass schneller auch gleichzeitig näher bedeutet. Aber Boroditsky und Casasanto haben gezeigt, dass das Verhältnis von Raum und Zeit unausgewogen ist. Dass wir die Zeit räumlich denken, findet bei weitem *öfter* statt als eine zeitliche Vorstellung des Raums. Und damit sind wir wieder bei der Sprache und nicht vorhandenen Formulierungen wie »eine vier Minuten lange Straße«.[49]

Rhesusaffen sind da anders. Sie verfügen über ein symmetrisches Verhältnis von räumlich vorgestellter Zeit und zeitlich vorgestelltem Raum, denken also die Zeit genauso oft räumlich, wie sie sich den Raum zeitlich vorstellen.[50] Liegt das daran, dass sie über keine Sprache verfügen oder andersgeartete Sinne haben? Wir wissen, dass Rhesusaffen nicht erlernen können, Bälle wie ein Mensch zu werfen. Fehlt ihnen das Verständnis für das Zusammenspiel von Kraftaufwand, Zeit und Entfernung? Dass also ein starker Wurf weiter fliegt, aber auch später landet? Zeit und Distanz (oder Raum) sind im menschlichen Gehirn offenbar auf einzigartige Weise miteinander verbunden. Vielleicht haben die zu Beginn des Kapitels besprochenen Mental-Grafiken von Jahrzehnten und Wochentagen eine viel größere Bedeutung als bislang gedacht. Und vielleicht sind sie der Grund dafür, dass wir etwas ganz Besonderes machen können – nämlich uns die Zeit räumlich vorzustellen und damit die einzige Spezies zu sein, die im Geist Zeitreisen unternehmen kann. Wir können uns problemlos überlegen, was nächste Woche sein wird, dann an die frühe Schulzeit denken und sofort wieder in die Gegenwart zurückspringen. Diese erstaunliche Fähigkeit ist etwas, auf das ich in Kapitel 5 genauer eingehen will. Meiner Ansicht nach ist unser Vermögen, die Zeit bildlich darzustellen, der Grund dafür, dass wir über zukünftige Ereignisse nachdenken und uns darüber hinaus auch nicht existierende Dinge ausmalen können. Ich kann mir jetzt gleich – ebenso wie Sie in einer Sekunde – eine Maus vorstellen, die nächstes Jahr an Silvester auf einer Zahnbürste zum Mond fliegt und dabei den Feuerwerkskörpern ausweicht. Niemand weiß genau, was sich ein Affe ausdenken kann, aber ist seine Vorstellungskraft vielleicht dadurch beeinträchtigt, dass ihm die Fähigkeit zur räumlichen Darstellung der Zeit fehlt?

Wann ist nochmal das Mittwochsmeeting?

Die Art und Weise, wie wir Zeit und Raum miteinander verknüpfen, ist nicht nur eine theoretische Angelegenheit – sie spielt für uns tagtäglich auch eine Rolle im wirklichen Leben. Jeder von uns denkt die Zeit mithilfe des Raums, nur haben manche dabei wie gesagt eine ausgefeiltere Methode. Eine einfache Frage beleuchtet die unterschiedlichen Varianten, mit der man die Zeit räumlich betrachten kann, und teilt uns in zwei Gruppen.

✿ Das für Mittwoch angesetzte Meeting muss um zwei Tage nach vorne verlegt werden. An welchem Tag findet es jetzt statt?

Es gibt auf die Frage zwei gleichermaßen korrekte Antworten, aber dennoch war ich überrascht, wie viele Menschen noch vor ihrer Angabe meinten, bei so etwas immer den gleichen Fehler zu machen. Man sieht sie beinahe mit sich ringen, um bloß nicht die erste, intuitive Antwort zu geben. Gemeint war offenbar, dass sie bereits Situationen erlebt haben, in denen eine andere Person das eben anders sah, und sich daraufhin vorwarfen, einen Denkfehler gemacht zu haben. Obwohl es also keine richtige oder falsche Antwort gibt, lässt Ihre Angabe – also ob Montag oder Freitag – mehr auf Ihr Verständnis des Zeitflusses schließen, als Sie vermuten. War Ihr erster Impuls – ohne Rücksicht auf das, was die anderen

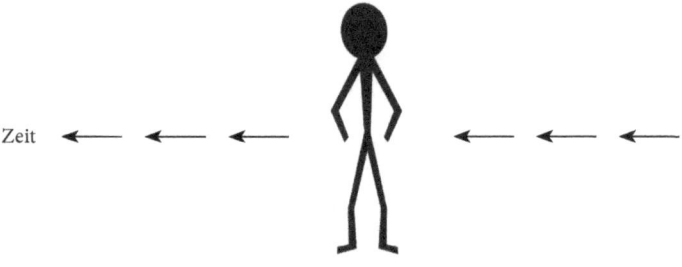

Zeit

Zeitbewegungs-Metapher

vielleicht sagen –, das Meeting sei jetzt am Montag, dann ist es die Zeit, die sich für Sie bewegt, wie ein permanent laufendes Förderband, das die Zukunft zu Ihnen heranbringt. Sie verwenden die Zeitbewegungs-Metapher.

Denken Sie hingegen, das Meeting sei jetzt am Freitag, dann kommt es Ihnen so vor, als würden *Sie* sich entlang der Zeitleiste auf die Zukunft zubewegen – die Eigenbewegungs-Metapher.

Sie bleiben also entweder ruhig stehen, während die Zukunft auf Sie zukommt, oder *Sie* sind es, die/der sich Richtung Zukunft bewegt. Das ist der gleiche Unterschied wie bei der Frage, ob wir auf Weihnachten zusteuern oder Weihnachten immer näherrückt. Haben Sie die Deadline versäumt oder ist die Deadline an Ihnen vorbeigegangen?

Der Fluss der Zeit

Während seiner Gefangenschaft im Gazastreifen sah der BBC-Journalist Alan Johnston die Zeit klar vor sich – als fließenden Strom oder als Meer. Er stellte sich das Wasser sogar

Zeit ⟶

Eigenbewegungs-Metapher

absichtlich vor, um die endlosen Stunden, die er gezwungenermaßen nur denkend verbringen konnte, irgendwie auszuhalten. Die Erschaffung geistiger Bilder ist eine Strategie, die Psychotherapeuten manchmal ihren Klienten beibringen, damit diese schwierige Situationen wie etwa chronische Schmerzen meistern können. Alan entwickelte diesen Bewältigungsmechanismus aber von sich aus. Da er niemanden zum Reden hatte und auch nicht wusste, ob und wann man ihn wieder freilassen würde, überrascht es nicht, dass er hin und wieder, wie er bescheiden sagte, »trübe Momente« erlebte. Nur besaß er dieselbe Überzeugung, wie sie auch der Psychiater Viktor Frankl im KZ hatte – dass seine Peiniger alles kontrollieren konnten, nur nicht seine Gedanken. Also kümmerte er sich um seine geistige und damit psychische Verfassung.

Das Bild des Flusses war tröstlich für Alan, denn während die Abfolge immer gleich leerer Tage und Nächte den Eindruck eines Kreislaufs erweckte, gab ihm das Fließen des Wassers das Gefühl, er würde sich ständig vorwärts bewegen und irgendwann in einer anderen Situation sein:

»Ich sah mich in der Vorstellung als Bootsmann auf diesem Fluss der Zeit. Ich wusste, dass der Fluss irgendwo hinführte. Entweder würde ich an diesem Ort alt werden und sterben, oder die Freiheit würde irgendwo auf mich warten. *Etwas* würde aber auf jeden Fall geschehen – das hier war nicht für immer. Und selbst wenn ich alt werden würde, hätte der Fluss der Zeit irgendwann einen Punkt erreicht, an dem die Sache hier vorbei war. Als Bootsmann musste ich den Horizont im Auge behalten und nicht etwa das Ufer, bei dessen ständigem Anblick die Zeit langsamer verstreichen würde. Immer wieder dachte ich, ich müsste das Boot in ruhigere Gewässer steuern, also eine ruhigere Geistesverfassung. Wenn ich unglücklich war und nur schwarze Gedanken hatte, war der Fluss aufgewühlt und langsamer, weshalb es sich anbot, in ruhigere, aber schneller fließende Seitengewässer meines Zeitflusses zu wechseln, der einen irgendwann ans Ende dieses Zustands bringen würde.«

Noch als freier Mann hatte Alan über Alan Shackletons Fahrt im Rettungsboot gelesen, die er machen musste, nachdem sein Schiff *Endurance* in der Nähe von Elephant Island im Treibeis stecken geblieben und schließlich geborsten war. Wenn Shackleton mit seinem kleinen Boot das Meer überqueren und sogar einen Hurrikan überstehen konnte, dann würde er selbst auch die Gefangenschaft in einem kleinen Zimmer überleben. »Ich musste im Geist das endlose Wasser und die endlose Zeit durchqueren. So wie Shackleton ein winziges Stückchen Land jenseits des Horizonts suchte, war ich auf der Suche nach einem Moment jenseits des Zeithorizonts – dem Moment, in dem ich freikommen würde.«

In Alans Vorstellung war das Gefährt auf diesem »Meer der Zeit« ein Floß aus imaginierten Planken. Jede der Planken stand für etwas, das an seiner Situation positiv war – gesundheitlich ging es ihm gut, im Gazastreifen kam es immer wieder zu Austauschaktionen, und man hatte ihn nicht gefoltert.

»Im Geist band ich die einzelnen Planken zusammen und erhielt so mein Floß auf dem Meer der Zeit. Ich hatte eine ausgeprägte Vorstellung von mir und diesem Gefährt. Wenn es einem schlecht geht, dann sagt man sich, man müsse unbedingt wieder auf die hellere Seite gelangen. Man ringt mit sich selbst, und mit jedem Vorwurf geht es einem noch schlechter. Man hört sich jammern, wo denn seit drei Monaten diese verfluchte Austauschaktion bleibt. Dann lässt man das Diskutieren sein und stellt sich stattdessen vor, wie das Floß einen langsam wegträgt. Man sieht sich selbst auf dem Meer der Zeit und wird ruhiger. Es ist richtiggehend symbolisch. Manchmal gibt es einen imaginierten Sturm und die Planken werden im Wasser verstreut, dann muss man herumschwimmen und sie wieder einsammeln. Man ist glücklich über jede einzelne Planke, bindet sie zusammen und fährt weiter. Diesen Vorgang habe ich unzählige Male so erlebt. Erst jetzt merke ich, dass meine Versuche der Bewältigung mit der Zeit zu tun hatten.«

Alans Vorstellung, er würde sich ständig Richtung Zukunft bewegen, wird von vielen Menschen geteilt. Er wusste, dass, egal was er machte, die Zeit ihn immer weitertragen und er die Zukunft erreichen würde. Wir haben hier ein weiteres Beispiel für die Eigenbewegungs-Metapher. Sie unterscheidet sich wie gesagt von der Zeitbewegungs-Metapher, bei der man ruhig dasteht und die Zeit auf sich zukommen lässt. Nähert sich der Tag des Examens oder sind Sie auf dem Weg dorthin? Aus diesem Grund ist die oben gestellte Frage nach dem verschobenen Mittwochsmeeting so erhellend. Sie zeigt deutlich, welche der beiden Perspektiven auf Sie zutrifft. Erneut sei gesagt, dass es hier keine richtige oder falsche Antwort gibt, also keine bessere oder schlechtere Art der Zeitbetrachtung.

Wenn die Zeit rückwärts verläuft

Die ständige Vorwärtsbewegung der Zeit hat die Menschen schon immer fasziniert. Auch Schriftsteller haben sich damit beschäftigt und versucht, ihr mittels Geschichten über Zeitreisen oder sogar die Umkehrung der Zeit auf den Grund zu kommen. Lewis Carrolls wenig bekannter Roman *Sylvie und Bruno* handelt von zwei Geschwistern, die manchmal die Gestalt von Kindern, dann wieder die von kleinen Elben haben. Als sie auf die Anderland-Uhr treffen, die die Zeit rückwärts gehen lässt, nehmen Menschen Stücke ihres Lammbratens aus dem Mund und setzen sie wieder in das tote Tier ein, das sich langsam über dem Feuer dreht und wieder seinen Rohzustand annimmt, während das Feuer zu einer klitzekleinen Flamme wird und schließlich ausgeht. Die dazugehörigen, ebenfalls wieder rohen Kartoffeln bekommt der Gärtner zum Eingraben, und selbstverständlich werden alle Gespräche komplett unverständlich. In *Pfeil der Zeit* von Martin Amis heilt ein Nazi-Arzt die Wunden seiner jüdischen Patienten, anstatt sie ihnen überhaupt erst zuzufügen. Philip K. Dick führt das in *Die Zeit: Auf Gegenkurs* noch einen Schritt weiter und lässt alte Menschen gegen die Sargwände hämmern, damit die Totengräber sie wieder aus der Erde holen. Nach der Befreiung leben diese »Altgeborenen« ihr Leben rückwärts, wobei sie ständig jünger werden. Wenn jemand im Lauf seines »normalen« Lebens ein Buch geschrieben hat, wird es zum Zeitpunkt seines »eigentlichen« Erscheinens zerstört. Die Zeit geht weiter, bis sie wieder Kinder und schließlich Babys sind, die dann in den Leib von Frauen schlüpfen. Die Schwangerschaftsbäuche schrumpfen bis zum Tag der Zeugung, an welchem diese Frauen ein unbändiges Verlangen nach Sex haben. Hierdurch werden die jetzt alten Protagonisten »entzeugt«. Es gibt sie nicht mehr, und es ist, als hätten sie nie existiert.

Das sind natürlich nur Geschichten, aber wie neuere Forschungen zeigen, ist durch die raffinierte Verwendung eines Spiegels die Umkehrung der Zeit leichter, als wohl selbst die jeweiligen Schriftsteller dachten. Dieses Experiment hat sogar die überrascht, die es durchgeführt haben, nämlich die Psychologen Daniel Casasanto und Robert Bottini.[51] Mit niederländisch sprechenden Personen führten sie den erwähnten Test durch, bei dem der Bildschirm Wörter anzeigt und man links oder eben rechts eine Taste drücken muss. Wie bei Sprechern einer von links nach rechts geschriebenen Sprache zu erwarten, waren sie am schnellsten, wenn sie bei vergangenheitsbezogenen Wörtern die Taste links drücken mussten. Dann wurde das Experiment mit spiegelverkehrt dargestellten Begriffen wiederholt, und durch das Lesen von rechts nach links war plötzlich alles anders. In ihrem Kopf wechselte der Zeitfluss die Richtung, weshalb sie bei den gleichen, jetzt mit einer Taste rechts assoziierten Wörtern schneller waren. Auch wenn Ihnen die Sache ein bisschen zu einfach vorkommen mag, stellte das doch eine außerordentliche Entdeckung dar, und ich kann gut verstehen, warum die beiden Tester überrascht waren. Dieser Forschungsbereich ist relativ neu, deshalb ist nicht recht abzuschätzen, wie sich die Entdeckung in praktischer Hinsicht auswirken wird. Bedeutend ist sie aber aufgrund des Nachweises, dass die Richtung, in der wir lesen, nicht nur unser Denken, sondern auch die konkrete Visualisierung der Zeit prägt.

Vielleicht sind Sie der Meinung, Ihre Antwort auf die Frage nach dem Mittwochsmeeting beruhe auf Intuition, nur ist auch da vieles veränderbar. Die Angabe kann sogar davon abhängen, wo man gerade steht. Lera Boroditsky ist besonders erfindungsreich bei der Entwicklung von Versuchen, die illustrieren können, wie problemlos wir unsere Zeitwahrnehmung verändern, je nachdem, was wir im Moment gerade tun.[52] Sie stellte ihren Versuchspersonen die oben erwähnte Frage nach dem Mittwochsmeeting, nur waren manche im Zug von San Francisco nach San Jose, andere am Flughafen und wieder andere, ganz in der Tradition der psychologischen Forschung, in ihrem eigenen Institut an der Stanford University, und zwar in der Schlange vor der Essensausgabe. In genau diesem Institut für Psychologie hat auch Philip Zimbardo sein berühmtes Gefängnis-Experiment durchgeführt und dazu das Untergeschoss in eine improvisierte Haftanstalt verwandelt (mehr dazu in Kapitel 5, aber ich habe diese sogenannten »Einzelzellen« gesehen, und das sind wirklich nur kastenförmige Gebilde von der Tiefe eines Aktenschranks). Zum Glück verlief Boroditsky Studie weniger gewaltsam, wenngleich ihre Erkenntnisse doch bedeutend waren.

Die Frage nach dem Mittwochsmeeting wird von Leuten, die auf etwas warten – am Abflugs-Gate oder in der Schlange beim Mittagessen –, tendenziell mit Montag beantwortet (die Zeitbewegungs-Metapher). Sie warten darauf, dass die Zeit zu ihnen kommt und sie endlich abfliegen oder essen können. Wenn jemand den Zug gerade bestieg oder verließ – oder die Gangway aus dem Flugzeug entlangging –, lautete die Antwort eher Freitag (die Eigenbewegungs-Metapher). Diese Menschen hatten ihre Reise aktiv angetreten und fühlten sich jetzt, als würden sie sich vorwärts bewegen – anstatt die Zeit nur auf sich zukommen zu lassen.

Durch Experimente wie dieses erkennt man, dass unser jeweiliges Gefühl in einer Situation sowohl die Wahrnehmung der Zeit als auch ihre Visualisierung beeinflusst. Bei einem anderen Versuch mussten Leute sich Ereignisse vorstellen, vor denen sie entweder Angst hatten (z. B. eine Operation), oder auf die sie sich freuten (eine Hochzeit).[53] Wenn sie sich freuten, sahen sie sich eher darauf zugehen, aber wenn sie Schiss hatten, kam sie ihnen erbarmungslos entgegen. Wie wir schon gesehen haben, sind Gefühle und Zeit untrennbar miteinander verknüpft, und der Raum trägt dazu bei, dass diese Verbindung überhaupt erst möglich wird. Das zuletzt angeführte Experiment wirft bei mir die Frage auf, ob die beiden Metaphern (Zeitbewegung versus Eigenbewegung) vielleicht sogar widerspiegeln, wie optimistisch oder pessimistisch jemand grundsätzlich ist. Sind die, die sich in die Zukunft marschieren sehen, vielleicht wirklich Menschen mit mehr Optimismus? Dahingehende Forschungen würde ich gern auf meine Wunschliste zukünftiger Experimente setzen.

Sanfter Montag und wütender Freitag

Die nächste Studie wird Ihnen vielleicht etwas merkwürdig vorkommen, aber Dranbleiben lohnt sich. Wir haben bereits gesehen, dass die Zeit gern in physische Metaphern von Raum oder Entfernung gefasst wird und dass unsere Haltung zu einem Ereignis sich auf die Zeitempfindung auswirkt, aber diese Studie treibt die Sache noch ein Stück weiter. An der hübschen Überschrift »Sanfter Montag und wütender Freitag« erkennen Sie vielleicht schon, in welche Richtung es gehen wird.[54] Ausgehend von der bekannten Frage nach dem Mittwochsmeeting wurden die Testpersonen hier zusätzlich nach ihren begleitenden Gefühlen gefragt. Wie sich zeigte, kam es den eher wütenden so vor, als würden sie sich aktiv in der Zeit bewegen (die Freitags-Antwort, die mit der Erwartung eines Ereignisses zusammenhängt) – also keineswegs so, als käme die Zeit ihnen entgegen (die mit Ablehnung oder gar Angst verknüpfte Montags-Antwort). Aber dann geschah etwas Erstaunliches. Wenn die beiden Tage so auf dem Bildschirm erschienen, dass der Freitag die naheliegendere Wahl war, veränderte sich dadurch auch das Gefühl der Testpersonen. Ohne ersichtlichen Grund beschrieben sie sich als deutlich wütender.

Wir wissen, dass negative Gefühle wie Ekel, Furcht oder Grauen Flucht-Emotionen sind, die eben einen Rückzug bewirken. Wut ist aber anders: Man hat nicht das Gefühl, weglaufen zu müssen, sondern will angreifen. Wenn man wütend ist, schlägt man beim Verlassen des Zimmers vielleicht die Tür hinter sich zu, doch geschieht das meist nur, um Aussagen oder Handlungen zu vermeiden, die man hinterher bereuen könnte. Eine Willensanstrengung ist nötig, um die Ursache der Wut nicht zu attackieren, sondern zu verlassen. Wut treibt einen auf sein Ziel zu. Die Autoren unserer »Sanfter Montag«-Studie glauben, dass eine gedankliche Bewegung in Richtung Zukunft für uns ist, als würden wir uns tatsächlich auf etwas zubewegen – was wir mit dem Gefühl von Wut verbinden. Das ist ein interessanter Gedanke, nur bezweifle ich, dass die bislang gelieferten Belege wirklich ausreichen. Weitergehend behaupten die Autoren, man könne sich die starke Verbindung von Gefühlen und unserer Art der Zeitbetrachtung zunutze machen, indem man sich im Fall von Wut vorstellt, die Zeit würde auf einen zukommen, und sich dadurch etwas beruhigt. Das ist sicher nicht leicht, wobei es andersherum durchaus funktionieren könnte. Nehmen wir eine bevorstehende Prüfung, die Ihnen schlaflose Nächte bereitet: Hier könnten Sie die Kontrolle übernehmen, indem Sie mit Absicht darauf zuschreiten – wenn Sie es schaffen.

In diesem Kapitel haben wir gesehen, inwiefern unsere Zeitwahrnehmung beeinflusst wird – von unserer Sprache, der Richtung, in der wir lesen, unserer Gefühlslage und sogar dem konkreten Ort, an dem wir uns bei einer Reise befinden. Unser Gefühl für die Zeit ist eng mit dem Raum verbunden, was uns gedankliche Zeitreisen ermöglicht. Von jetzt auf nachher können wir uns sowohl das Leben nach Erreichen des Rentenalters vorstellen als auch an unseren ersten Schultag zurückdenken. Diese Fähigkeit wird »Chronostesia« genannt, und ich werde in den folgenden Kapiteln immer wieder darauf eingehen. Gedankliche Zeitreisen können sich verrückterweise auch körperlich ausdrücken. Verbindet man Leuten die Augen und bittet sie, an einen bestimmten Tag vor vier Jahren zu denken, dann lehnen sie sich, ohne es zu merken, ein paar Millimeter nach hinten. Sollen sie sich einen Tag in vier Jahren vorstellen, beugen sie sich leicht nach vorne.[55] Bei dieser Studie wusste niemand, worum es geht – ein Einfluss der Versuchsleiter auf die Körperbewegung kann also ausgeschlossen werden. Es zeigt sich aber, dass Zeit und Raum fest im Körper verankert sind.

Auch wenn wir uns die Jahrhunderte nicht in Form von Herrschern auf einem Tapezier- oder sonstigen Tisch vorstellen, erlebt bis zu einem gewissen Grad *jeder* von uns die Zeit räumlich, sei es, dass wir uns bei der Vorstellung eines zeitlichen Ereignisses tatsächlich bewegen, die Position von Vergangenheit und Zukunft in Bezug auf unseren Körper betrachten oder die Zeit als Fluss empfinden. Unsere Sprache lässt nicht nur erkennen, wie wir die Zeit wahrnehmen, sondern scheint dieses Denken auch zu formen – was erneut darauf hindeutet, dass unsere Zeitwahrnehmung im Kopf *erzeugt* wird. Die Zeit überrascht und verwirrt uns ständig. Wir können sie nicht beschreiben. Wir können sie nicht sehen. Wir können sie nicht fassen. Also hilft uns die Fähigkeit, uns die Zeit bildlich vorzustellen, bis zu einem gewissen Grad dabei, sie im Kopf manipulieren und dadurch auch gedankliche Zeitreisen unternehmen zu können. Als Nächstes gehen wir in der Zeit zurück – in die Vergangenheit.

WARUM DIE ZEIT BEIM ÄLTERWERDEN IMMER SCHNELLER VERGEHT

Betrachten Sie die folgenden Ereignisse. Können Sie ohne nachzuschlagen Jahr und Monat nennen, in denen sie stattgefunden haben?

- John Lennon wird erschossen
- Margaret Thatcher wird britische Premierministerin
- Explosion im Atomkraftwerk Tschernobyl
- Michael Jackson stirbt
- Der Film *Jurassic Park* kommt in den USA ins Kino
- Argentinien besetzt die Falkland-Inseln
- Morgan Tsvangirai wird Ministerpräsident von Simbabwe
- Der Wirbelsturm Katrina verwüstet New Orleans
- Indira Gandhi wird ermordet
- Eine Autobombe explodiert in der Nähe von Harrods in London
- In Mexiko treten erste Fälle von Schweinepest auf
- Der Mauerfall in Berlin
- Der britische Thronfolger Prinz William heiratet Kate Middleton

- Eine IRA-Bombe explodiert im Grand Hotel von Brighton
- Amtseinführung des amerikanischen Präsidenten Barack Obama
- Prinzessin Diana stirbt
- Bombenexplosionen in der Londoner U-Bahn
- Saddam Hussein wird hingerichtet
- In Chile werden 33 Bergleute verschüttet
- Der erste *Harry Potter*-Band erscheint

Die Lösungen befinden sich am Ende dieses Kapitels. Ich denke mal, dass Ihnen die Jahreszahlen leichterfallen als die Monate, aber auch da werden Sie sicher nicht mehr alle wissen. So normal das ist, lässt sich anhand der gemachten Fehler Erstaunliches über unsere Organisation der Vergangenheit ablesen. Ich werde auf diese Liste im Lauf des Kapitels immer wieder eingehen. Die meisten von uns denken, sie könnten sich keine Namen merken, aber wie Forschungen in Japan ergeben haben, erinnern wir uns bei einer Nachrichtenmeldung eher an den Namen als an das Datum.[56] Zum Glück werden Daten bei uns eher selten abgefragt, deshalb fällt uns das nicht so auf. Ich vermute mal, Sie haben einige der oben angeführten Ereignisse später datiert als tatsächlich der Fall und wundern sich, dass sie doch so lange her sind. Vielleicht ärgern Sie sich sogar, dass die Zeit verstrichen ist und Sie es irgendwie nicht mitbekommen haben. Ist das sonst vielleicht auch so? Vergeht die Zeit schneller, je älter Sie werden? Sie denken, Sie hätten jemanden erst vor ein paar Monaten getroffen, dabei ist es schon ein ganzes Jahr her. Ihrem Gefühl nach müsste das Kind einer Freundin jetzt langsam im Kindergarten sein, dabei ist es längst in der

Schule. Das Älterwerden der Kinder ist eine stetige Mahnung, dass die Zeit vergeht.

Das Gefühl, die Zeit würde mit zunehmendem Alter immer schneller vergehen, ist mit das größte Rätsel der Zeitwahrnehmung. In diesem Kapitel zeige ich, warum die Erklärung für dieses Schnellerwerden der Zeit in unserer Wahrnehmung der Vergangenheit liegt. Und das Gedächtnis erklärt auch noch weitere Merkwürdigkeiten der Zeit. Zunächst möchte ich untersuchen, wie das autobiographische Gedächtnis funktioniert, wobei ich von Leuten erzähle, die ausgiebig und ganz präzise die alltäglichsten Ereignisse dokumentiert und ihre Erinnerung daran überprüft haben. Ich stelle die existierenden Theorien zum vermeintlichen Schnellerwerden der Zeit vor und schließe mit meiner eigenen, dem von mir so genannten »Urlaubs-Paradox«. Wir wissen, dass die Zeit großen Einfluss auf die Erinnerung nimmt, aber es ist parallel dazu auch die Erinnerung, die unser Zeiterlebnis erzeugt und gestaltet. Unsere zeitliche Wahrnehmung der Vergangenheit formt unser Zeiterlebnis in der Gegenwart mehr als von uns gedacht. Aber es ist das Gedächtnis, das die besonderen, elastischen Eigenschaften der Zeit erzeugt. Es versetzt uns nicht nur in die Lage, ein vergangenes Ereignis jederzeit abzurufen, sondern mithilfe des »autonoetischen« Bewusstseins – des Gefühls dafür, dass unsere Existenz in den Verlauf der Zeit eingebunden ist – darüber nachzudenken. So können wir sowohl Situationen im Geiste erneut erleben *als auch* aus diesen Erinnerungen hinaustreten und ihre Richtigkeit überprüfen.

Das autobiographische Gedächtnis

Im Juli 1969 absolvierte die britische Tennisspielerin Ann Jones ein Match, das eigentlich das denkwürdigste ihrer Karriere hätte werden sollen. Es ging um das Wimbledon-Finale im Damen-Einzel, und ihre Gegnerin war Billie Jean King, die den Titel schon drei Mal gewonnen hatte und damit klare Favoritin war. Trotzdem ergaben sich drei Sätze, und als die aufschlagende Billie Jean dann beim Matchball einen Doppelfehler machte, hatte Ann gesiegt. Nach 13 Teilnahmen am legendären Turnier von Wimbledon war ihr Traum endlich wahr geworden. Prinzessin Anne überreichte ihr den Pokal, sie hielt ihn hoch und zeigte ihn herum, alle klatschten wie verrückt und die Reporter machten Fotos, die um die Welt gingen. Man sollte also meinen, dass dieses Match für immer in ihr Gedächtnis eingebrannt war. Nur sagte sie 40 Jahre nach dem Finale, sich so gut wie gar nicht daran zu erinnern. »Die Leute denken, ich wüsste noch jedes Detail, und fragen mich unablässig danach. Aber mittlerweile ist das alles ganz verschwommen. An das Halbfinale erinnere ich mich besser.« Ann meint, sie wisse noch genau, wie sich der Sieg und das Erreichen ihres lang ersehnten Ziels angefühlt hätten, aber fragt man sie nach dem Endergebnis, hat sie keine Ahnung mehr. Die BBC schickte ihr ein Video der Partie, aber obwohl ihre Kinder und Enkel sich riesig darüber gefreut haben, hat sie selbst es sich nie angesehen. Es zeigt sich also, dass selbst Erinnerungen an außergewöhnliche, individuell bedeutsame Ereignisse verblassen können. Das Meiste von dem, was wir tun, wird vergessen. Wenn wir über die Erforschung des Gedächtnisses reden, sollten wir das eigentlich die Erforschung des Vergessens nennen. Tagtäglich erleben wir Hunderte von Momenten, die wir schlicht und einfach vergessen.

Die Gedächtnisforschung nimmt innerhalb der psychologischen Forschung einen prominenten Platz ein, wobei die Fähigkeit, persönliche Erlebnisse zu memorieren, gegenüber Bereichen wie dem Kurzzeitgedächtnis oder dem semantischen Gedächtnis eher vernachlässigt wurde. Das autobiographische Gedächtnis kann in zwei Arten unterteilt werden: das episodische Gedächtnis, das spezielle persönliche Erfahrungen erfasst (etwa den ersten Tag an einer neuen Schule); außerdem das semantische Gedächtnis, das aus dem Wissen über unser Leben und die Welt besteht, darunter auch die *Fakten* bezüglich der Schule, die man besuchte – in welcher Stadt sie war und wie viele Schüler sie hatte.

Um mit unseren Erinnerungen umgehen und sie verwerten zu können, sind wir auf unser Verständnis der Zeit angewiesen. Wann immer wir die Geschichte unseres Lebens erzählen, verbinden wir zu diesem Zweck Ereignisse, plazieren sie also auf einer Zeitleiste und erläutern dann, wie eines zum anderen geführt hat. Im Jahr 1885 meinte der Philosoph Jean-Marie Guyau, dass analog zu Städten, die sich auf frühere Ansiedlungen aufbauen – »die lebende Stadt ist über schlafenden Städten errichtet«[57] –, in unserem Denken die Gegenwart das Vergangene überlagert und ständig weitere Schichten bildet. Aber genau wie die Archäologen unter einem modernen Gebäude römische Mosaikböden freilegen können, bleiben bei genauerem Hinsehen auch viele Ruinen unseres Gedächtnisses erhalten. Wenn wir lebensbezogene Entscheidungen treffen, tun wir das vermeintlich abgelöst von der jeweiligen Gegenwartssituation, aber im Rückblick können wir ziemlich genau erklären, wie sich unsere Geschichte in die jeweiligen Gegebenheiten fügt. Fragt man jemanden, warum sie oder er mit Mitte 30 noch Mutter oder Vater wird, also rund zehn Jahre später als die eigenen Eltern, dann wird das eher mit persönlichen Umständen erklärt und nicht damit, dass »man« das jetzt so macht. Es heißt also, dass in den Zwanzigern kein geeigneter Partner vorhanden gewesen sei oder das Augenmerk mehr auf Ausbildung, Reisen oder Karriereplanung gelegen habe – und nicht etwa, dass soziale oder auch politische Faktoren sie in eine bestimmte Richtung gedrängt hätten. Fragen Sie aber Menschen aus der älteren Generation, dann wird man Ihnen sagen, sie hätten ihre Kinder Mitte 20 bekommen, weil das damals völlig normal war. Diese Muster sind im eigenen Leben nur schwer erkennbar, was zumindest teilweise auch daran liegt, dass wir unsere persönlichen Entscheidungen als ebensolche, also persönliche, wahrnehmen wollen und es ablehnen, von der Erdbevölkerung, der wir per geschichtlichem Zufall angehören, beeinflusst zu sein.

Total Recall – Totale Erinnerung

Wenn man mit Gordon Bell spricht, kann man leicht nervös werden. Man steht ihm gegenüber und weiß, dass das kleine, schwarze Ding vor seiner Brust alle 20 Sekunden ein Foto von einem macht, das er für immer in seiner gewaltigen Diashow mit sämtlichen wachen Momenten seit 1988 aufbewahren will. Seine Bezeichnung dafür ist »Total Recall – Totale Erinnerung«. Aber das sind nicht nur Fotos. Er sammelt einfach alles: jeden Kontoauszug, jede E-Mail, jede SMS, jede aufgerufene Website, alle Botschaften auf dem Anrufbeantworter (auch die von seiner Frau, bei denen sie sagt, er solle das Ding ausschalten), jede gesehene TV-Sendung und jede Seite von ihm gelesener Bücher (er beschäftigt dazu sogar eine geduldige Hilfskraft, die all diese Seiten einscannt). Theoretisch könnte man in den vergangenen 30 Jahren ein beliebiges Datum auswählen und den damals von ihm erlebten Tag nacherleben – alles sehen, was er gesehen, und alles lesen, was er gelesen hat. Begeistert erläutert er seine Vorgehensweise und ist dabei offensichtlich fasziniert von den technischen Mitteln, die ihm das ermöglicht haben, sowie den komplizierten Systemen, mit denen er alles digital einlagern kann. Aber irgendwie stimmt einen die Sache auch traurig, denn man fragt sich, ob sich dafür wirklich jemand interessiert? Was hier entsteht, ist die außergewöhnliche Aufzeichnung eines einzigen Lebens – allerdings eines Lebens, in dem unter großem Energieeinsatz Methoden zur außergewöhnlichen Aufzeichnung eines Lebens entwickelt werden. Wird sich das nach Bells Tod irgendjemand ansehen? Vielleicht ja doch. Vielleicht gilt er in ein paar hundert Jahren als eine Art moderner Samuel Pepys, auch wenn dessen *Tagebuch* aus dem 17. Jahrhundert wohl erheblich mehr Klatsch und Tratsch enthält. Außerdem ist er nicht allein. Er hat einen Konkurrenten.

Als der Pfarrer Robert Shields im Jahr 2007 verstarb, hinterließ er 91 Kartons mit maschinengeschriebenen Seiten. Dies war sein über 25 Jahre geführtes Tagebuch, in dem er in minutiöser Form sein Leben festgehalten hatte. Es ist 30 Mal länger als das von Pepys. Es lässt Robert B. Sotherns über Jahrzehnte und tagtäglich durchgeführte Körpermessungen so kurz wie einen ärztlichen Bericht erscheinen. Shields war seinem Projekt derart verpflichtet, dass er sich nachts – und zwar jede Nacht – alle zwei Stunden den Wecker stellte, um seine Träume aufzuschreiben. Tagsüber saß er in Thermounterwäsche auf der Veranda seines Hauses in Dayton, Washington, wo er sechs elektrische Schreibmaschinen hufeisenförmig um sich herum aufgebaut hatte. Jede Seite besteht aus Zeitangaben und einer Beschreibung der momentanen Tätigkeit, vom Rasieren bis hin zum Öffnen der Junk-Mails. Sein Vater war Weltmeister im Schnellschreiben geworden, indem er Abraham Lincolns »Gettysburg Address« mehrmals mit einer Geschwindigkeit von 222 Wörtern pro Minute abschrieb. Wir wissen nicht, ob Pfarrer Shields das Talent seines Vaters geerbt hatte, aber selbst wenn dem so war, hätte er immer noch vier Stunden pro Tag tippen müssen. Er vermachte das Tagebuch der Washington State University mit der Auflage, dass bis zum Jahr 2057 niemand darin lesen dürfe. Mit einem geschätzten Umfang von 37,5 Millionen Wörtern ist es *vermutlich* das längste Tagebuch der Welt. Genau kann das derzeit aber niemand sagen, denn auch das Zählen der Wörter ist ja erst 2057 erlaubt. In den wenigen publizierten Auszügen sind in nüchterner Form die alltäglichsten Ereignisse festgehalten. Er wechselt die Glühbirne. Er sieht sich eine Folge von *Murder, She Wrote* mit Angela Lansbury an (er schreibt: »Die Handlung in *Murder* ist schnell, abwechslungsreich und dicht gedrängt«). Er isst Makkaroni mit Käse. Er stolpert auf der Straße, während er die Überreste von einem Abendessen mit Freunden heimträgt. Er hält fest, wie viele Blätter Klopapier er bei seinen Sitzungen benutzt hat. Er beschreibt variantenreich den Uriniervorgang: »Ich habe den Wassertank geleert«; »Ich habe die Keramik-

schüssel abgespritzt, bis sich unten Schaum bildete«.[58] All-
täglich-nüchtern, aber trotzdem irgendwie packend. Im festen Glauben daran, dass zukünftige Forscher sowohl sein
Tagebuch als auch seine DNA untersuchen wollen, klebte er
auf einer der Seiten ein paar Nasenhaare ein. Man hat es hier
mit der ultimativen autobiographischen Aufzeichnung zu
tun – einer Aufzeichnung, wie sie das menschliche Gedächtnis nicht einmal annähernd leisten könnte. Er und Gordon
Bell sind beide fest entschlossen, die Aufzeichnung des Lebens nicht durch die Unzuverlässigkeit des Gedächtnisses
zerstören zu lassen. Im Hinblick auf die zahlreichen Blogger,
die im Internet jedes Detail ihres Lebens festhalten, könnte
man fast von einem Trend reden. Gordon Bell meint zwar,
sein E-Gedächtnis sei anders beschaffen und dabei viel um-
fassender als all die Life-Blogs, aber dennoch sind seine Be-
weggründe eigenartig. Er arbeitet für Microsoft und reist
durch die Welt, um sein Projekt sowie die verwendeten Tech-
nologien vorzustellen, möchte aber keineswegs über einen
praktischen Nutzen reden. Man kann ja leicht erkennen,
wie wertvoll ein derartiges elektronisches Gedächtnis sein
könnte – etwa für Menschen, die durch einen Schaden am
Gehirn Probleme bei der Erinnerung haben. Bell will aber
ausschließlich zeigen, dass die Aufzeichnung eines Lebens
möglich ist. Er zeigt uns Filme, die er aus seinen im 20-Se-
kunden-Abstand gemachten Fotos zusammengeschnitten
hat. Sie erinnern mich an die Daumenkinos aus meiner
Kindheit – wo auf einer Seite des Notizbuchs ein Männchen
gezeichnet wird, das sich über die nächsten Seiten immer
weiter vorbeugt, bis es schließlich ins Wasser eintaucht und
nichts als hochspritzende Tropfen hinterlässt. In Gordon
Bells Filmen gibt es vorbeirasende Straßen und Mahlzeiten,

die Stück um Stück schrumpfen. Alles passiert abgehackt und in schneller Abfolge. Aber sie dienen einzig und allein der Demonstration. Wie er sagt, fängt und lagert er sein gesamtes Leben ein, sieht es sich aber so gut wie nie an. Ein Arbeitskollege hat ihn gefragt, ob auf diese Art des Gedächtnisses die Bezeichnung WORN zutrifft – also *Written Once, Read Never* (Einmal geschrieben, niemals gelesen)? Das glaubt er nicht. Seiner Meinung nach wird das jemand in ganzer Länge anschauen.

Das Schöne an den Versuchen von Robert Shields und Gordon Bell ist, dass sie die große Einschränkung beim autobiographischen Gedächtnis eliminieren: seine Selektivität. Wobei das natürlich genau das Problem sein kann. Vielleicht haben wir eines Tages eine digitale Bibliothek unseres Lebens und die Möglichkeit, einen beliebigen Tag auszuwählen und anzusehen. Ich würde ein zufälliges Datum nehmen und mir die Bilder exakt dieses Tages über die Jahre ansehen, um zu verfolgen, wie sich die Welt verändert hat und wie ich mich verändert habe. Man könnte die besten Partys nacherleben, einen Tag bei der ersten Arbeitsstelle nachempfinden oder so tun, als sei ständig Weihnachten. Aber würde man das auch dann tun, wenn es auf Kosten neu erzeugter Erinnerungen geht oder auch nur von Filmen, deren Ende man noch nicht kennt? Wie viele Paare haben ihr Hochzeitsvideo öfter als ein oder zwei Mal angesehen? Wenn diese Technologie mit sich bringen würde, dass man sich an wirklich *alles* erinnert, könnte sich das immens auf unsere Zeitwahrnehmung auswirken, denn wie wir sehen werden, ist es die Linse des autobiographischen Gedächtnisses, durch die wir unser Gefühl für vergangene Zeit gewinnen. Weit mehr als wir glauben, sind wir auf diese Erinnerungen an Vergangenes angewiesen, um die Geschwindigkeit der Zeit zu bemessen, die hier bei uns in der Gegenwart vergeht.

Wenn die Zeit schneller wird

Die falsche Datierung von Prinzessin Dianas Tod oder des Mauerfalls in Berlin ist nur ein Aspekt des Phänomens, dass die Zeit immer schneller vergeht, je älter wir werden. Während eine Woche ohne Termine wie ein endloser Zeitraum vor einem liegt, wenn man elf ist und Sommerferien hat, ist eine Woche, die Sie sich als Erwachsener freinehmen, um endlich einmal die Wohnung zu renovieren, schon vorbei, wenn noch nicht einmal die Hälfte der Wände gestrichen ist. Jeder Mensch über 30 wird Ihnen bestätigen, dass die Zeit immer schneller vergeht und zeitliche Fixpunkte wie etwa Sonntagabend oder Weihnachten jede Woche und jedes Jahr immer früher da sind. Im Jahr 2001 kam es für viele wie ein Schock, dass die beiden zehnjährigen Jungen, die den zwei Jahre alten Jamie Bulger ermordet hatten, jetzt volljährig waren und man überlegte, wie ihr Leben weiter verlaufen sollte. Schockierend war weniger der Umstand, dass die Mörder auf freien Fuß kommen sollten, sondern dass sie jetzt tatsächlich erwachsen waren. Jamie Bulger bleibt aber auf ewig als zweijähriges Kind in die Zeit eingefroren, weshalb der Altersunterschied alles noch schlimmer macht. Das liegt teilweise an unserer Abscheu vor dem Verbrechen, erinnert uns aber auch daran, dass sich die Zeit – ob wir es wollen oder nicht – weiterbewegt hat.

Das Gefühl, dass die Zeit beim Älterwerden immer schneller vergeht, ist bei Erwachsenen recht verbreitet, wohingegen

Kinder damit gar nichts anfangen können. Ich weiß noch, wie sehr es mich als Kind geärgert hat, wenn irgendwelche Erwachsenen sagten, ich sei aber groß geworden. Das kam mir immer so dumm, weil selbstverständlich vor. Heute versuche ich, so etwas in Anwesenheit von Kindern nicht ebenfalls zu sagen, nur kann ich natürlich sehen, was für eine erschreckende Zeitanzeige ihr Wachstum ist. Besonders faszinierend finde ich, dass wir immer wieder über die zunehmende Beschleunigung der Zeit reden, uns aber trotzdem nie an sie gewöhnen.

Die erste Erklärung, die von den meisten gegeben wird, beruht auf simpler Mathematik. Mit 40 vergeht ein Jahr vom Gefühl her schneller, weil es nur ein vierzigstel deines Lebens ist, wohingegen es mit acht einen deutlich größeren Anteil ausmacht. Dies nennt man die »Proportionaltheorie«, und über die Jahre wurde sie von vielen Menschen vertreten, darunter auch dem Schriftsteller Vladimir Nabokov. Wie es aussieht, geht sie auf den französischen Philosophen Paul Janet zurück, der im 19. Jahrhundert schrieb: »Man denke an seine acht oder zehn letzten Schuljahre, und sie kommen einem vor wie ein Jahrhundert. Man vergleiche das mit den acht oder zehn letzten Jahren des Lebens: Sie dauern nicht länger als eine Stunde.«[59]

Mit Sicherheit kann das autobiographische Gedächtnis erklären, warum beim Älterwerden eine Zeitbeschleunigung eintritt, aber nicht unbedingt in der Form von Janets Proportionaltheorie. Tatsächlich schrieb bereits 1884 der Philosoph und Psychologe William James, diese Theorie einer Proportionalität stelle eher eine Beschreibung als eine Erklärung dar, und dem muss ich zustimmen. »Ein bestimmter Zeitraum wirkt zunehmend kürzer, je älter wir werden – also die

Tage, Monate und Jahre. Ob das mit den Stunden auch so ist, kann bezweifelt werden, wohingegen die Minuten und Sekunden offenbar immer gleich bleiben.« Das Problem an der Proportionaltheorie ist, dass sie nicht erklärt, warum wir die Zeit im gegenwärtigen Moment genau so wahrnehmen, wie wir es eben tun. Wir messen einen Tag nicht im Zusammenhang mit dem ganzen Leben. Wenn dem so wäre, würde für einen 40-Jährigen ein Tag blitzartig vorbeischießen, denn er beträgt nicht einmal den vierzehntausendsten Teil des bisherigen Lebens. Er müsste eigentlich flüchtig und irrelevant sein, aber wenn man nichts zu tun hat oder am Flughafen herumsitzen muss, kann sich ein Tag auch mit 40 endlos und langweilig anfühlen – und sogar noch viel länger als ein Tag, der in der Kindheit am Meer verbracht wurde und vollgepackt mit Abenteuern war. Wenn Sie das nicht überzeugt – und viele empfinden ja die Proportionaltheorie als intuitiv zutreffend –, denken Sie bitte an die vergangene Woche zurück. Als Erwachsener dürfte diese eine Woche im Hinblick auf ein ganzes Leben komplett vernachlässigbar sein, und doch empfinden Sie sie momentan als völlig präsent und bedeutend. Was in dieser letzten Woche passiert ist, spielt vielleicht in zehn Jahren keine Rolle mehr, wirkt sich aber auf die gegenwärtige Woche und vielleicht auch noch den kommenden Monat aus. Janets Theorie liefert eine gute Beschreibung, aber eben keine befriedigende Erklärung, denn beim Nachdenken darüber, wie schnell der letzte Monat oder auch das letzte Jahr vergangen ist, sehen wir das nicht im Zusammenhang mit unserem gesamten Leben. Aufmerksamkeit und Emotionen bleiben hier unberücksichtigt, und wie wir gesehen haben, nehmen beide großen Einfluss auf unsere Zeitwahrnehmung. Die Theorie kann all die Situationen nicht erklären, in denen sich die Zeit verzerrt. Erzwungenes Warten habe ich schon erwähnt, und dann gibt es noch die seltsame Wirkung, die ein Urlaub auf die Zeitwahrnehmung ausüben kann. Viele Menschen fühlen sich beim Heimkommen, als seien sie eine Ewigkeit weggewesen, nur würde man nach der Proportionaltheorie diese 14 Tage im Verhältnis zur Lebenszeit wahrnehmen, also als kurz und fast schon vernachlässigbar.

Wir sollten dankbar sein, dass die Proportionaltheorie so wenig schlüssig ist, denn ihre Konsequenzen wären wirklich deprimierend. Wenn sie zutreffen würde, hätte ein 20-Jähriger, der erwartungsgemäß die 80 erreicht, bereits die Hälfte seines subjektiven Lebens hinter sich. Diese Zahlen beruhen auf einer Formel, die Robert Lemlich im Jahr 1975 entwickelt hat.[60] Als er Leute unterschiedlichen Alters fragte, wie schnell die Zeit für sie verginge, entsprachen ihre Antworten seiner auf der Proportionaltheorie beruhenden Formel. Spätere Forschungen haben aber ergeben, dass das doch nicht ganz aufgeht. Gemäß der Theorie Lemlichs müsste ein 60-Jähriger sich fühlen, als würde die Zeit doppelt so schnell wie mit 15 vergehen, aber fragt man Menschen dieses Alters, wie sie das Verstreichen der Zeit im Vergleich zur eigenen Jugend empfinden, kommt es ihnen im Durchschnitt nur 1,58-mal schneller vor.[61]

Das Problem bei all dem haben Sie sicher schon erkannt: Alles basiert auf der subjektiven Wahrnehmung der Zeit, und das Subjektive ist stets nur schwer zu messen. Auch wenn jeder aus voller Überzeugung sagt, die Zeit würde beim Älterwerden immer schneller vergehen, ist der Nachweis dafür überraschend schwierig. Bittet man Leute, auf ihr Leben zurückzublicken, sagt so gut wie jeder, die Zeit verstreiche jetzt rascher als in der Jugend, nur beruht das auf ihrer Erinnerung daran, wie sich die Zeit damals angefühlt hat. Als ein heute 75-Jähriger noch 25 war, hat ihn niemand gefragt, wie schnell die Jahre vergehen, was für uns bedeutet, dass wir Menschen, die heute jung sind, mit den jetzt bereits Älteren vergleichen müssen. Vielleicht zeigt sich ja dadurch, dass mit den Jahren nicht die Wahrnehmung der Zeit anders geworden ist, sondern die Lebensgeschwindigkeit ganz generell zugenommen hat. Gegenwärtig meinen ältere *und* jüngere Erwachsene, die Zeit würde schnell vergehen. Bei einer niederländischen Studie fragte man 1500 Personen, mit welcher Geschwindigkeit für sie die vorige Woche, der vorige Monat und das vorige Jahr vergangen seien. Mehr als drei Viertel gaben »schnell« oder »sehr schnell« an, und zwar unabhängig vom Alter.[62] Vielleicht ist es ja so, dass das Leben langsam vorangeht, wenn man ein Kind ist und wenig Kontrolle darüber hat, und mit Erreichen des Erwachsenenalters für jeden an Fahrt aufnimmt. Es gibt aber eine Frage, mit der die Veränderung im Alter unterstrichen wird, und sie zielt auf die Geschwindigkeit des vorigen Jahrzehnts. Je älter eine Person ist, desto schneller scheint ihr das vorausgehende Jahrzehnt durch die Finger geglitten zu sein. Vielleicht werden also die Tage, Monate und Jahre tatsächlich nicht schneller, nur scheinen die Jahrzehnte ganz andere Eigenschaften zu besitzen.

Okay, die Proportionaltheorie ist weniger Erklärung als vielmehr Beschreibung, aber wie können wir verstehen, warum die Jahrzehnte immer schneller verstreichen? Über die Antwort darf gestritten werden, wobei die wichtigsten Theorien um das autobiographische Gedächtnis kreisen. Womit wir wieder bei der Liste vom Anfang des Kapitels wären.

Das Leben durchs Teleskop

Die meisten Leute sind eher unsicher, wenn sie Ereignisse der jüngeren Geschichte datieren müssen, legen dann aber eine ziemlich hohe Trefferquote an den Tag. Sehen Sie sich die Einträge an, die Sie falsch eingeordnet haben. Hier wird es interessant, denn Fehler können uns allerhand über die Funktionsweise des Gehirns erzählen. Dachten Sie, das Ereignis sei früher oder auch später gewesen als tatsächlich der Fall? Diese Datierungsfehler lassen Muster erkennen, mit denen wir näher an das Problem der Zeitbeschleunigung herankommen. Vermutlich haben Sie Ereignisse, die wie Dianas Tod oder die Nuklearkatastrophe in Tschernobyl mehr als zehn Jahre zurückliegen, immer wieder später datiert, als historisch richtig wäre. Diesen weit verbreiteten Fehler bezeichnet man als Vorwärts-Teleskopieren (Forward Telescoping). Es ist, als sei die Zeit komprimiert und die Dinge würden – genau wie beim Blick durchs Teleskop – näher liegen als in Wirklichkeit. Das Gegenteil davon heißt Rückwärts-Teleskopieren (Backward Telescoping oder Reverse Telescoping) oder auch Zeitdehnung. Hier denkt man, ein Ereignis läge *länger* zurück als tatsächlich der Fall. Bei weiter zurückliegenden Ereignissen kommt dieser Fehler selten vor, wobei er bei jüngeren durchaus häufig ist. Sie glauben, eine Freundin vor drei Wochen getroffen zu haben, dabei ist es erst 14 Tage her.

Vorwärts-Teleskopieren ist nur einer der Faktoren, die zum Gefühl der Zeitbeschleunigung beitragen können, und auf die Gründe dafür werde ich im Verlauf des Kapitels noch eingehen. Zunächst möchte ich aber das Phänomen des Teleskopierens genauer betrachten. Die einfachste, weil geradlinigste Erklärung dafür ist die »Klarheit der Erinnerung« genannte Hypothese, die der Psychologe Norman Bradburn 1987 aufgestellt hat. Hiernach wissen wir, dass Erinnerungen im Lauf der Zeit verblassen, und schließen anhand ihrer Klarheit auf ihre zeitliche Einordnung. Ist eine Erinnerung trübe, muss sie demgemäß weiter zurückliegen.

Bezüglich einer Datierung jüngerer Nachrichtenmeldungen denkt man vielleicht, dass sie einem umso leichter fällt, je mehr man über den Vorfall weiß. Nur ist dem nicht so. Als Susan Crawley und Linda Pring vom Goldsmith College an der University of London Menschen unterschiedlichen Alters eine Liste vorlegten, die der meinigen stark ähnelt, allerdings noch mehr Punkte umfasste, waren die Ereignisse, die von den britischen Testpersonen am leichtesten datiert werden konnten, und zwar sowohl das Jahr als auch den Monat betreffend, folgende: Margaret Thatcher wird Premierministerin, Margaret Thatcher tritt zurück, die Ermordung John Lennons, die Invasion der Falkland-Inseln, die Bombe im Brightoner Grand Hotel, der Tschernobyl-Unfall, die Ermordung des israelischen Premierministers Rabin, das Dunblane-Massaker, das Fährenunglück im Baltikum, die Flugzeugkatastrophe von Lockerbie und der Hurrikan an der englischen Südküste. Erstaunlicherweise spielte das Wissen, das die Personen von einem Ereignis hatten, bei ihrer Datiergenauigkeit *ausschließlich* dann eine Rolle, wenn es vor ihrer Geburt lag. Für Dinge, die während unserer Lebenszeit passieren, berufen wir uns hinsichtlich einer Datierung offenbar nicht so sehr auf Faktenwissen.[63] Vielmehr verlassen wir uns auf das Gedächtnis. Nur trifft das natürlich nicht zu, wenn wir von einer Sache so wenig wissen, dass wir noch nicht einmal von ihr gehört haben. Dann gehen wir davon aus, dass sie ziemlich lange zurückliegen muss, denn sonst würden wir uns ja daran erinnern. Die bei diesem Test verwendeten Ereignisse variieren je nach Durchführungsort. Auf der Liste mit Nachrichtenmeldungen, die bei einem Test in Neuseeland zum Einsatz kam, konnte ich nur mit zweien etwas anfangen. Leider, muss ich sagen, denn die Sache mit Shrek hätte mich schon interessiert – einem extrem wolligen Schaf, das mehrere Jahre nicht geschoren wurde und im Internet Karriere machte, nachdem man das bei einer Zählung in der Region Central Otago entdeckt hatte.

Das Ereignis, das die britischen Teilnehmer am schwersten einschätzen konnten, war die 1996 entführte Maschine der Ethiopian Airlines, die dann in den Indischen Ozean stürzte. Quer durch alle Altersgruppen wussten die Leute nicht, wann das gewesen sein sollte, und schlossen daraus, dass es wohl schon länger zurücklag. Angesichts der Dinge, die in diesem Jahr sonst noch passierten – etwa die Öffnung des Eurotunnels unter dem Ärmelkanal oder das baltische Fährenunglück –, muss ich mich wohl nicht dafür schämen, dass auch ich keinerlei Erinnerung an den Vorfall habe. Als ich dann aber nachlas, stieß ich auf eine Geschichte, die man definitiv nicht so leicht vergessen würde. Auf einem Flug von Addis Abeba nach Nairobi stürmten drei junge Männer das Cockpit und verkündeten über die Sprechanlage, sie seien gerade aus dem Gefängnis entlassen worden und wollten politisches Asyl, da sie daheim in Äthiopien aufgrund ihrer regierungskritischen Haltung gefährdet seien. Sie sagten, sie seien im Besitz einer Bombe (die sich dann später als Trinkflasche entpuppte) und hätten dieses Flugzeug gewählt, weil in der Zeitschrift der Fluglinie stand, man könne damit ohne

Auftank-Zwischenstopp bis nach Australien fliegen. Genau das war auch ihr Plan. Leider hatten sie nicht bedacht, dass es sich nur um einen sechsstündigen Flug mit geplanter Zwischenlandung handelte und der Tank deshalb nicht voll war. Die Piloten versuchten, den Entführern das klarzumachen, nur glaubten sie ihnen nicht und bestanden darauf, dass sie Kurs auf Australien nahmen. Die Piloten wussten, dass sie nicht weit kommen würden, und flogen an der Küste entlang, um mit aufgebrauchten Spritvorräten vielleicht auf dem Flughafen des Komoren-Archipels notlanden zu können. Die Entführung war außergewöhnlich, weil die Entführer zuließen, dass im Passagierraum vier Stunden lang alles seinen gewohnten Gang ging. Die Fluggäste wussten, dass die Entführer an Bord waren, und schmiedeten auch Pläne bezüglich ihrer Überwältigung nach der Landung, aber sie bekamen nichts von den Auseinandersetzungen im Cockpit mit. Sie nahmen weiterhin ihre Mahlzeiten ein, lasen und machten – angesichts der Umstände eher überraschend – auch ein Nickerchen.

Als sich das Flugzeug den Komoren näherte, ging, genau wie vom Pilot vorhergesagt, der Sprit aus. Er wusste, dass das seine einzige Chance war, die Maschine sicher zu landen, deshalb verringerte er die Flughöhe. Kaum hatten die Entführer das bemerkt, versuchten sie, sich der Geräte zu bemächtigen, weshalb der Pilot die Landebahn verfehlte und die Maschine ins flache Wasser vor der Küste der Insel setzte. Jeder kennt diese Schaubilder in den Sicherheitshinweisen, wo Flugzeuge auf der Wasseroberfläche schwimmen, während die Passagiere die Ruhe bewahren, ihre Highheels abstreifen und die Notrutsche hinuntergleiten, wo sie dann in ihre Trillerpfeifen pusten, um auf sich aufmerksam zu machen. Nur: Große Maschinen schwimmen nicht. Sie sinken. Und obwohl die Landung im flachen Wasser erfolgte, verlief sie für viele Passagiere tödlich. Das Flugzeug wurde auf der einen Seite von einem Korallenriff aufgeschlitzt und war damit offen. Taucher, die hier Ferien machten, eilten ebenso zu Hilfe wie die Einheimischen, aber dennoch kamen bei dem Unfall 123 der 175 Flugzeuginsassen ums Leben. Heute dient er als mahnendes Beispiel im Sicherheitstraining der Flugbesatzungen, denn viele der Passagiere, die den Aufprall überlebt hatten und es auch noch schafften, die Sicherheitsweste anzuziehen, machten dann den fatalen Fehler, diese aufzublasen, *bevor* sie die Kabine verlassen hatten – dadurch wurden sie nach oben an die Decke des Flugzeugs getrieben, das mittlerweile voller Wasser war, und ertranken.

Der Pilot Leul Abate überlebte dieses Martyrium und wurde für seine Tapferkeit ausgezeichnet. Einer, der sein Leben verlor, war der Kameramann und Fotojournalist Mohammed Amin – berühmt für seine Bilder, die er 1984 von der äthiopischen Hungerkatastrophe gemacht hatte. Zum Zeitpunkt der Entführung war er Herausgeber genau der Fluglinienzeitschrift, anhand derer sich die Entführer für ihre Fluchtmaschine entschieden hatten.

Wie gesagt, ist das eine wirklich außergewöhnliche Geschichte, und ich werde mich definitiv an sie erinnern, wenn sie irgendwann wieder zur Sprache kommt – genau wie Sie vermutlich. Aber weil Faktenwissen unser Datierungsvermögen nicht steigert, wenn es sich um Ereignisse innerhalb der Lebenszeit handelt, werden wir vielleicht trotzdem nicht sagen können, wie lange der Vorfall zurückliegt. Er ist für uns nicht mit einem speziellen Datum verbunden. Die Tatsache, dass sich so viele Menschen nicht an diese Entführung erinnern, weist auf eine der Schwierigkeiten hin, die es bei der Erforschung des autobiographischen Gedächtnisses und der Häufigkeit einer Teleskopierung der Zeit gibt. Man kann die Leute nicht auf ihr Erinnerungsvermögen testen, wenn sie von einem Ereignis wie der äthiopischen Flugzeugentführung noch nie gehört haben. Tests zum Kurzzeitgedächtnis sind leicht: Man nimmt eine Gruppe, gibt jedem die gleiche Liste mit Wörtern zum Auswendiglernen, testet unter diversen Gesichtspunkten und wertet alles im Hinblick auf Genauigkeit aus. Aber so universell Ereignisse, die über die Nachrichten verbreitet werden, auch zu sein scheinen – sie sind es nicht. Wenn du noch nie etwas von einem Vorfall wie der äthiopischen Entführung gehört hast, kannst du noch so ein phantastisches Gedächtnis haben, aber an das Datum erinnerst du dich trotzdem nicht. Alternativ kann man das autobiographische Gedächtnis testen, indem man persönliche Ereignisse abfragt, aber damit steht man vor neuen Problemen: nicht nur sind die Erinnerungen individuell unterschiedlich, man kann sie auch nur schwer verifizieren. Ich weiß noch, wie ich einmal mit meinem Großvater zu einer Flugschau gegangen bin, bei der ein Motorradfahrer über eine Reihe von Doppeldeckerbussen springen sollte. Das war der Höhepunkt des Tages, und zu Hunderten standen wir herum und sahen zu. Es war ein Ding der Unmöglichkeit. Würde er es trotzdem schaffen? Nein, er würde doch sicher eine Bruchlandung hinlegen! Er startete in großer Entfernung, raste die Rampe hinauf und hob ab. Als er durch die Luft flog, ging ein Ächzen durch die Menge, denn alle sahen, dass er es nicht schaffen würde. Er krachte auf die Busse, kippte dann zur Seite und landete unten auf der Wiese. Die Rettungskräfte eilten hin, aber es war zu spät. Man legte ihn auf eine Bahre und zog ihm eine orangefarbene Decke übers Gesicht. Ich erinnere mich noch genau daran. Mein Großvater wollte nicht, dass wir weiter zusahen, und ging mit uns zum Auto. Vielleicht war die Sache aber auch vollkommen anders. Meine Schwester sagt, es sei keine Flugschau, sondern eine Landwirtschaftssausstellung gewesen; wir gingen mit einem älteren Nachbarn und nicht mit unserem Großvater; und der Motorradfahrer war nicht tot, sondern nur verletzt. Meine Schwester ist vier Jahre älter als ich und hat vermutlich recht, nur zeigen unsere verschiedenen Versionen der Geschichte, wie schwierig es ist, sich dem autobiographischen Gedächtnis sowie der Rolle, die es bei der Zeitwahrnehmung spielt, annähern zu wollen. Wenn jede Erinnerung verifiziert werden muss, wie sollen wir dann herausfinden, wer gut darin ist und wer nicht?

Nimm zwei Stück pro Tag, und das fünf Jahre lang

Zur Vermeidung dieser Probleme haben Psychologen ihre Testpersonen gefragt, wo sie an einem bestimmten Tag waren, und diese Angaben dann anhand eines Tagebuchs oder irgendwelcher Verwandter überprüft. Eine Forscherin ging aber etwas ausgefallener vor und verwendete ein Verfahren, das vermutlich die Zustimmung von Gordon Bell finden würde. Im Jahr 1972 hatte Marigold Linton die Idee, dass jemand doch alles aufschreiben könnte, was ihr oder ihm so widerfuhr, egal wie belanglos das auch sei. Später würde man anhand dessen die Genauigkeit jeder biographischen Erinnerung und ihre zeitliche Einordnung überprüfen können. Bei ihrer Suche nach einem geeigneten Versuchskaninchen hielt Marigold Linton Ausschau nach einer zugänglichen, vertrauenswürdigen Person, die zudem noch bereit sein musste, an einer auf fünf Jahre angelegten, täglichen Einsatz erfordernden Studie teilzunehmen. Wie schon viele Forscher vor ihr kam sie zu dem Schluss, dass dafür nur eine Person infrage kam – sie selbst. Dabei stand ihre Gewissenhaftigkeit nie zur Diskussion: Sie entstammte den indigenen Völkern der Cahuilla und Cupeño und war die erste Person aus diesem Reservat, die zur Uni ging. Als sie das erste Mal ihr Semesterzeugnis aufschlug und nur Einser sah, war sie so überrascht, dass sie es bei der Verwaltung zurückgeben wollte, da es ja offensichtlich jemand anderem gehörte. Dennoch fand sie die Erforschung ihres eigenen Gedächtnisses viel schwerer als je erwartet.[64]

Sie gab ihrer Studie den Titel »Nimm zwei Stück pro Tag, und das fünf Jahre lang«, wobei er nur für den ersten Teil des Projekts zutraf. Tatsächlich saß sie nämlich zehn Jahre lang Abend für Abend in ihrer Wohnung in Salt Lake City, nahm eine frische, weiße Karteikarte von 14 auf 10 Zentimetern und tippte drei Zeilen, die ein am jeweiligen Tag vorgefallenes Ereignis beschrieben. Über jedes Erlebnis dachte sie kurz nach und bewertete es dann bezüglich seines Irritationspotenzials, seiner Emotionalität, seiner Datierbarkeit, der Wahrscheinlichkeit, dass sie mit anderen darüber sprechen würde, sowie der eventuellen Zugehörigkeit zu einer Reihe (etwa eine Vorlesung im Rahmen eines Zwölfer-Zyklus). Auf die Rückseite schrieb sie das jeweilige Datum, dann mischte sie die Karte unter die anderen dieses Monats. Am ersten Tag eines Monats führte sie immer einen Selbsttest durch, bei dem sie aus jedem Vormonat zwei zufällige Karten zog, dann zu erraten versuchte, welches Ereignis jeweils zuerst stattgefunden hatte und wann genau, und das alles mit der Stopp-uhr verfolgte. Damit wollte sie überprüfen, wie fit sie bei einem besonderen Aspekt der Zeitwahrnehmung war – der zeitlichen Einordnung von Ereignissen.

Der Ansatz von Marigold Linton – tägliches Festhalten von Ereignissen zur späteren Überprüfung – wurde auch mit größeren Gruppen verfolgt. Das Problem ist aber, dass dieser Test nie das gesamte autobiographische Gedächtnis erfassen kann, sondern immer nur die Vorfälle, die ein Teilnehmer auswählt. Das sind in der Regel solche, die am bemerkens-wertesten sind und dementsprechend auch am meisten im Gedächtnis haften. Die Auswahl der Erinnerungen gibt also vor, was später getestet werden kann. Vermutlich schreibt niemand auf, dass einem der Brief vor dem Einwerfen erst-mal zu Boden gefallen ist, aber weil dieses Ereignis nicht festgehalten wird, kann die Erinnerung daran auch nicht überprüft werden. Dennoch lässt sich an diesen Studien zu-mindest ansatzweise erkennen, welche Ereignisse wir uns merken, wie wir sie anordnen und wie diese autobiographi-schen Erinnerungen nach und nach ein Gefühl sowohl für die Zeit als auch für die eigene Lebensgeschichte entstehen lassen.

Linton steckte jede Karte gleich nach dem Test zurück in den Stapel, was die Wahrscheinlichkeit erhöhte, dass sie mehrmals gezogen wurde. Genau diese Ereignisse konnte sie dann am besten datieren; das beweist, dass je nachdem, wie häufig man über ein Ereignis redet oder nachdenkt, dieses auch besser erinnert und sogar datiert wird. Ein extremes Beispiel dafür sind die Ereignisse vom 11. September 2001, gern auch 9/11 genannt. Diesen Vorfall *kann* man gar nicht vergessen, denn nicht nur wird ständig darüber geredet, sondern er trägt das Datum auch noch im Namen. Bezüglich persönlicher Erinnerungen sollte man meinen, dass schlecht verlaufene Dinge besser im Gedächtnis bleiben, doch bei Linton stellte sich das genaue Gegenteil ein. Auch hier spielt vermutlich das mentale Training eine Rolle. Vielleicht grämen wir uns eine Zeitlang darüber, dass wir uns vor einem Raum voller Menschen zum Affen gemacht haben, aber die Fotos von diesem Tag betrachten wir trotzdem nicht in der gleichen Weise wie die von unserem achtzehnten Geburtstag (wobei sich das über die zunehmenden Momente, die – gut wie schlecht – in den sozialen Medien festgehalten werden, möglicherweise noch ändert).

Dieses Phänomen nennt man »Fading Effect Bias« (Ausbleicheffekt) – die letztendlich kontra-intuitive Vorstellung, das Negative würde mit der Zeit seinen Stachel der Erinnerung verlieren, während das Positive das freudige Moment beibehält. Mehr theoretisch formuliert, heißt das: Die Beschäftigung mit einem vergangenen Ereignis nimmt Einfluss auf die Erinnerung daran, und zwar je nachdem, ob es positiv oder negativ war. Wenn man also über die »gute alte Zeit« redet, erweckt man nicht nur die Erinnerung daran, sondern auch die damit verbundenen Glücksgefühle, wohingegen unangenehme Momente – abgesehen vielleicht von extrem schlimmen Dingen wie einer posttraumatischen Belastungsstörung – ihre Wirkung verlieren, je mehr wir darüber reden. Auf die Art können wir sie bewältigen und weitermachen.[65] Bei Erfolgserlebnissen denken wir sogar, sie hätten später stattgefunden, als es tatsächlich der Fall war, wohingegen peinliche Momente weiter in die Vergangenheit verschoben werden – als ob die Zeit sich verzerren würde, um unser Selbstwertgefühl zu schützen.[66]

Bei Versuchen mit Tagebüchern hat der Psychologe John Skowronski Studenten beauftragt, täglich ein Ereignis festzuhalten, das voraussichtlich nur einmal pro Semester eintritt. Er fand die Resultate faszinierend und gestand, mit das Schönste an seiner Tätigkeit sei die Offenheit, mit der seine Testpersonen ihre anonymen Angaben machten, und das trotz Aufforderung zur Diskretion. Zwei Monate später wurden jedem Teilnehmer zwei seiner Ereignisse vorgelegt, die in zeitliche Reihenfolge gebracht, dem jeweiligen Wochentag zugeordnet und exakt datiert werden mussten. Die Frauen schnitten insgesamt besser ab, irrten sich aber öfter im Datum. Das gute Abschneiden wird von verschiedenen Seiten damit begründet, dass in der Familie ja schließlich die Frauen für die Kalenderführung zuständig seien, nur haben wir es hier mit jungen Studentinnen zu tun, weshalb ich da eher vorsichtig wäre. Gut möglich, dass sie schon öfters Veranstaltungen initiiert oder organisiert haben und deshalb die zeitliche Einordnung besser hinbekamen. Wenig überraschend war, dass länger zurückliegende Ereignisse auch schlechter datiert wurden – mit jeder vergangenen Woche lagen die Testpersonen einen Tag mehr daneben. Generell wurde der jeweilige Wochentag besser erinnert als das Datum: Man wusste also, dass es ein Dienstag gewesen war, aber welcher genau, war weniger präsent. Die Wochenenden waren abgegrenzt und klar definiert, deshalb meinten die Teilnehmer eher, ein Ereignis hätte am Montag oder Dienstag stattgefunden, als dass sie Sonntag oder Montag angegeben hätten.[67]

Es sieht so aus, als sei die zeitliche Einordnung von Ereignissen nicht die oberste Priorität unseres Gedächtnisses. Nachdem der niederländische Psychologe Willem Wagenaar sechs Jahre lang tagtäglich Aufzeichnungen gemacht hatte, stellte er fest, dass das Was, das Wer und das Wo eines Ereignisses gut erinnert wurde, das *Wann* hingegen nicht.[68] Mich interessiert an solchen Studien, dass wir hier mehr über das Phänomen des Telekopierens erfahren können – wenn man denkt, ein Ereignis habe später stattgefunden, als es tatsächlich der Fall war – und dabei womöglich erkennen, ob es zum altersbedingt immer schnelleren Vergehen der Zeit beiträgt.

Wie sich bei diesen Studien zeigt, kommt Teleskopieren auch bei persönlichen Erinnerungen vor, genau wie beim Abrufen von Nachrichtenmeldungen. Dabei spielt es auch keine Rolle, ob das Ereignis schön oder eher unangenehm war, und wie Skowronski auch hier feststellte, wird ein Ereignis, an das wir uns nur schlecht erinnern, deutlich früher angesiedelt, als es tatsächlich stattgefunden hat. Auf den ersten Blick wirkt das total schlüssig und passt auch wunderbar zur oben erwähnten »Klarheit der Erinnerung«-Hypothese. Wir wissen, dass Erinnerungen verblassen, deshalb scheint es vollkommen sinnvoll, ein Ereignis bei schlechter Erinnerung daran als weiter zurückliegend zu empfinden. Diese Erklärungen, hin und wieder auch als »Spurenstärke«-Theorien (für engl. »trace strength«) bezeichnet, reichen zurück bis ins 19. Jahrhundert. Je stärker ausgeprägt die Spur einer Erinnerung ist, desto näher muss das entsprechende Ereignis anzusiedeln sein. Aber leider ist diese Theorie nicht wasserdicht. Es stimmt zwar, dass wir länger zurückliegende Ereignisse oft ganz ungenau datieren, aber wenn es sich dabei um persönliche, gedanklich präsente Erlebnisse handelt, haben wir problemlos auch das richtige Datum parat, speziell dann, wenn es innerhalb der letzten vier Monate liegt.

Trotzdem liegen wir bei so manchem Datum daneben, was durchaus Folgen haben kann – und nicht nur beim Quiz im Pub. Das Phänomen hat durchaus auch Auswirkungen auf das öffentliche Leben. Umfragen, bei denen es immer wieder um konkrete Ereignisse geht, werden für alles Mögliche herangezogen – ob für Maßnahmen gegen unsoziales Verhalten oder die Höhe von Versicherungsprämien. Ein Interviewer gibt bei seinem Anruf standardmäßig einen Zeitrahmen für zu besprechende Dinge vor. Wenn er Ihre Nutzung der örtlichen Freizeiteinrichtungen abfragen will, ist es völlig unerheblich, ob Sie im Jahr 1999 mal im Schwimmbad waren – es geht um Ihr Verhalten in den vergangenen zwölf Monaten. Dadurch wird sichergestellt, dass die Erkenntnisse auf dem neuesten Stand sind. Wenn die Stadtverwaltung überprüfen möchte, wie sich eine verstärkte Polizeipräsenz in Ihrer Gegend bemerkbar macht, müssen Sie sich nicht an einen bedrohlichen Vorfall vor fünf Jahren erinnern. Auch hier geht es nur um das letzte Jahr. Das Problem ist, dass man die Dinge oft falsch versteht. Als ich einmal an einer örtlichen Umfrage zur Kriminalität teilnahm, wollte ich schon erzählen, dass mich zwei zehnjährige Schulbuben auf ihrem Heimweg mit einer Plastikpistole bedroht und gesagt haben: »Wir schießen dir gleich in den Arsch!« (Das habe ich nicht erfunden – Sie verstehen also hoffentlich, warum ich es loswerden wollte.) Erst dann fiel mir ein, dass das mindestens zwei Jahre länger her war als ursprünglich gedacht. Aber unsere Neigung, besondere Ereignisse nach vorne zu teleskopieren, hätte beinahe zur Folge gehabt, dass von mir ohne jede böse Absicht eine falsche Angabe gekommen wäre. Wenn das jedem so ginge, hätten wir Kriminalitätsraten, die weit über den tatsächlichen Werten liegen.

Ähnliches kann auch bei Versicherungen passieren. Man fragt uns nach etwaigen Autounfällen in den vergangenen drei Jahren. Wir unterschreiben sogar, alles der Wahrheit gemäß beantwortet zu haben, aber weil Datierungen schwierig sind, haben wir das vielleicht trotz unserer guten Absicht nicht getan. Bei Autounfällen handelt es sich um Ereignisse, die sowohl außergewöhnlich als auch beängstigend sind, weshalb man glauben könnte, sie blieben einem im Gedächtnis kleben. Aber da wir mittlerweile wissen, dass negative Erinnerungen mit der Zeit ihre Wirkung verlieren, sollte uns jetzt nicht überraschen, dass die Leute ihre Autounfälle oft komplett vergessen. Beim Vergleich von tatsächlich erfassten Daten und den Erinnerungen von Kfz-Haltern kam eine Studie zu dem Schluss, dass volle 25 Prozent der Autounfälle einfach vergessen wurden.[69] Addieren Sie das zur Auswirkung des Teleskopierens, dann hat so manche Umfrage falsche Ergebnisse – die dann Einfluss auf die herrschenden Standards nehmen. Die medizinische Versorgung orientiert sich beispielsweise nicht allein an tatsächlich erfolgten Arztbesuchen, sondern auch an dem, was Leute für die vergangenen drei Jahre an Konsultationen angeben. Wenn jeder versehentlich ein paar Visiten mehr aufschreibt, kann das die Statistik ganz schön verzerren. Als an der University of Alberta 200 Studenten gefragt wurden, wie oft sie in den vergangenen zwei Monaten einen Arzt aufgesucht hätten, gab der Großteil auch länger zurückliegende Konsultationen an.[70] Und ein Grund (es gibt natürlich noch andere) für unsere meist unregelmäßigen und viel zu lange aufgeschobenen Termine beim Zahnarzt ist der Umstand, dass sich jeder Besuch anfühlt, als sei er gerade eben erst gewesen.

Der Chef-Zahnarzt bei der Winterolympiade des Jahres 2010 in Kanada, Dr. Chris Zed, hat mir erzählt, Olympioniken hätten dafür, dass sie sich als Spitzensportler extrem um ihren Körper kümmern, dann doch erstaunlich schlechte Zähne. In erster Linie sollten sich die 75 anwesenden Zahnärzte natürlich um etwaige Unfälle kümmern – wer beim Ski-Freestyle den zweiten Steilhang verbockte, brach sich womöglich den Kiefer und war auf einen Zahnarzt angewiesen –, aber sie waren auch da, um die Gelegenheit zu nutzen und den Athleten in den Mund zu schauen. Ihr ständiges Herumreisen macht Kontrolluntersuchungen so gut wie unmöglich, und weil sie an Schmerzen gewöhnt sind, trainieren sie auch dann mit irgendwelchen Abszessen weiter, wenn unsereiner längst heulend in der Ecke liegen würde. Damals hätte es keinen der 75 Zahnärzte gewundert, wenn er den einen oder anderen Wettkämpfer erst bei der Winterolympiade in Russland wiedergesehen hätte – im Jahr 2014. Sicherlich kümmern sich die Ski- und Eislaufprofis um Kontrolltermine, aber sie haben einfach viel um die Ohren und die Zeit rast wie im Flug. Im Jahr 2014 saßen sie dann vermutlich wieder auf dem Zahnarztsessel und stellten verblüfft fest, dass ihre letzte Kontrolle 2010 in Vancouver stattgefunden hatte und seitdem geschlagene vier Jahre vergangen waren. Und erst da dürfte ihnen anhand des Zeitmarkers »Olympiade« aufgefallen sein, wie lange die letzte Vorsorgeuntersuchung schon her war. Wobei genau diese Zeitmarker helfen können, das Problem verzerrter Umfrageergebnisse zu lösen.

✿ Denken Sie an die vergangenen zwei Monate und zählen Sie zusammen, mit wie vielen Freundinnen oder Freunden Sie einen Abend verbracht haben.

Aller Wahrscheinlichkeit nach rechnen Sie hier auch Freunde mit ein, die Sie dem Gefühl nach erst vor kurzem, in Wirklichkeit aber schon vor mehreren Monaten getroffen haben. Das passiert leicht. Nur lässt es sich ebenso leicht vermeiden: Man verbessert nicht nur die Genauigkeit von Umfragen, sondern auch die eigene Zeiteinschätzung, wenn in Fragestellungen ein Markstein oder Orientierungspunkt eingebaut wird. Anstatt also zu sagen: »Wie oft waren Sie im vergangenen Jahr beim Arzt?«, fragen Sie besser: »Wie oft waren Sie seit Neujahr beim Arzt?« Der Marker, in diesem Fall der Jahresbeginn, versorgt die Menschen mit einem sicheren Anker innerhalb der Zeit, weshalb sie leichter ausrechnen können, was vorher oder eben nachher war. Bei der bloßen Erinnerung an Ereignisse ist unser kognitiver Aufwand gering, aber wenn nach einem konkreten Datum gefragt wird, setzen wir gezwungenermaßen eine Erinnerung mit anderen Marksteinen in Beziehung und erhalten so ein präziseres Ergebnis.

Der Vergangenheit den Zeitstempel aufdrücken

Bob Petrella ist ein US-amerikanischer Fernsehproduzent mittleren Alters und kann sich an alles erinnern. Er hat nicht nur jedes Gespräch seines Lebens gespeichert, sondern auch jeden Ort, den er besucht hat. Als er einmal sein Mobiltelefon verlor, hatte er keine schlaflosen Nächte wegen verschwundener Kontaktdaten und Nummern: Er weiß sie nämlich durch die Bank auswendig. Das liegt daran, dass er einer von nur 20 Menschen weltweit ist, bei denen die erst unlängst entdeckte »Störung« Hyperthymesie diagnostiziert wurde, auch genannt »Superior Autobiographical Memory« – Absolutes autobiographisches Gedächtnis. Per Zufall wurde dieses Phänomen von dem amerikanischen Neurowissenschaftler

James McGaugh entdeckt, der sich seit dem Beginn seiner Laufbahn mit der Erforschung des Gedächtnisses beschäftigt hat. Im Jahr 2000 kontaktierte ihn eine Frau, die über ihr Problem reden wollte. An so etwas längst gewöhnt, erklärte er geduldig, sein Institut an der University of California Irvine würde zwar Gedächtnisprobleme erforschen, diese aber nicht behandeln. Nur war ihr Problem nicht mangelndes Gedächtnis, denn wie sie trotzdem erzählte, würde sie im Gegenteil einfach nichts vergessen. Das interessierte ihn, also stimmte er einem Treffen zu und stellte fest, dass sie die Wahrheit sagte. Sie erinnerte sich einfach an alles. Seither stieß man auf 19 weitere Personen mit dieser Fähigkeit, darunter auch Bob Petrella. Vergessen Sie Listen mit einschneidenden Ereignissen, wie oben von mir gegeben. Er kann das auch andersherum. Nennen Sie Bob einfach ein beliebiges Datum, und er sagt Ihnen, was an diesem Tag passiert ist. In der Schule waren Arbeiten für ihn ein Klacks, und er konnte überhaupt nicht nachvollziehen, warum die Mitschüler so ein Gewese ums Lernen machten. Er schien einfach alles zu wissen, außer vielleicht, dass sein Gehirn ziemlich ungewöhnlich arbeitete. James McGaugh untersucht nun das Gehirn und die genetische Anlage von Bob und den anderen 19 Personen, um herauszufinden, wie sie das machen. Er konnte bereits Unterschiede in der grauen wie auch weißen Substanz feststellen und hofft, anhand der außerordentlichen Fähigkeit dieser Menschen die Gedächtnisprozesse generell besser verstehen zu können, was wiederum für Leute mit Gedächtnis*problemen* hilfreich wäre.

Bob erinnert sich an das Datum jedes einzelnen Fußballspiels, das er je gesehen hat. Er ist gut darin, Daten *exakt* angeben zu können. Wir Normalsterblichen liegen meist daneben und haben eine Trefferquote von gerade mal 10 Prozent. Manchmal gelingt uns das exakte Datieren durch Rekonstruktion, indem wir andere Erinnerungen aus dem betreffenden Monat oder Jahr hinzuziehen. Gelegentlich *wissen* wir ein Datum aber auch, ohne dafür groß im Gedächtnis kramen zu müssen. Rätselhaft bleibt aber, wie wir das hinbekommen. Eine der dahingehenden Theorien besagt, dass wir bei einer solchen Gelegenheit eine Erinnerung produzieren, an die eine Art »Zeit-Etikett« geheftet wird. Dieser Zeitstempel sagt uns, wann das Ereignis stattgefunden hat, und könnte eine sporadische Richtigkeit erklären. Unerklärlich bleibt aber, warum die restlichen 90 Prozent der Erinnerungen ohne diesen Zeitstempel bleiben.

Hätte ich Sie gebeten, die Nachrichtenmeldungen am Beginn des Kapitels in eine chronologische Reihenfolge zu bringen, anstatt sie mit Jahren und Monaten zu versehen, dann wäre Ihnen die Aufgabe vermutlich leichter gefallen. Menschen mit einem Schaden in dem Teil des Gehirns, der für die Verarbeitung neuer Tatsachen zuständig ist, haben hingegen allergrößte Schwierigkeiten bei der Anordnung vergangener Ereignisse. Wir sehen also erneut, wie wichtig das Gedächtnis für die Zeitwahrnehmung ist. Der Neurowissenschaftler Antonio Damasio hat herausgefunden, dass Menschen mit Gedächtnisschwund auch diese Zeit-Etiketten verlieren und nicht mehr sagen können, welches Ereignis in welchem Jahrzehnt stattgefunden hat. Dieses Defizit stellt ein echtes Problem dar, denn wenn wir Erinnerungen nicht mehr erzeugen und abspeichern können, verlieren wir auch das Bewusstsein für die Chronologie unseres Lebens und damit gleichzeitig den Ort, an dem wir uns in der Welt befinden. Als Damasio gesunde Menschen aufforderte, persönliche und allgemeine Ereignisse der Vergangenheit auf einer Zeitleiste zu plazieren, lagen sie im Durchschnitt zwei Jahre daneben. Menschen mit Gedächtnisschwund, der auf einer Beschädigung des basalen Vorderhirns beruht, wichen bei der gleichen Aufgabe hingegen über fünf Jahre vom richtigen Ergebnis ab. Interessanterweise konnten Menschen, deren Gedächtnisschwund auf der Beschädigung einer anderen Hirnregion beruht, nämlich des Frontallappens, weniger gut die Ereignisse als solche abrufen, dafür aber nach wie vor Zeitstempel anbringen. Offenbar beruhen also die Details einer Erinnerung und das Anheften eines Zeitstempels auf unterschiedlichen Prozessen. Das passt gut zu dem, was Damasio bei seinen Patienten beobachten konnte: Die mit einem Schaden im basalen Vorderhirn können zwar durchaus neue Fakten lernen, bringen sie aber leicht in eine falsche Reihenfolge.

Wenn Sie darüber nachdenken, wann ein bestimmtes Ereignis stattgefunden hat, gelingt Ihnen vielleicht die Erinnerung an einen der Zeitrahmen – aber sonst an keinen anderen. Beispielsweise erinnern Sie sich genau an das betreffende Jahr, nicht aber daran, dass es ein Samstag war. Die Zeit besitzt nicht dieselbe lineare Hierarchie, wie man sie bei anderen Erinnerungen findet. Bei Gesichtern ist es etwa so, dass Ihnen beim Anblick eines Schauspielers vielleicht der Name nicht einfällt, Sie aber trotzdem genau wissen, was sein Beruf ist. Das liegt daran, dass der Beruf im Gedächtnis auf einer höheren Ebene angesiedelt ist. Niemand sagt etwa: »Das hier ist Ethan Hawke, aber ich habe vergessen, was er von Beruf ist«, sondern genau andersherum: »Das ist dieser Schauspieler, nur fällt mir nicht ein, wie er heißt«. Bei der Zeit ist das anders. Denken Sie mal an den Tod von Prinzessin Diana. Genau wie die Ermordung John F. Kennedys ist er zu einer Art Blitzlicht-Moment geworden, bei dem jeder von uns genau sagen kann, was sie oder er zum Zeitpunkt der Meldung getan hat. Man erinnert sich vielleicht nicht mehr an das genaue Datum, aber doch an den Wochentag. Diana kam in der Nacht von Samstag auf Sonntag ums Leben, deshalb erfuhren die meisten erst Sonntag früh davon – und da Sonntage sich für viele Menschen von anderen Wochentagen unterscheiden, bleiben sie auch besser im Gedächtnis. Wäre der Unfall unter der Woche passiert, hätte man sich den entsprechenden Tag bei weitem nicht so gut eingeprägt. Die Erinnerung an Nachrichten ist auch dann besser, wenn sie an einem Tag mit persönlicher Bedeutung erfolgen. Sobald sich also das Persönliche mit dem Öffentlichen kreuzt, vergessen Sie ein Ereignis nicht. Wenn Michael Jackson an Ihrem dreißigsten Geburtstag gestorben wäre und die Partygäste darüber gesprochen und sich pausenlos Lieder von ihm gewünscht hätten, würden Sie seinen Todestag bis an Ihr Lebensende im Gedächtnis behalten.

Zusammenzufassend gesagt, erinnern wir uns am ehesten an das Datum eines Ereignisses, wenn dieses außergewöhnlich und intensiv war, uns persönlich berührt hat und außerdem etwas ist, mit dem wir uns wiederholt beschäftigt haben.

Alles hat gewackelt

Am Vormittag des 31. Januar 1986, es war ein Freitag, ging eine Frau in Mentor, Ohio, durchs Einkaufszentrum. Um 11.48 Uhr überlegte sie sich, was sie denn brauchte. Alles schien ganz normal zu sein. Aber eine Minute später war nichts mehr normal. Die Waren fielen aus den Regalen, die Kleiderstangen fingen an zu schwanken und das ganze Gebäude schien irgendwie zu wackeln. Sie konnte nicht verstehen, was da los war. Die anderen Leute rannten zum nächsten Ausgang, und gerade, als sie selbst loslaufen wollte, wurde sie von irgendetwas am Kopf getroffen. Sie fasste sich ans Gesicht und spürte Blut, und als sie dann die Deckenfliese erblickte, die ihr an den Kopf geknallt war, wusste sie, was hier vor sich ging – ein Erdbeben.

Schnell entstanden Gerüchte: es gab Tote; Häuser waren eingestürzt. Tatsächlich kam niemand ums Leben, auch ging kein einziges Gebäude kaputt. Das Erdbeben war relativ leicht – mit einer Stärke von 4,96 auf der Richter-Skala. Rund 15 Menschen mussten sich wegen Angstzuständen oder Unterkühlung behandeln lassen, ein kleines Mädchen wurde von Glassplittern verletzt und musste genäht werden, und auch das Blut, das aus der Kopfwunde unserer Mall-Besucherin drang, konnte von den Notärzten schnell gestillt werden. Auch wenn es also kein schlimmes Erdbeben war, erhielt dieser Tag dennoch für Tausende Menschen eine Art Ausnahmecharakter. Dazu gehörten ein paar Dutzend, die bei der örtlichen Geologischen Vereinigung anriefen; ein paar Hundert, die aus dem nahegelegenen Atomkraftwerk evakuiert wurden; eine ganz Reihe, die im Wasser der örtlichen Quelle Verfärbungen feststellten; oder auch Betty, die Schulbusfahrerin, die der Lokalzeitung *The Spokesman* erzählte, sie hätte schon Tornados und Flutkatastrophen erlebt, *so etwas* aber noch nie gesehen; oder der Bürgermeister des Städtchens Sharon, dem die Mitarbeiter davonliefen, als sich in der Bürowand ein Riss von über einem Meter bildete.

Seit langer Zeit beschäftigen sich Psychologen mit außergewöhnlichen Situationen, die zu Versuchszwecken niemals künstlich gestaltet werden könnten. Es gab etwa den Experten für visuelle Wahrnehmung, Richard Gregory, der im Jahr 1958 die Zeitung las und erfuhr, dass einem Mann, der 50 Jahre lang blind war, durch einen chirurgischen Eingriff das Augenlicht geschenkt wurde. Hier konnte herrlich untersucht werden, ob das Sehvermögen einen automatisch alles erkennen und als Welt wahrnehmen lässt, oder ob das Gehirn über Jahre lernen muss, die Eindrücke von außen in einen sinnvollen Zusammenhang zu bringen. Gregory packte alles, was er für seine Tests brauchte, ins Auto und fuhr direkt zu dem Krankenhaus, in dem der als S. B. bekannt gewordene Mann lag. Die daraus resultierende Studie wurde weltberühmt (Antwort: Für ein volles Sehvermögen müssen wir in der Tat erst *lernen*, wie man sieht). In jüngerer Zeit war es Barbara Frederickson, die ein paar Monate vor 9/11 Studenten auf ihre psychologische Resilienz getestet hatte. Sie befand sich in der einzigartigen Lage, untersuchen zu können, wie ein Schockerlebnis den Grad des Optimismus beeinflusst und wie das mit dem zugrundeliegenden Grad der Resilienz zusammenhängt (überraschende Antwort: Diejenigen mit der meisten Resilienz waren nach dem 11. September *noch* optimistischer als vorher).[71]

Ein Psychologe namens William Friedman erkannte das Potenzial des Erdbebens von Mentor, Ohio, für die Erforschung der Zeitwahrnehmung. Wie bereits erwähnt, ist das Problem beim Abfragen von Nachrichtenmeldungen – wie etwa der von der äthiopischen Flugzeugentführung –, dass nicht jede Testperson davon gehört haben muss, und wenn doch, dann vielleicht erst Stunden, Tage oder Monate später. Bei dem Erdbeben wusste aber jeder sofort, was Sache war.

Neun Monate nach dem Erdbeben schickte William Friedman an jeden Mitarbeiter des nahegelegenen Oberlin College einen Fragebogen, in dem Uhrzeit, Datum, Wochentag, Monat und Jahr des Bebens genannt werden sollten. Die meisten Leute konnten die Uhrzeit bis auf eine Stunde genau angeben, den Wochentag wusste aber so gut wie keiner.[72] Erneut lässt sich erkennen, dass wir Vergangenes über Informationsfragmente rekonstruieren, die unter der Woche fehlen. Friedman stellte fest, dass schon vierjährige Kinder die genaue Tageszeit eines Ereignisses angeben können, aber erst ab etwa sechs begreifen sie das abstraktere Konzept der Monate und nehmen es als sinnvoll wahr. Gelegentlich nutzen wir die indirekten Elemente einer Situation, um auf das Datum zu kommen – wie war das Wetter; war es schon/noch dunkel? Oder wir verknüpfen es mit etwas, das als fixer Zeitpunkt bereits fest verankert ist – war es vielleicht um Weihnachten herum? Das Jahr des Falkland-Krieges könnte man dementsprechend abrufen, indem man sich daran erinnert, dass Margaret Thatcher an der Macht war oder Sie noch in die Schule oder bereits zur Uni gingen. Die Wissenschaftler Alex Fradera und Jamie Ward – genau der Jamie Ward, der auch zur Synästhesie arbeitet – fanden Folgendes heraus: Leute, die eine Zeitleiste mit ihren persönlichen Erlebnissen erstellen und diese noch um Nachrichtenmeldungen ergänzen sollten, schnitten bei der Aufgabe besser ab, als wenn sie die jeweiligen Daten ohne Bezug zur eigenen Biografie errieten, und zwar unabhängig davon, ob sie eine Meldung beeindruckend fanden oder nicht. Dies ist eine Strategie, die man bei zeitlicher Einordnung von Ereignissen nach Belieben anwenden kann – denken Sie einfach an so viele Details Ihres damaligen Lebens wie irgend möglich.

Es gibt noch andere Techniken, mit denen man Ereignisse datieren und das Ausmaß des Teleskopierens reduzieren kann, und ich werde im Kapitel 6 auf sie zurückkommen. Eine sei aber gleich genannt. Als der Psychologe John Groeger seine Testpersonen bat, sich an sämtliche Autounfälle ihres Lebens zu erinnern, wurden mehr genannt, wenn sie von der Vergangenheit her Richtung Gegenwart arbeiteten (und eben nicht andersherum). Die berühmte Psychologin und False-Memory-Expertin Elisabeth Loftus fand heraus, dass man die Treffgenauigkeit sogar noch steigern kann, wenn man zuerst nach Ereignissen innerhalb eines größeren Zeitraums fragt und diesen dann immer weiter einengt. Wenn Sie also wissen wollen, wie oft Sie in den letzten sechs Monaten beim Arzt waren, denken Sie an einen persönlichen Orientierungspunkt vor etwa einem Jahr, arbeiten sich von da zur Gegenwart vor und beantworten dann die Frage, wobei Sie sich natürlich nur auf die letzten sechs Monate konzentrieren.

Eintausend Tage

Für die Erinnerung und Einordnung von persönlichen Erlebnissen sind zwei Monate der Zeitraum, den Sie sich merken müssen. Man begegnet ihm in allen möglichen Studien. Wenn etwas vor über zwei Monaten passiert ist, hat es vermutlich *noch* früher stattgefunden, als von Ihnen geglaubt. Ist es also Ihrer Schätzung nach sechs Monate her, addieren Sie einen dazu, dann liegen Sie vermutlich näher dran. Denken Sie, es war vor acht Jahren, handelt es sich wahrscheinlich um neun.

Die Datierung öffentlicher Ereignisse fällt uns schwerer, und es kann gut sein, dass sie im Gehirn anders verarbeitet und gespeichert werden. Es gibt einen Umkehrpunkt, der in der Forschung immer wieder auftaucht – 1000 Tage, also rund drei Jahre. Drei Jahre sind ein Zeitrahmen, mit dem wir extrem gut umgehen können. Als Chuck Berry mir die Geschichte seines Gliding-Unfalls erzählte, meinte er, das sei vor drei Jahren passiert, ohne jedoch ganz sicher zu sein. Ich suchte nach einer Meldung des Unfalls, um das Datum zu überprüfen. Es lag zwei Wochen vor den vollen drei Jahren. Er hatte recht gehabt. Wir haben es hier natürlich mit Durchschnittswerten zu tun – nicht jeder Einzelfall ist betroffen –, aber wenn Sie sich eine aktualisierte Liste mit Nachrichtenmeldungen ansehen, haben Sie vermutlich genau die richtig eingeordnet, die vor drei Jahren passiert sind. Wenn Sie denken, ein Ereignis sei länger als drei Jahre her, addieren Sie etwas hinzu (je länger zurück, desto mehr). Aber wenn Sie meinen, es seien noch keine drei Jahre vergangen (aber doch mehr als nur drei Monate), dann wird die Zeit vermutlich *unter*schätzt – durch rückwärtiges Teleskopieren. Auf diesen merkwürdigen Umstand werde ich im Kapitel 6 zurückkommen.

All das erklärt uns also, wie wir Ereignisse zeitlich einordnen und wie wir ein Datum besser erraten können. Aber was ist mit der umfassenderen Frage, auf die wir eine Antwort suchen – warum die Zeit schneller vergeht, je älter wir werden? Kann das Phänomen des Teleskopierens unser Gefühl, die Zeit sei verzerrt, wirklich zufriedenstellend erklären? Zunächst gibt es den mathematischen Aspekt. In vielen Studien zum Teleskopieren fallen die Daten, zu denen die Testpersonen Angaben machen sollen, in einen festgelegten Zeitraum, etwa die letzten sechs Jahre. Von der Mathematik her ist es unvermeidlich, dass die Fehler, die hier entstehen, mehr zur Mitte dieses Zeitrahmens neigen. Die Leute wissen, dass sie höchstens sechs Jahre zurückgehen können, und werden dadurch quasi gezwungen, jüngere Zeitpunkte anzugeben. Das könnte mit ein Grund für das offensichtliche Teleskopieren sein.

Auch das Alter spielt eine Rolle. In Susan Crawleys und Linda Prings berühmter Studie »When did Mrs. Thatcher resign?«, die dieses Kapitel eröffnet hat, bekamen Menschen aus drei verschiedenen Altersgruppen die Ereignisliste vorgelegt. Den 18- bis 21-Jährigen wurden die länger zurückliegenden Punkte erlassen, aber besser noch als die Gruppe der über 60-Jährigen schnitten tatsächlich die zwischen 35 und 50 ab. Ihre Fehler beruhten auf genau dem Vorwärts-Teleskopieren, das man bei einer altersbedingt schneller vergehenden Zeit auch erwarten würde. Die Leute über 60 machten aber etwas ganz anderes. Ebenfalls Fehler, klar, nur passierten die nicht durch Vorwärts-Teleskopieren. Hier wurden Daten tendenziell weiter in die Vergangenheit gerückt, was die Psychologen bislang nur bei Ereignissen der letzten paar Wochen kannten und eben nicht bei historischen Momenten wie dem Rücktritt Margaret Thatchers oder der Ermordung John Lennons.[73] Während die Älteren sehr gut (und sogar besser als die anderen Gruppen) bei der Datierung von Ereignissen wie der Erstürmung der iranischen Botschaft in London oder der Challenger-Katastrophe waren, siedelten sie den Amoklauf in der englischen Stadt Hungerford sechseinhalb Jahre früher an als tatsächlich der Fall. Lag den Leuten der mittleren Gruppe diese Meldung besonders am Herzen? Oder hatten sich die über 60-Jährigen daran gewöhnt, dass die Zeit verfliegt und ihnen die Einordnung von Daten schwerfällt, weshalb sie das ausgleichen wollten und viel zu weit in die Vergangenheit zurückgingen?

Es ist vielleicht ein Glück, dass wir uns öfter an Namen als an Daten erinnern müssen, denn Forscher in diesem Bereich erwähnen oft, die Leute würden nur ungern an derartigen Studien teilnehmen. So klar die Aufgabenstellung zu sein scheint, empfinden es manche doch als schmerzlich, auch noch so legendäre Ereignisse nicht richtig datieren zu können. Warum irritiert uns das so? Skowronski zufolge entsteht der Schmerz durch die enge Verbindung zwischen unserer Zeitbeurteilung und unserer Selbstwahrnehmung. Wenn die Selbstwahrnehmung einen gravierenden Wandel erfahren hat, lässt sich die Zeit leichter beurteilen: Junge Eltern können Ereignisse etwa problemlos als vor oder nach der Geburt des Kindes liegend einordnen. Und dieses Ineinander von Identität und Zeitwahrnehmung macht, dass wir uns bei fehlendem Datierungsvermögen unwohl fühlen. Irgendwie denken wir, die Ereignisse, die in unserem Leben passiert sind, im Griff zu haben und zu besitzen, als seien sie quasi Teil von uns. Bei persönlichen Erlebnissen ist dieses Gefühl sogar noch stärker: Wenn wir also nicht mehr genau wissen, wann etwas passiert ist, gibt uns das ein Gefühl von Kontrollverlust. Willem Wagenaar, der niederländische Psychologe, der sechs Jahre lang Tagebuch geführt hat, beschrieb das Erlebnis, sein eigenes autobiographisches Gedächtnis zu testen, nicht nur als langweilig, sondern darüber hinaus auch als richtiggehend unangenehm.

Marigold Linton fand ihren Selbstversuch auch nicht besonders erbaulich. Nachdem sie sich als ultimative Testperson auserkoren hatte, stellte sich rasch ein Gefühl der Enttäuschung ein. Je mehr Jahre vergingen – und je mehr Erinnerungen berücksichtigt werden mussten –, desto länger dauerten die Tests am Ersten des Monats. Irgendwann musste sie ganze 215 Ereignisse datieren. Sie schrieb, sie habe sich »darauf gefreut, mit einem durch und durch gefügigen Subjekt zu arbeiten, einem Subjekt, das pünktlich kommt und nicht nur motiviert, sondern auch bei der Sache ist. Diese Annahme erweist sich aber als falsch. Ich bin immer wieder halsstarrig, widerwillig und unkonzentriert, speziell wenn ein langer Testtag nicht enden will.« Manchmal vergaß sie auch komplett ihren Versuch.

So dröge diese Experimente für die Absolventen auch sein mochten, sind sie doch extrem wichtig, um unser Erlebnis der verstreichenden Jahre besser verstehen zu können. Nur liefert uns das Teleskopieren letztendlich keine befriedigende Erklärung dafür, dass die Zeit immer schneller vergeht, je älter man wird. Wie die Forschungen zu persönlichen wie öffentlichen Ereignissen zeigen, findet das Teleskopieren bei weitem nicht so durchgängig statt wie angenommen. Gemäß dieser Theorie würde man mit zunehmendem Alter auch in immer größerem Ausmaß Vorwärts-Teleskopieren, nur war es eben die mittlere Gruppe, die am weitesten nach vorne teleskopiert hat. Zweifellos tritt das Teleskopieren immer wieder auf, und anhand der Forschungen zu diesem Bereich kann man durchaus lernen, wie Ereignisse in unserem Leben besser plaziert werden können, aber genau wie die Proportionaltheorie bleibt es uns die Erklärung schuldig, warum die Zeit beim Älterwerden immer schneller vergeht.

Der Erinnerungshügel

Denken Sie kurz über Ihr Leben nach und rufen Sie sich ein paar Ereignisse in Erinnerung, die Sie entweder sehr glücklich oder auch traurig gemacht haben. Wie alt waren Sie zum jeweiligen Zeitpunkt? Gut möglich, dass zumindest ein paar davon zwischen 15 und 25 passiert sind. Psychologen haben festgestellt, dass man sich überwiegend an Momente aus diesem Zeitraum erinnert. Man nennt das den »Erinnerungshügel«. Und dieser Hügel könnte der Schlüssel dafür sein, dass das Leben sich mit dem Älterwerden beschleunigt.

Der Erinnerungshügel bezieht sich nicht nur auf Ereignisse – wir können auch ziemlich genau sagen, welche Filme oder Bücher wir uns zum Ende der Adoleszenz und mit beginnendem Erwachsenendasein reingezogen haben. Beim erneuten Blick auf die Liste werden Sie feststellen, dass richtig angegebene Daten meist aus Ihrem persönlichen Hügel stammen. Der Hügel kann sogar noch weiter unterteilt werden: Die wichtigsten Weltereignisse fanden meist zu Beginn statt, wohingegen die großen *persönlichen* Erlebnisse eher in der zweiten Hälfte liegen. Dieser Fund ist derart stark, dass er einem sogar hilft, das Alter einer Person zu schätzen. Bitten Sie die Leute, einen berühmten »John« zu nennen, dann kommt mit großer Wahrscheinlichkeit einer, der zum Ende der jeweiligen Adoleszenz eine Rolle gespielt hat. Anhand dessen kann dann auf ihr ungefähres Alter geschlossen werden. Bei einer Studie, die im Jahr 1999 genau das tat, nannten Testpersonen ab 50 vornehmlich John F. Kennedy (US-Präsident von 1961 bis 1963), wohingegen die über 30 John Major wählten (britischer Premierminister von 1990 bis 1997). Beim

Namen »Richard« nannten die Thirty-Somethings tendenziell den britischen Fernsehmoderator Richard Madeley, die über 40-Jährigen den Popsänger Cliff Richard und die noch Älteren ebenfalls Cliff Richard oder den legendären Rock'n'Roll-Sänger Little Richard. Manche sagten auch Richard III. Der war zum Ende ihrer Adoleszenz natürlich längst tot, aber vielleicht sahen sie damals das Stück von Shakespeare oder hatten es gerade in der Schule.[74]

Der Schlüssel zum Erinnerungshügel ist Neuartigkeit. Wir erinnern uns so gut an unsere Jugend, weil wir da einfach mehr neue Erfahrungen machen als in unseren Dreißigern oder Vierzigern. So vieles passiert zum ersten Mal – erste sexuelle Beziehungen, erste eigene Jobs, erste Reisen ohne die Eltern, die erste eigene Wohnung, das erste Mal, dass wir unser Leben weitgehend selbst bestimmen. Die Neuartigkeit hat eine derart starke Wirkung auf unser Gedächtnis, dass bei neuen Erfahrungen innerhalb des Höckers speziell deren Anfang in Erinnerung bleibt. Eine Studie, die bei Erwachsenen die Erinnerungen an das erste Jahr an der Uni abfragte, verzeichnete ganze 41 Prozent davon innerhalb der ersten Woche, also der Woche mit den meisten neuen Eindrücken. Wobei Neuartigkeit durchaus nicht alles abdeckt – die Kindheit ist voll mit neuen Erlebnissen, und doch ist uns dieser Lebensabschnitt bei weitem nicht so klar im Gedächtnis. Wir wissen, dass das Gehirn am Übergang von der Adoleszenz hin zum Erwachsenendasein eine spezielle Entwicklung durchmacht, deshalb lautet eine Theorie, die jedoch nicht wirklich belegt ist, das Gehirn würde in dieser Phase so effizient arbeiten, dass die stärksten Erinnerungen entstehen.

Meine Lieblingserklärung hat mit der Persönlichkeit zu tun. Wie wir gesehen haben, kann durch die enge Verknüpfung von Gedächtnis und Selbstwahrnehmung ein ungutes Gefühl entstehen, wenn die Erinnerung ausbleibt. Genau diese Verbindung könnte auch Licht auf den Erinnerungshügel werfen. Zwischen dem Ende der Adoleszenz und den Jahren Anfang 20 arbeitet man in der Regel heraus, wer man ist und wer man sein will. Martin Conway, Psychologe an der Leeds University und Leiter der Studie zu John und Richard, vertritt die Ansicht, wir würden in dieser Phase der Persönlichkeitsentwicklung besonders lebhafte Erinnerungen abspeichern, die dann zugänglich bleiben, um die geschaffene Persönlichkeit auch bewahren zu können. Wenn das wirklich der Fall ist, müssten auch Menschen, die irgendwann später im Leben einen tiefgreifenden Persönlichkeitswandel durchmachen, zur Bewahrung des neuen Zustands einen zweiten Erinnerungshügel erleben. Genau das hat Conway entdeckt, als er in Bangladesh Gedächtnisforschungen bei Menschen betrieb, die den Unabhängigkeitskampf von Pakistan erlebt und in den 1970er Jahren ein neues Leben begonnen hatten.[75]

Diese drei Theorien zum Erinnerungshügel – Entwicklung des Gehirns, Identitätssuche und Neuartigkeit der Erlebnisse – stellen eine wirkungsvolle Kombination dar. Fernsehproduzenten haben das Phänomen klug genutzt und schon vor einiger Zeit entdeckt, dass wir nostalgische Gefühle bezüglich unserer Teenagerjahre hegen. Nostalgie ist ein faszinierendes Gefühl. Wir verbinden es mit Wärme und positiver Gestimmtheit, wenngleich der Anflug von Verlust und eine Sehnsucht nach glücklicheren Tagen mitschwingen. Aufgrund seiner bittersüßen Elemente wurde es aber durchaus auch negativ bewertet und sogar als psychische Störung eingestuft. Der Begriff Nostalgie wurde 1688 von dem Arzt

Johannes Hofer geprägt, um das merkwürdige Verhalten von Schweizer Söldnern fern der Heimat zu beschreiben. Sie weinten, wollten nichts essen und versuchten sich im Extremfall sogar selbst zu töten. In den folgenden Jahrhunderten wurden abstruse Theorien zur Ursache dieses Verhaltens entwickelt, etwa, dass atmosphärische Druckschwankungen das Blut ins Gehirn steigen lassen oder das Läuten der alpenländischen Kuhglocken Gehirnzellen und Trommelfell schädigt. 1938 galt die Nostalgie dann als »Einwandererpsychose«, die vornehmlich bei vier Bevölkerungsgruppen auftrat: Soldaten, Seeleuten, Migranten und Kindern im ersten Internatsjahr. Im späten 20. Jahrhundert hatte aber ein Gezeitenwechsel stattgefunden, und die Nostalgie wurde zu dem warmen, kribbeligen Gefühl, in dem wir jetzt nur allzu gern schwelgen.

Die Fähigkeit, in der Zeit gedanklich zurückzureisen, hat in Bezug auf die Identität eine wichtige Funktion. Sie hilft uns bei der Festigung der individuellen Persönlichkeit und gleichzeitig bei der Suche nach dem Sinn des Lebens – das, wie wir wissen, einmal enden wird. Nostalgie hat auch eine soziale Funktion, denn sie stärkt unsere Beziehung zu anderen. Wenn wir so viele Erinnerungen teilen – wie könnten wir uns da einsam auf der Welt fühlen? Nostalgie macht die Gegenwart erträglicher, indem sie unser Selbstwertgefühl steigert. Merkwürdigerweise freuen wir uns sogar auf die Nostalgie und beteiligen uns an Ereignissen, um irgendwann in der Zukunft gemeinsam mit allen anderen zurückblicken zu können. Wir erzeugen mehr oder weniger bewusst Erinnerungen, um dann sagen zu können, wir seien dabei gewesen, ob 1985 bei Live Aid oder der Londoner Olympiade im Jahr 2012.

Nostalgie kann noch in der aussichtslosesten Lage Trost bringen. Viktor Frankl schrieb, in Auschwitz sei Nostalgie seine Rettung gewesen. Er rief sich sein bisheriges Leben detailliert in Erinnerung – wie er den Bus nach Hause nahm, auf das Haus zuging, den Schlüssel herausholte, die Tür aufschloss und in der Wohnung das Licht anmachte. Die Erinnerung an diese winzigen Details trieb ihm zwar die Tränen in die Augen, aber sie besetzte sein Denken und linderte so seinen Schmerz.

Der Zeitraum, der uns beim Nachdenken besonders nostalgisch stimmt, entspricht genau dem Erinnerungshügel. Man hat sogar schon vermutet, er könne erklären, warum die Zeit beim Älterwerden schneller vergeht. Wenn die Erinnerungen an die Jahre zwischen 15 und 25 besonders leicht zugänglich sind, weil dadurch die Persönlichkeit gebildet und gefestigt wird, dann scheint es doch sinnvoll, dass die Vielzahl an Eindrücken diesen Zeitraum länger erscheinen lässt. Er verstreicht also langsamer, wohingegen das Erwachsenendasein mit weit weniger prägenden Momenten schneller zu vergehen zu scheint. Dieses Gefühl verstärkt sich, wenn im mittleren Alter dann noch weniger Zeitmarker vorhanden sind. Wenn man jung ist, zieht man vielleicht alle zwei Jahre um. Man erinnert sich leicht daran, wann man an der Uni war und wohin es einen dann verschlagen hat. Wenn man aber älter und im Zuge dessen auch sesshafter wird, nehmen zwangsläufig die Bewegungen und Jobwechsel ab, weshalb die Jahre ohne große Ereignisse einfach ineinander übergehen.

Auch wenn das zumindest teilweise verständlich macht, warum die Zeit beim Älterwerden scheinbar schneller vergeht, liefert es noch lange keine umfassende Erklärung für die mysteriöse Zeitbeschleunigung – es gilt ja nur für diesen spezifischen Zeitrahmen. Unklar bleibt, warum die Zeit mit 60 schneller vergeht als mit 30. Das Schwelgen in Erinnerungen spielt sicher eine Rolle, aber um näher an diese Beschleunigung heranzukommen, müssen wir uns erneut das Konzept der Neuartigkeit vornehmen – und dazu sein Gegenteil, die Monotonie.

Erinnerung an Momente, nicht an Tage

Dass Marigold Linton ihren frustrierenden Gedächtnis-Selbstversuch so hartnäckig durchführte, lag in ihrem Wunsch begründet, die Aussagen von William James zu überprüfen. Dieser hatte 1890 in seinen *Principles of Psychology* geschrieben: »Die Verkürzung der Jahre beim Älterwerden beruht auf der Monotonie der Gedächtnisinhalte und der konsequenten Vereinfachung bei der Rückschau.« In Bezug auf die Zeit meinte er: »Leere, Monotonie und Vertrautheit lassen sie zusammenschrumpfen.« Die Ansichten von James decken sich mit der viel jüngeren Vorstellung eines »Erinnerungs-Effekts«, der sich in Wahrheit mehr auf das Vergessen bezieht.

Die Monotonie ist an allem schuld, und wenn man sich Lintons Karteikärtchen ansieht, findet man als Höhepunkte des Tages immer wieder Kaffeetrinken oder Tennispartien. Wie sie selbst zugab, war sie von der Eintönigkeit ihres Lebens überrascht. Auf den Karten standen Dinge wie: »Mit Jeff Kaffee getrunken«, oder »Um 16.30 Uhr die letzte Fassung des Statistikbuchs fotokopiert«. Na ja, so ganz dröge war ihr Leben nicht. Ereignisse, die zunächst unwichtig schienen, gewannen im Lauf der Monate an Bedeutung. Eines Tages lernt sie einen »scheuen Gelehrten« kennen. Das wird nicht weiter ausgeführt, aber später trifft sie ihn öfter und heiratet ihn schließlich.[76] Lintons Überraschung über ihr offenbar langweiliges Leben ist eine perfekte Illustration des Erinnerungs-Effekts. Wir vergessen wiederholt auftretende Erlebnisse, wohingegen Nachrichtenmeldungen eine Sonderrolle einnehmen und zu stärkeren Erinnerungen werden. Machen Sie folgendes Experiment:

⚙ Versuchen Sie, sich an alles zu erinnern, was Sie in den vergangenen 14 Tagen gemacht haben, ohne dabei Kalender, E-Mails oder Notizen zu Rate zu ziehen. Wie viele Ereignisse fallen Ihnen ein?

Was mich betrifft, erinnere ich mich aus den zwei Wochen vor Niederschrift dieses Absatzes an fünf oder sechs Leute, die ich für Radiosendungen interviewt habe, an einen Mädelsabend in einem griechischen Restaurant, an einen Kinobesuch (*Kabinett außer Kontrolle*) sowie an einen Mann mit Rollerblades, der mich auf dem Bürgersteig angefahren und dann auch noch angeschrien hat. Die beiden Wochen fühlen sich an, als sei ich ununterbrochen beschäftigt gewesen, aber um ganz ehrlich zu sein, sind das alle besonderen Vorkommnisse. Diesen Absatz ein paar Monate später wieder zu lesen, ist für sich schon eine Art Experiment. Ich hätte nie gedacht, dass diese Ereignisse zeitlich zusammenhängen, obwohl ich mich an den Film und den Rollerblader sehr wohl erinnere. Nur weiß ich überhaupt nicht mehr, worum es bei den Interviews ging. Wenn ich müsste, würde ich das Besprochene vermutlich wiedererkennen und mich an das eine oder andere Detail erinnern, nur gibt es dafür keinen Zeitanker. Wie sagte der italienische Dichter Cesare Pavese so schön: »Wir erinnern uns nicht an Tage, sondern an Momente.«

Als normaler Mensch kann man sich an sechs bis neun Ereignisse erinnern, so man diese Aufgabe gestellt bekommt. Wenn Sie aber an Ihre letzte Reise zurückdenken, fallen Ihnen vermutlich mehr als nur neun Ereignisse ein, speziell dann, wenn Sie an verschiedenen Orten gewesen sind. Vor ein paar Monaten war ich für zwölf Tage in den USA, wo ich arbeitsbedingt sieben Städte in drei verschiedenen Zeitzonen besuchte. Ich könnte problemlos 30 Erinnerungen abrufen, von dem Lauf um einen zugefrorenen See in Madison, Wisconsin, über den Blick auf einen Fluss, der in Chicago anlässlich des St. Patrick's Day grün gefärbt war, bis hin zu den Zweifeln an der herrischen Navi-Stimme, die uns auf dem Rückweg zum Hotel in ein tristes Industriegebiet an der Autobahn leitete und auf dem IKEA-Parkplatz sagte: »Sie haben Ihr Ziel erreicht.« Wir dachten, sie hätte sich geirrt, aber zu unserem Pech befand sich das Hotel tatsächlich genau hier. Ganze Bücher könnte ich über diese Reise schreiben, obwohl sie viel länger zurückliegt als die erwähnten zwei Wochen. Wenn die Erinnerungen mit der Zeit durchgängig verblassen würden, sollten sie im Zuge dessen auch unklarer sein. Stattdessen sticht Neuartiges hervor.

Ich habe die zeitlichen Schemata erwähnt, die wir beim Heranwachsen bilden und die uns ein Gefühl dafür geben, was die Monate des Jahres und die Abfolge der Jahreszeiten bedeuten. Sie liefern uns auch eine Vorstellung davon, wie schnell die Zeit vergeht und wie viele Ereignisse normalerweise in einen bestimmten Zeitrahmen passen. Wir lernen, die Dauer von Ereignissen abzuschätzen und dann das Verstreichen der Zeit anhand ihrer Menge zu beurteilen. Wenn sich die Ereignisse wiederholen – sagen wir, man geht tagtäglich zur Arbeit –, dann denken wir, es sei weniger Zeit vergangen, nur um dann aus allen Wolken zu fallen, wenn wir mit einem festgelegten Zeitmarker wie etwa einem Geburtstag konfrontiert sind. Haben wir uns also an die Vielzahl an Erinnerungen in dem Jahrzehnt des Erinnerungs-Höckers gewöhnt, kommt es uns mit 30 oder 40 durch den Rückgang neuartiger Eindrücke so vor, als sei weniger Zeit vergangen – und wir sind ganz überrascht, dass schon wieder ein Jahr wie im Flug vergangen ist.

Meiner Ansicht nach spielen Monotonie und Abwechslung bei der Erklärung herrschender Zeiträtsel eine entscheidende Rolle. Die Zeit vergeht schleppend, wenn man krank ist, und man will, dass die Stunden und Tage vorübergehen und man sich wieder besser fühlt. Im Rückblick betrachtet, tauchen die Stunden und Tage der Krankheit aber nicht in der Erinnerung auf. Man weiß zwar, dass es einem schlecht ging, aber ohne neuartige Eindrücke fühlt sich die Woche, die man im Bett verbracht hat, im Hinblick auf die Erinnerung wie eine verlorene Woche an. Das Gegenteil passiert bei einem schönen Urlaub. Er vergeht wie im Flug, fühlt sich im Rückblick aber lang an. Und damit sind wir bei meinem »Urlaubs-Paradox«, einem Effekt, der jetzt endlich die Tricks der Zeit umfassend erklären kann.

Das Urlaubs-Paradox

Immer nach dem Frühstück bereitet sich Hans Castorp auf den Tag vor. Er legt sich auf seinem Balkon in den Liegestuhl, nachdem er zuvor zwei Kamelhaardecken um sich gewickelt hat, eine von links nach rechts, die andere in der Gegenrichtung, und damit bildet er ein derart perfektes Päckchen, dass nur noch Kopf und Schultern der kalten Gebirgsluft ausgesetzt sind. Der Liegestuhl ist aus rotem Holz. Oben gibt es eine Nackenstütze, und über die ganze Länge sorgen Kissen dafür, dass der Körper weich liegt. Der Lehnstuhl steht immer in derselben Position und damit parallel zu den Liegen der anderen Patienten in ihren jeweiligen Balkoneinheiten. In einem bequemeren Stuhl hatte er noch nie gelegen. Wenn er dann die Berggipfel betrachtet, weiß Hans Castorp, dass er jetzt bereit für den Tag ist, einen Tag, den er einfach ruhend verbringen würde. Diesen Augenblick genießt er besonders: Er weiß, dass ganz viel wunderbare Zeit vor ihm liegt – in der rein gar nichts zu tun ist.

Hans Castorp, Sie wissen es, ist der junge Held in Thomas Manns *Zauberberg*, einem Buch, das noch vor den wichtigen Forschungen zur Zeitwahrnehmung erschienen ist und dabei allerhand vorweggenommen hat. Castorp begibt sich in ein Schweizer Lungensanatorium, um seinen Cousin zu besuchen, nur bleibt er statt der geplanten drei Wochen ganze sieben Jahre dort. In den ersten Tagen ist alles ganz neu für ihn. Er lernt die Abläufe und den Rest der Patienten kennen. Schnell merkt er, dass dieses merkwürdige, vollkommen ereignislose Leben die Zeit zu verzerren scheint. Die anderen erklären ihm, dass eine Woche »hier oben«, wie sie das Leben im Gebirge bezeichnen, sich von einer Woche daheim unterscheidet. Angesichts der langen, ruhig auf dem Balkon verbrachten Zeit fragt er sich, ob ohne körperliche Bewegung die Zeit womöglich langsamer vergeht – denken Sie an die erwähnten Studien, in denen Leute auf den Zug warten oder aus ihm aussteigen. Auch die Struktur des Romans spiegelt

die Eigenarten der Zeit wider, indem die sieben Sanatori-
ums-Jahre fast schon minutengenau beschrieben sind und
fünf Kapitel umfassen, wohingegen sich die Dinge mit Cas-
torps Abreise beschleunigen und die restlichen sechs Jahre in
ganzen zwei Kapiteln abgehandelt werden.

Thomas Mann glaubte, dass neuartige Eindrücke unser
Zeitempfinden auffrischen und wir selbst durch eine Reise,
und damit ein Zurücklassen gewohnter Abläufe, das Tempo
der Zeit verändern. Denkt man jetzt aber, ständiges Herumreisen könne einem das Gefühl eines langen Lebens schenken, schränkt Thomas Mann das gleich wieder ein, indem er
meint, dieser neue Lebensrhythmus würde nur etwa sechs
bis acht Tage »frisch« bleiben. Tröstlich ist dabei immerhin,
dass ein Gefühl der Neuartigkeit entsteht, wenn man wieder
nach Hause kommt, und dann ein paar Tage anhält – außer
man ist, wie Thomas Mann es formuliert, von »ursprüng-
licher Lebensschwäche«, dann sind es nur 24 Stunden.

Zweifellos hat Thomas Mann das richtig gesehen: Ferien
stellen mit unserer Zeitwahrnehmung merkwürdige Dinge
an. Ein schöner Urlaub vergeht viel zu schnell. Im Vergleich
zu den Monaten der Vorbereitung und des Sparens ist die
Reise selbst dann kurz. Nach einer kurzen Eingewöhnungs-
phase bleiben gerade mal zwei oder drei Tage, dann wird bereits wieder an die Abreise gedacht und berechnet, um welche Uhrzeit man Richtung Flughafen muss. Schwuppdiwupp
ist der Urlaub vorbei. Dann kommt man heim und alles ist
genau umgekehrt. Man blickt zurück und denkt, man sei
doch ganz schön lange weg gewesen. War das wirklich nur
eine Woche? Übrig bleiben zwei gleichzeitige, dabei konträr
entgegengesetzte Zeitwahrnehmungen. Eine gute Beschreibung liefert erneut William James: »Zeit, die mit vielfältigen

und interessanten Erlebnissen gefüllt ist, scheint schnell zu vergehen, aber im Rückblick lange zu dauern. Ein Abschnitt ohne Ereignisse kommt uns hingegen lange vor, wirkt dafür aber im Rückblick ganz kurz.« Ein Urlaub ist ein gutes Beispiel für den ersten Satz, während der zweite auf eine Krankheit oder das Leben auf dem Zauberberg zutrifft. Oder auch auf eine Extremsituation wie die von Viktor Frankl. Er wollte nicht nur, wie im letzten Kapitel referiert, die Kontrolle über sein eigenes Denken behalten, sondern die Zeit im KZ auch zur Erforschung der menschlichen Psyche ganz allgemein nutzen. So stellte er etwa fest, dass im Lager die Tage zwar langsam vergingen, die Monate aber nur so verflogen. »Ein kleiner Zeitabschnitt, etwa der Tag – ausgefüllt mit stündlichen Schikanen –, schien schier endlos zu dauern; ein größerer Zeitabschnitt jedoch, etwa die Woche – mit dem täglichen Einerlei –, schien unheimlich rasch zu vergehen. Und meine Kameraden gaben mir immer recht, wenn ich sagte: Im Lager dauert ein Tag länger als eine Woche!«[77] Frankls Beobachtungen decken sich mit dem, was wir über den Einfluss neuer Eindrücke auf die Zeitwahrnehmung erfahren haben. Die Tage verliefen ganz ähnlich. Sobald die KZ-Häftlinge sich an die Abläufe gewöhnt hatten – auch wenn dabei die fürchterlichsten Dinge erlebt und mitverfolgt wurden –, konnten immer weniger neue Erinnerungen erzeugt werden. Frankl selbst setzte das in Verbindung zu der Ausdehnung der Zeit, wie Mann sie auf seinem Schweizer Berg beschrieben hatte. Das Leben im Sanatorium verlief streng geregelt und besaß mit den Mahlzeiten und Liegekuren starke, ständig wiederkehrende Zeitmarker.

Erinnerungen und Zeitmarker stellen zwei zentrale Elemente unserer Zeitwahrnehmung dar. Urlaube bieten geradezu ideale Bedingen für ein schnelles Verstreichen der Zeit: eine Unterbrechung routinierter Abläufe, keinerlei Hinweise auf die vergehende Zeit, stattdessen Unmengen neuer Anblicke und Klänge, die Aufmerksamkeit erfordern. Die Tage scheinen nur so zu verfliegen. Wieder zu Hause, kommt ein weiteres zentrales Element ins Spiel: das Gedächtnis. Man fühlt sich, als sei man ewig weggewesen, weil so viele neue Dinge passiert und deshalb auch viel mehr Erinnerungen als in einer normalen Woche entstanden sind – was die übliche Zeitmessung einfach verzerrt. Meiner Überzeugung nach entsteht das Urlaubs-Paradox dadurch, dass wir die Zeit gedanklich auf zwei verschiedene Arten betrachten – prospektiv und retrospektiv. Im Normalfall kommen sich die beiden Perspektiven nicht in die Quere, außer eben dann, wenn wir uns der Zeit in all ihrer Merkwürdigkeit bewusst werden.

Wenn Sie an die Studien zurückdenken, bei denen die Leute die Zeit beim Anhören komplizierter Musik oder frierend nach dem Tauchgang abschätzen mussten, waren dort die beiden Betrachtungsweisen der Zeit am Werk. Bei manchen Versuchen sollten die Leute sagen, wie viel Zeit während des Ereignisses verstrichen war. Die Stoppuhr lief und sie mussten sagen, wann eine Minute vorüber war. Hierbei wird die Zeit prospektiv gemessen – also im Hier und Jetzt. Bei anderen Tests wird die Zeit rückblickend beurteilt – retrospektiv. Die Leute müssen sich auf etwas konzentrieren und hinterher sagen, wie lange das gedauert hat. Hier sind zwei vollkommen unterschiedliche Fähigkeiten erforderlich, und ich denke, dass durch genau diese verschiedenen Arten der Zeitabschätzung unser Urlaubs-Paradox entsteht. Solange das Leben seinen üblichen Gang geht, verlaufen die Betrachtungsweisen parallel, weshalb die Tage und Wochen in normaler Geschwindigkeit verstreichen. Es gibt Zeitmarker, die den Rhythmus des jeweiligen Tages festlegen, also etwa den Beginn und das Ende der Arbeitszeit, die Mittagspause, eine favorisierte Fernsehsendung oder die gewohnte Schlafenszeit. Die Tage verlaufen routinemäßig und erlauben sogar eine überschaubare Menge an neuen Erlebnissen (die sechs bis neun Ereignisse, an die wir uns aus den vergangenen zwei Wochen erinnern). Die prospektive und retrospektive Zeitabschätzung sind im Einklang. Die Zeit vergeht regelmäßig. Alles ist in Ordnung.

Dann fährt man weg, und die beiden Betrachtungsweisen passen nicht mehr zusammen, was zu einer Verzerrung der Zeit führt. Jeder Anblick und jeder Klang bringt etwas Neues. Man verspürt keine Langeweile. Man schaut kaum auf die Uhr, und die gewohnten Zeitmarker existieren wenn, dann nur andeutungsweise. Von dem Tag, an dem ich in Costa Rica frühmorgens zur Vogelbeobachtung aufbrach, sind mir noch viele andere Erinnerungen präsent: wie ich zurück zum Frühstück kam und die meisten anderen noch schliefen; wie ich am Strand entlang ins Dorf ging und dabei über kleine Wasserläufe sprang; wie wir uns Fahrräder liehen, bei denen man zum Bremsen rückwärts treten musste; wie wir einen bestimmten Strand suchten und dann doch nicht fanden; wie wir einem Pärchen bei seiner ersten Surfstunde zusahen; wie wir über holprige Wege zu einem Faultier-Refugium radelten und dort gleich Faultierbabys sehen durften; wie ein Äffchen einem Mann auf den Kopf sprang und auf seiner Schulter etwas Längliches, Grünlich-Braunes hinterließ; Spaghetti zum Mittagessen; die Suche nach kleinen, roten Pfeilgiftfröschen in einem Botanischen Garten; danach der Besuch einer Bar mit Blick auf einen extrem gefährlichen Surf-Bereich namens »Cheese-Grater«, in dem man von der Brandung gern auch mal über ein Korallenriff geschleift wird. Es ist noch nicht einmal Nachmittag, und doch habe ich mehr Erinnerungen beisammen, als man sonst in 14 Tagen erwarten würde. Und das war nur ein *einziger* Tag dieser Reise. Es gab noch neun andere, einer wie der andere vollgepackt mit eigenen und ganz neuen Erinnerungen. Ich war so beschäftigt, dass die prospektive Zeitabschätzung die Tage unglaublich schnell vergehen ließ. Jetzt, wo ich wieder zu Hause bin, benutze ich die retrospektive Zeitabschätzung, um mir diese Tage in Erinnerung zu rufen, und weil es so viele neue Erlebnisse gab, kommt mir jeder wie eine Ewigkeit vor. Mit Rückgriff auf den oben erwähnten Erinnerungs-Effekt beurteile ich anhand der Menge der neuen Eindrücke, wie viel Zeit dabei vergangen ist. Ich erinnere mich an jeden einzelnen Tag, während daheim im normalen Leben ein Ereignis in das andere überzugehen scheint. Durch Zusammenzählen der neu entstandenen Erinnerungen fühlt sich die Reise insgesamt länger an.

Zur Messung der vergangenen Zeit verwenden wir ständig beide Methoden, die prospektive wie die retrospektive. Normalerweise befinden sie sich im Gleichgewicht, nur bringen besondere Erlebnisse dieses ins Wanken, manchmal sogar recht dramatisch. Aus dem Grund gewöhnen wir uns auch niemals daran. Wir nehmen die Zeit weiterhin auf zweierlei Art wahr und sind bei jedem zukünftigen Urlaub aufs Neue überrascht, welche Spielchen sie mit uns spielt.

Man kann die prospektive und retrospektive Zeitabschätzung auch bei anderen Rätseln der Zeit anwenden. Warum wollen die Tage nicht enden, wenn man krank ist, und fühlen sich hinterher so an, als seien sie schnell vergangen – als sei man gar nicht krank gewesen? Hier sehen wir das Urlaubs-Paradox in der Umkehrung. Denken Sie an Ihre letzte Krankheit zurück – aber nicht an eine dramatische Situation, in der Sie in die Klinik mussten oder in Lebensgefahr schwebten, sondern an etwas Alltäglicheres wie etwa eine starke Erkältung. Die Minuten und Stunden fühlen sich endlos an. Man hofft, dass der Tag endlich vorbei ist, denn am nächsten Morgen wird man sich ja hoffentlich besser fühlen. Man stellt sich vor, wie schön es wäre, wieder gesund zu sein, und wie sehr man dann jeden Moment genießen wird. Man nimmt die Zeit prospektiv wahr und fragt sich, wann das Leid wohl endlich hinter einem liegt. Das prospektive Zeitempfinden sagt einem, dass jede Minute lang ist. Sämtliche Faktoren einer Zeitverlangsamung sind vorhanden. Das Ganze macht keinen Spaß. Es gibt nichts Neues. Nichts lenkt einen vom Betrachten der Uhr ab, die ja der ultimative Zeitmarker ist. Außerdem gibt es endlose Wiederholungen, und zwar in erster Linie des Gefühls, dass es einem dreckig geht. Kaum ist man wieder gesund, passiert etwas Seltsames – es ist das Gegenteil des Urlaubs-Paradoxes, hat aber die gleiche Ursache, nämlich unsere duale Betrachtung der Zeit. Die retrospektive Zeitwahrnehmung übernimmt das Ruder und die im Bett verbrachte Woche wird – im Rückblick betrachtet – komplett irrelevant. Okay, man war ein paar Tage krank, aber es gibt in der Erinnerung so wenig Abwechslung, dass die Tage ineinander übergehen und der Zeitraum als quasi nicht existent wahrgenommen wird.

Die Thomas Mannsche Schilderung des Alltags im Sanatorium ist beispielhaft für das verkehrte Urlaubs-Paradox. Er schreibt, dass Leere und Monotonie »zwar den Augenblick und die Stunde dehnen und ›langweilig‹ machen, aber die großen und größten Zeitmassen verkürzen und verflüchtigen sie sogar bis zur Nichtigkeit«. Langeweile wird von ihm als abnormale Verkürzung der Zeit beschrieben. Und er hat vollkommen recht, wenn er sagt: »Wenn ein Tag wie alle ist, so sind sie alle wie einer; und bei vollkommener Einförmigkeit würde das längste Leben als ganz kurz erlebt werden«.[78]

Das Urlaubs-Paradox tritt in umgekehrter Form auch bei Eltern mit kleinen Kindern auf. Der bereits mehrmals erwähnte William James hat im 19. Jahrhundert festgestellt, dass zwar die Jahre im Zug des Älterwerdens immer schneller vergehen, die einzelnen Stunden und Tage diesen Eindruck aber nicht erwecken. Eltern sind dafür ein gutes Beispiel. Wenn man Kinder hat, gibt es kein erzwungenes Nichtstun und keine Zeit, um sich in Decken eingewickelt hinzulegen, nur ist das Resultat ganz ähnlich. Frühes Aufstehen, ständige Müdigkeit und die immer gleichen Tätigkeiten sorgen dafür, dass sich die Tage prospektiv lang anfühlen können. Blickt man aber auf die vergangene Woche zurück, sind viele Erinnerungen eine reine Wiederholung früherer Erlebnisse: Man hat die Kinder gebadet und gefüttert, ihnen die Windeln gewechselt und hundert Mal das gleiche Buch vorgelesen – und damit vergehen die Monate wie im Flug, während man gleichzeitig zusehen kann, wie die Kleinen immer größer werden.

Für Eltern gleicht sich das dadurch aus, dass eine so neue wie beglückende Beziehung entsteht und man das Heranwachsen des Kindes verfolgen kann. Echte Langeweile ist etwas anderes. Als Teenager habe ich im Sommer einmal in einer Keramikfabrik gejobbt. Ganz naiv war ich davon ausgegangen, ich würde den lieben langen Tag Schüsseln anmalen.

Stattdessen saß ich an einem Holztisch mit Schraubstock, vor dem sich ein dünner Schlitz befand. Meine Aufgabe war, fünf Zentimeter lange, cremefarbene Keramikplättchen in den Schlitz zu stecken. Die meisten gingen rein, aber mehrmals pro Stunde kam der einzige interessante Moment, wenn nämlich ein Plättchen nicht in den Schlitz passte und ich ein Fehlprodukt entdeckt hatte. Ich konnte nicht sagen, ob ich mich hier irgendwie sinnvoll betätigte, denn es war vollkommen unklar, wozu diese Rechtecke überhaupt gut sein sollten. Ich bat meinen Capo um Aufklärung, und diese Nachfrage wanderte die Hierarchie hinauf bis in die Geschäftsleitung, bis schließlich jemand kam und ganz aufgeregt, wie in einem Roman von Charles Dickens, wissen wollte, wer denn das Mädchen sei, das sich da nach dem Verwendungszweck der Teilchen erkundigt hatte. Wenn das ein Film gewesen wäre, hätte der Mann einen aufgeweckten Kopf erkannt, der irgendwann die Firma übernehmen könnte, und dementsprechend sein Testament zu meinen Gunsten geändert, denn schließlich gab es keinen Erben und damit auch keinen Nachfolger für seinen Familienbetrieb. Leider war es aber kein Film, weshalb auch nichts in dieser Richtung passierte. Immerhin erklärte mir der Mann, die Keramikrechtecke würden als Isolierung für Waschmaschinen verwendet. Dadurch wurde weder die Arbeit interessanter, noch verging die Zeit schneller, was vermutlich genau der Grund dafür war, dass bislang niemand danach gefragt hatte. Meine Kollegen hatten akzeptiert, dass die Arbeit langweilig war und man nichts tun konnte, als sich ein schnelles Verstreichen der Stunden zu wünschen, bis man wieder heimdurfte. Zum Arbeitsbeginn mussten wir ein-, zum Ende ausstempeln. Eine Minute Zuspätkommen hieß 15 Minuten Lohnabzug, bei zwei Minuten war es eine halbe Stunde. Von den anderen lernte ich, die Lage der Fabrik – am Fuß eines steilen Hügels – so gut wie möglich auszunutzen. Wenn man in rasantem Tempo den Berg hinunterradelte, vor der Tür abbremste und das Rad fallen ließ, konnte man pünktlich einstempeln und erst dann das Rad abstellen (und dabei bis zu zehn Minuten mit den Kollegen plaudern). Am ersten Tag erhoben sich alle Frauen 45 Minuten vor Schichtende und stellten sich an der Tür auf. Ich dachte, sie hätten andere Arbeitszeiten als ich, aber tatsächlich war das die Schlange vor der Stempeluhr. Gebannt verfolgten alle, wie sich der Zeiger der großen Wanduhr auf die 12 zubewegte. Die Erste in der Reihe stand mit erhobener Zeitkarte da, um sie Punkt 18.30 Uhr ins Stempelgerät stecken zu können. Die von der Firma geforderte Zeiteinhaltung hatte sich ins Gegenteil verkehrt und dafür gesorgt, dass von jeder Arbeitskraft fast eine ganze Stunde pro Tag verloren ging.

In Bezug auf die Zeitwahrnehmung kann man sagen, dass hier definitiv das Urlaubs-Paradox am Werk war. Die Stunden vergingen sehr, sehr langsam. Der Zeitmarker, also die große Uhr, hing nicht nur physisch, sondern auch psychologisch über uns. Wir konnten bei der Arbeit quatschen oder Walkman hören, aber da die Zeit trotzdem im Schneckentempo verging, fragten wir uns oft, ob die Uhr vielleicht stehengeblieben war. Jetzt, wo ich glücklicherweise einer Arbeit nachgehe, die mich nie langweilt, sehe ich auch auf die Uhr – aber nicht in der Hoffnung, dass Zeit vergangen ist, sondern weil eine Deadline bedrohlich näherrückt. Nachdem wir uns in der Fabrik den Feierabend sehnlich herbeigewünscht hatten, war es am Samstag und Sonntag so, dass die zurückliegende Arbeitswoche aufgrund der spärlichen Erinnerungen wenig Platz im Gedächtnis einnahm und sich anfühlte, als sei sie unglaublich kurz gewesen.

Ich habe gezeigt, dass das Urlaubs-Paradox ebenso wie sein Gegenteil die widersprüchliche Zeitwahrnehmung erklärt, wenn man krank ist, sich langweilt, kleine Kinder hat oder Ferien macht. Diese duale Betrachtung kann aber auch auf die referierten Theorien zu unserem großen Rätsel angewendet werden – warum die Zeit beim Älterwerden immer schneller zu vergehen scheint.

Nehmen wir ein siebenjähriges Kind, dessen Leben voller neuer Erlebnisse ist. Wir wissen, dass die Zeit für dieses Kind langsamer verstreicht als für einen Erwachsenen. Um den Grund dafür zu verstehen, müssen wir uns erneut der prospektiven und retrospektiven Zeitabschätzung zuwenden. Bei Kindern ist das Paradox nicht so stark, denn prospektiv kann auch die eine oder andere Stunde endlos wirken. Sie erinnern sich garantiert noch an diese ewig langen Autofahrten oder an die Kritzeleien, mit denen Sie in drögen Schulstunden die Seitenränder füllten. Andersherum gehen Kinder, die an einer Sache Spaß haben, vollkommen in ihr auf – sie leben also viel mehr im Moment als Erwachsene. Sie können endlos im Planschbecken herumtollen und ständig neue Spiele und Tätigkeiten erfinden. Die Zeit vergeht dabei aber auch für sie viel zu schnell. Sie sind ganz überrascht, wenn man sie etwa zum Mittagessen ruft. Der aufpassende Elternteil hat sich vielleicht schon gelangweilt, aber für das spielende Kind ist die Zeit nur so verflogen. Wenn das Schlafengehen ansteht, verstreichen die Minuten immer schneller, je mehr um »nur noch einmal« gebettelt wird – sei es ein weiteres Spiel, eine weitere Geschichte oder sonst irgendeine Wiederholung. Was Kinder hier erleben, ist eine Variation des Urlaubs-

Paradoxes und damit ein Effekt, der angesichts ihrer geringen Fähigkeiten der Zeitabschätzung etwas kompliziert ist. Die Tage sind voll mit neuen Erlebnissen, und während die Eltern mit ihnen zur Schule hetzen, nutzen sie jede Gelegenheit, um die Welt zu erkunden. Sie bleiben stehen und sehen den Straßenarbeiten zu; sie halten an, um einen Hund zu streicheln; sie achten auf alles, was sich verändert hat; sie probieren neue Dinge aus. Warum einfach den Bürgersteig entlanggehen, wenn man auch hüpfen und dabei die Risse im Asphalt vermeiden oder immer wieder auf Vorsprünge in der Mauer steigen und abspringen kann? Das heißt, dass für Kinder die Tage – bis auf die paar Stunden, in denen sie gezwungenermaßen langweilige Dinge tun müssen – so anregend und ereignisreich sind wie für uns die Tage im Urlaub: vollgepackt mit neuen Eindrücken, die im Rückblick betrachtet die Monate und Jahre endlos lang erscheinen lassen.

In der Mitte der Teenager-Jahre, so mit 16, kommt dann der Gedächtnis-Effekt ins Spiel. Die schulischen und prüfungsbedingten Erfordernisse bewirken, dass die Zeit zwar immer noch langsam vergehen kann, es aber immer weniger Routine, dafür mehr Freiheit und insgesamt mehr Neues gibt – erste sexuelle Erlebnisse, erste alkoholische Getränke, die erste Liebe, die erste Abwesenheit von daheim, die ersten eigenen Entscheidungen darüber, was man tun und wer man sein will. Wie gesagt, stechen diese Ereignisse durch die Formung der Persönlichkeit hervor und sorgen damit für den Gedächtnis-Effekt. Ich habe bereits erwähnt, dass diese Erinnerungen vielleicht besonders stark sind, um die neu geformte Identität noch zu festigen, möchte das aber noch dahingehend erweitern, dass der Eintritt ins Erwachsenenleben möglicherweise zum Bezugspunkt für die Beurteilung retrospektiver Zeit wird. Die Vielzahl an neuen Ereignissen setzt sich mindestens bis Mitte 20 fort – dann haben wir uns daran gewöhnt, dass eine bestimmte Menge an Erinnerungen für einen bestimmten vergangenen Zeitraum steht.

Im mittleren Alter sagt uns die prospektive Zeitabschätzung, dass die *Stunden* in durchschnittlichem Tempo vergehen, genau wie die Tage. Es ist das Verfliegen der Monate und *Jahre*, das die Leute so irritiert, und nicht das der Stunden. Zeitmarker erinnern uns ständig daran, dass die Jahre vergehen. Wir sind schockiert, wenn uns bewusst wird, dass seit dem Berliner Mauerfall bereits *dreißig* Jahre vergangen sind. Wir sehen Sachen, die *wir besitzen*, in Antiquitätenläden. Und am allermeisten schockieren uns die Arbeitskolleginnen und -kollegen, die in den 1990er Jahren geboren sind – die müssten doch eigentlich noch zur Schule gehen! Zeitmarker wie diese passen überhaupt nicht zu unseren retrospektiven Urteilen, bei denen wir die vergangene Zeit anhand der Menge neuer Erinnerungen messen. Mit immer weniger neuen Erlebnissen – und im Zuge dessen auch weniger neuen Erinnerungen – erleben wir ein stetiges Auseinanderdriften der Informationen, die uns die prospektive Zeitabschätzung und ihr retrospektives Gegenstück liefern.

Der duale Prozess der prospektiven und retrospektiven Zeitabschätzung bildet den Schlüssel zu einigen Rätseln der Zeit. Wie gesagt, werden wir uns nie daran gewöhnen, auch wenn die unterschiedliche Wahrnehmung »nur« auf der Dissonanz zwischen den beiden Methoden beruht. Wir können nicht einfach aufhören, die Zeit auf diese Art zu messen, aber wir können die Eigenarten der Zeitabschätzung nutzen, um diese – ganz nach Belieben – schneller oder auch langsamer vergehen zu lassen. Genaueres dazu dann im letzten Kapitel des Buchs. Vorher bewegen wir uns weiter Richtung Zukunft. Wir haben gesehen, wie die Erinnerungen an die Vergangenheit unsere Betrachtung der Zeit beeinflussen. Als Nächstes werden wir untersuchen, ob unsere Fähigkeit, gedankliche Zeitreisen in die Zukunft zu unternehmen, sich vielleicht doch stärker auf die Gegenwart auswirkt als gedacht.

Und falls Sie wirklich noch nicht nachgeschaut haben, hier auch noch die korrekten Daten der oben aufgelisteten Ereignisse:

- John Lennon wird erschossen – Dezember 1980
- Margaret Thatcher wird britische Premierministerin – Mai 1979
- Explosion im Atomkraftwerk Tschernobyl – April 1986
- Michael Jackson stirbt – Juni 2009
- Der Film *Jurassic Park* kommt in den USA ins Kino – Juni 1993
- Argentinien besetzt die Falkland-Inseln – April 1982
- Morgan Tsvangirai wird Ministerpräsident von Simbabwe – Februar 2009
- Der Wirbelsturm Katrina verwüstet New Orleans – August 2005
- Indira Gandhi wird ermordet – Oktober 1984
- Eine Autobombe explodiert in der Nähe von Harrods in London – Dezember 1983
- In Mexiko treten erste Fälle von Schweinepest auf – März 2009
- Der Mauerfall in Berlin – November 1989
- Der britische Thronfolger Prinz William heiratet Kate Middleton – April 2011

- Eine IRA-Bombe explodiert im Grand Hotel von Brighton – Oktober 1984
- Amtseinführung des amerikanischen Präsidenten Barack Obama – Januar 2009
- Prinzessin Diana stirbt – August 1997
- Bombenexplosionen in der Londoner U-Bahn – Juli 2005
- Saddam Hussein wird hingerichtet – Dezember 2006
- In Chile werden 33 Bergleute verschüttet – August 2010
- Der erste *Harry Potter*-Band erscheint – Juni 1997 (deutsch Juli 1998)

DIE ERINNERUNG AN
DIE ZUKUNFT

In Windsor Locks, Connecticut, verstarb an einem Dezembernachmittag des Jahres 2008 ein älterer Herr. Er war 82. Unter normalen Umständen hätte der Tod eines solchen Mannes über den Familien- und Freundeskreis hinaus wenig Aufsehen erregt. In diesem Fall bildete er aber den Startschuss für ein Team international bekannter Wissenschaftler, die in den äußersten Ecken der USA arbeiteten. Das Pflegeheim, in dem der alte Mann lebte – und verstarb –, informierte sofort Suzanne Corkin, Neurologin am MIT (Massachusetts Institute of Technology) in Boston, die ausnahmsweise einmal nicht bei irgendeiner Konferenz weilte. Sie alarmierte gleich einen Kollegen in Kalifornien, der ebenfalls nicht unterwegs war und dem Ruf deshalb sofort folgen konnte. Die Wissenschaftler waren so erpicht auf den Körper des Verstorbenen, dass sie bereits vor Jahren die Begräbnisinstitute der Gegend kontaktiert hatten. Sollte der Leichnam bei ihnen eingeliefert werden, dürften sie auf keinen Fall mit der Kremation beginnen.

Warum war ihnen das so wichtig? Na ja, sie wollten der wissenschaftlichen Katastrophe vorbeugen, dass das berühmteste Gehirn der Neuroforschung einfach eingeäschert wird.

Nachdem das also verhindert worden war, wurde der Kopf des alten Mannes mit Eisbeuteln umwickelt und der tote Körper per Leichenwagen ins 150 Kilometer entfernte Boston gebracht. In der Zwischenzeit setzte sich der Neuroanatom Jacopo Annese in Kalifornien ins Flugzeug. Er war von Suzanne ausgewählt worden, weil sie ihn für am besten geeignet hielt: lange genug dabei, um wirklich hervorragende Kenntnisse zu besitzen, aber doch mit der nötigen Zeit für ein derartiges Projekt. Bereits um Mitternacht war das Gehirn, das sich nach wie vor im Schädel befand, umfassend gescannt worden. Am nächsten Morgen sah Suzanne durch die Sichtscheibe der pathologischen Abteilung zu, wie Jacopo und zwei andere Kollegen das Gehirn vorsichtig aus dem Kopf herausholten. Am nächsten Tag flog Jacopo zurück nach Kalifornien und hatte dabei »Henry« – er konnte einfach nicht anders – auf dem Sitz neben sich.

Okay, es ist vielleicht geschmacklos, einem Gehirn, das verkehrt herum in einem mit Formaldehyd gefüllten Plastikbehälter schwebt und eine Kühltasche um sich hat, einen Namen zu geben. Aber für die Wissenschaftler war das irgendwie naheliegend. Professor Corkin hatte sich um Henry Molaison, ein sehr empfindsames Wesen, gekümmert und dafür gesorgt, dass es ihm in seinem Bickford-Pflegeheim an nichts fehlte. Sie hatte nicht nur seine Anonymität bewahrt – jahrzehntelang hieß er überall nur »H. M.« –, sondern ihn mit der Zeit auch sehr ins Herz geschlossen. Unter wissenschaftlichen Gesichtspunkten war es aber sein Gehirn, das ihn so besonders machte.

Mehr als 45 Jahre hatte sich Suzanne Corkin mit den Funktionsweisen dieses Gehirns beschäftigt – woran es sich erinnerte, was es erlernte und was es voraussehen konnte. Jetzt endlich bestand für sie und Jacopo die Gelegenheit, ihr Studienobjekt von innen zu betrachten.

Warum waren die beiden so aus dem Häuschen? Weil Henry zwei Drittel seines Lebens in einer Art ewiger Gegenwart verbracht hatte.

Im Alter von 27 Jahren unterzog sich Henry einer Hirnoperation, um die epileptischen Anfälle loszuwerden, die ihn tagtäglich quälten – und ihn ohne Behandlung vermutlich in wenigen Jahren umbringen würden. Der Chirurg, Dr. William Scoville, nahm ein silbernes Röhrchen, führte es in Henrys Gehirn ein und saugte einen Teil des Hippocampus heraus, dieser kleinen, seepferdchenförmigen Region in der Hirnmitte. Alles schien nach Plan zu verlaufen. Henry wurde gesund, und die Anfälle blieben aus. Nur stellte Scoville nach und nach fest, dass doch etwas schiefgelaufen war. Henry konnte sich an Dinge, die ihm nach der Operation passierten, einfach nicht erinnern. Erlebnisse aus der Kindheit waren ihm sehr wohl im Gedächtnis, aber Menschen, die er am Vortag kennengelernt hatte, blieben für ihn Fremde. Jedes Gesicht war ständig neu. Er wusste nicht, was er noch vor einer Stunde gemacht hatte. Die Operation hatte eine anterograde Amnesie verursacht. Henry besaß zwar noch die alten Erinnerungen, aber neue würde er einfach nie wieder generieren können.

Henrys Fall findet sich in zahllosen Schriften zu Neurowissenschaft oder Psychologie, und zwar stets im Zusammenhang mit dem Gedächtnis. Es gibt aber noch einen anderen, weitgehend unbekannten Aspekt der Amnesie: den Verlust der Fähigkeit, sich die Zukunft vorzustellen. Beide Zwillingssymptome zeigten sich bei Henry: kein Gefühl für die Vergangenheit nach dem Eingriff, aber auch keinerlei Gefühl für die Zukunft.

Wie ich bereits durchgängig gezeigt habe, konstruieren wir unser Zeitgefühl im Kopf – was nirgendwo klarer wird, als bei gedanklichen Bildern von der Zukunft. Beinahe beliebig können wir uns den morgigen Tag, die nächste Woche oder einen Moment in 1000 Jahren vorstellen. Diese Fähigkeit hat nichts mit Hellseherei zu tun. Gut möglich, dass die Zukunft sich ganz anders gestaltet. Unsere Vorstellungskraft ist aber so groß, dass wir ein klares Bild sowohl von einer Zukunft malen können, die es vielleicht nicht gibt, als auch von einer, die es *niemals* geben wird. Die merkwürdige Fähigkeit, uns in der Zeit nach vorne zu katapultieren – genannt »Zukunftsdenken« – ist das Gegenteil des Gedächtnisses. Wie ich in diesem Kapitel aber zeigen werde, sind die beiden miteinander verbunden. Das Gehirn nutzt nämlich sowohl unser Raumgefühl als auch unserer Erinnerungen, um das Gefühl für die Zukunft zu erzeugen.

Normale Menschen denken durchschnittlich 59 Mal pro Tag an die Zukunft, im Wachzustand also alle 16 Minuten.[79] Und wie die Forschung in diesem Bereich erstaunlicherweise festgestellt hat, ist die Beschäftigung mit der Zukunft möglicherweise sogar der *Default*-Modus, also die Grundeinstellung des Gehirns. Damit ist aber weder sinnlose Tagträumerei gemeint, noch der sogenannte Versuch, der »Realität zu entfliehen«.

Gedankliche Zeitreisen in die Zukunft sind wichtig – und außerdem sinnvoll. Sie beeinflussen unsere Urteile, unseren emotionalen Zustand und die Entscheidungen, die wir treffen, und zwar gern auch mal negativ. Bei meiner Erörterung des Zukunftsdenkens werden wir auch Interessantes darüber erfahren, warum die Erinnerung an Vergangenes uns so sehr trügen kann.

Zeitreisen in die Zukunft

Die Funktionsweise unseres Gehirns wird seit mehr als einem Jahrhundert erforscht, aber den Bereich »Zukunftsdenken« gibt es noch nicht sehr lange. Die wichtigste Entdeckung war hierbei, dass unser Zukunftsdenken stark auf gedanklichen Zeitreisen in die Gegenrichtung beruht – in die Vergangenheit. Dieser Umstand kann sogar eines der Rätsel des Gedächtnisses erklären – warum es uns so oft im Stich lässt und Forscher wie Marigold Linton die Erforschung des eigenen Gedächtnisses so mühsam fanden. Es muss für einen flexiblen und dabei vielleicht auch unzuverlässigen Rekonstruktionsprozess taugen, damit wir uns die Zukunft vorstellen können. Die Nachweise dafür stammen aus unterschiedlichen Quellen, darunter war auch ein Patient wie Henry. In der medizinischen Literatur finden sich zahlreiche Fälle von Gedächtnisverlust, und immer wieder haben die untersuchenden Ärzte festgestellt, dass ihre Patienten nicht nur Probleme bei der Erinnerung an die Vergangenheit hatten, sondern auch bei der Vorstellung einer Zukunft. Sie können sich nicht ausmalen, was sie am nächsten Tag machen werden, von einem Zeitpunkt in zehn Jahren ganz zu schweigen. Aber obwohl das so vielen Ärzten aufgefallen ist, wurde das Zukunftsdenken nur bei wenigen Patienten systematisch untersucht – was natürlich in keinem Verhältnis zur umfangreichen Erforschung der Gedächtnisleistung steht.

Zum Beispiel gab es einen Mann namens »N. N.«, was für »No name« stand. Im Jahr 1981 stürzte er in der Autobahnausfahrt vom Motorrad und erlitt eine schwere Kopfverletzung. Genau wie Henry kann er sich neue Informationen nicht merken und ist jedes Mal aufs Neue schockiert, wenn er von den Ereignissen des 11. September hört.[80] K. C., so seine richtigen Initialen, wurde von dem bedeutenden Gedächtnistheoretiker Endel Tulving besucht. Tulving traf als Erster die Unterscheidung zwischen einem *semantischen* Gedächtnis (unserer Erinnerung an Gelerntes, dass etwa Canberra die Hauptstadt von Australien ist) und einem *episodischen* Gedächtnis (der Erinnerung an persönliche Erlebnisse wie etwa unseren Besuch in Canberra). Tulving stellte K. C. einfache Fragen wie: »Was machen Sie morgen?« oder: »Was sind Ihre Pläne für den Sommer?« Beides konnte K. C. nicht beantworten. Als Tulving fragte, was in seinem Kopf vorging, erwiderte K. C., da sei gar nichts. So sehr er sich auch anstrengte, konnte er sich keinerlei Vorstellung von der Zukunft machen, und das war auch 30 Jahre später noch so. Manche Patienten, darunter einer namens D. B., können sich zwar zukünftige politische Ereignisse ausmalen, haben aber dennoch größte Probleme bei der Vorstellung *persönlicher* Dinge, die in der Zukunft stattfinden werden.[81] Erstaunlich ist, dass diesen Patienten die Vorstellung einer Zukunft nicht nur schwerfällt, sondern dass sie dahingehend auch keinerlei Wunsch verspüren.

Analog zu dem Unterschied zwischen semantischem und episodischem Gedächtnis kann auch unser Nachdenken über die Zukunft in zwei Bereiche aufgeteilt werden. Denn es ist ja etwas anderes, ob man mitten im Winter dasitzt und *weiß*, dass es im Sommer wieder wärmer wird, oder ob man sich *vorstellt*, man würde im Sommer in der Sonne sitzen und spüren, wie einem die Haut brennt. Die letztgenannte mentale Zeitreise in die Zukunft wurde als episodisches Zukunftsdenken bezeichnet – der Einfachheit halber nenne ich es nur Zukunftsdenken. Es ist Teil eines umfassenderen Systems geistiger Zeitreisen, das laut Tulving unser autonoetisches Bewusstsein ausmacht. Dieses ist unser Gefühl oder Sinn für unsere Existenz innerhalb der Zeit und bildet die Grundlage für unsere Fähigkeit, Ereignisse nachzuerleben oder auch im Voraus zu erleben. Dieses vorwegnehmende Erleben umfasst auch die Vorstellung davon, wie sich eine Aktivität anfühlen kann, und eben nicht allein, dass man etwas tun will. Sie sehen etwa im Kalender, dass Sie im Pub mit ein paar Freunden zum Mittagessen verabredet sind. Ihr prospektives Gedächtnis erinnert Sie daran, dort auch pünktlich aufzukreuzen, aber erst durch das Zukunftsdenken können Sie sich ausmalen, wie Sie etwas zu trinken bestellen, einen Tisch aussuchen und auf der großen Tafel lesen, was es heute Besonderes gibt. Mit dem Zukunftsdenken versetzen Sie sich im Geist nach vorne, um eine Vorstellung von dem Ereignis zu erhalten. Das unterscheidet sich von einer Absicht oder Planung – und ist genau die Fähigkeit, die anderen Tieren abgeht.

Geistiges Zeitreisen erfordert nicht unbedingt lange Abschnitte. Oft betrifft es nur das, was man soeben gemacht hat oder gleich tun wird. Nehmen wir ein Vorstellungsgespräch. Davor geht man die Fragen im Geiste durch, während man sich hinterher Vorwürfe macht, die schlimmsten Momente nochmals durchspielt und sich parallel dazu eine mögliche Vergangenheit ausmalt, also was man alles hätte sagen können. Das war Teil einer möglichen Zukunft. Jetzt ist es Teil einer unmöglichen Vergangenheit.

Demis Hassabis und Eleanor Maguire waren die ersten Neurowissenschaftler, die bei Menschen mit verletzungsbedingten Gehirnschäden systematisch das Zukunftsdenken erforscht haben. Sie stellten fest, dass ihnen selbst bei Vermittlung aller sinnlichen Details, die ein zukünftiges Ereignis mit sich bringen könnte – der jeweilige Anblick, Geruch oder Klang –, eine Vorstellung der Situation unmöglich war.[82] So unterschiedlich diese fünf Patienten bei Gedächtnis- und IQ-Tests auch abschnitten, versagten vier davon komplett, sobald sie sich die Zukunft vorstellen mussten, und das, obwohl es sich um ganz alltägliche Situationen handelte und keine speziellen Erinnerungen nötig waren.

Aber nicht nur Menschen mit Hirnschäden tun sich mit dem Zukunftsdenken schwer. Jeder, der ein schlechtes autobiographisches Gedächtnis hat, wird auch nicht in der Lage sein, sich in die Zukunft zu versetzen. Das sind zum Beispiel kleine Kinder, Menschen mit Schizophrenie, Alzheimer oder Depressionen sowie solche, die an Selbstmord denken.[83] Je mehr jemand mit einer Psychose von Täuschungen und Halluzinationen geplagt ist, desto schwerer fällt es ihm, sich eine Vorstellung von der Zukunft zu machen, was ihn auch um die Möglichkeit bringt, aus geistigen Zeitreisen Kraft schöpfen zu können.[84] Im Verlauf der Jahrzehnte reden wir zunehmend über unser schlechtes Gedächtnis, nur ist da noch etwas anderes, auf das wir viel weniger achten – die abnehmende Fähigkeit, uns die Zukunft vorzustellen. Erneut zeigt sich, dass wir wohl auf Erinnertes zurückgreifen, um uns das auszumalen, was kommen wird.

Der Teil von Henrys Gehirn, der am meisten Schaden genommen hatte, war der Hippocampus. Seinen Namen hat dieser Bereich wegen seiner Form – er ist gebogen und erinnert dadurch an ein Seepferdchen. Erst vor kurzem stand ich in einer ehemaligen Squash-Halle, die jetzt zu einer Hirn-Bank umgebaut war. Ich sah Regale über Regale, alle voller Behälter mit Gehirnen drin. Der Neurospezialist gab mir vorsichtig eines der 6000 hier lagernden Gehirne und zeigte mir den Hippocampus. Wie erstaunlich, dass ein Bereich, der nur vier Zentimeter lang und so zart geformt ist, den Schlüssel zu den Erinnerungen eines ganzen Lebens und damit zur Identität eines Menschen birgt. Wir wissen, dass dieser Bereich für das Gedächtnis entscheidend ist, aber die Erlebnisse der Amnesie-Patienten lassen zudem vermuten, dass er auch bei der Vorstellung der Zukunft eine Rolle spielt. Die Tests mit diesen Personen lassen nach und nach ein Bild entstehen, wie das Gehirn seine Vorstellungen von der Zukunft erzeugt – ein Bild, das durch die Scans lebender Gehirne bekräftigt wird.

Um das besser verstehen zu können, denken Sie bitte an etwas, das Sie nächste Woche tun wollen, das aber nicht regelmäßig passiert. Jetzt malen Sie sich dieses Ereignis im Detail aus. Wenn es irgendwo drinnen stattfindet: Wie sieht der Raum aus? Wenn andere Menschen anwesend sind: Was haben sie an? Sehen Sie sich Ihre Details, die anscheinend aus dem Nichts aufgetaucht sind, ganz genau an, und Sie werden feststellen, dass hier Erinnerungen an die Vergangenheit hineinspielen. Ich weiß, dass ich nächste Woche nach Oxford fahre, um mit einem Psychologieprofessor über seine Forschungen zum Gruppenzusammenhalt zu reden. Weder kenne ich ihn persönlich, noch war ich jemals in seinem Büro, aber trotzdem sehe ich grob vor mir, wie wir beide in seinem holzgetäfelten Zimmer in Sesseln mit abgewetztem Samtbezug sitzen. Auf dem Schreibtisch sind Blätter und Papierhaufen, und nicht nur ist eine Wand komplett mit Bücherregalen zugestellt, auch auf dem Teppich türmen sich die Bände. Das Vorgestellte scheint eine Kombination aus dem zu sein, was ich beim letzten Besuch bei einem Professor in Oxford zu sehen bekam, und dem, was mir aus Filmen, speziell *Educating Rita*, im Gedächtnis ist. Ich kann mich natürlich auch täuschen, und sein Büro ist ganz modern und minimalistisch gehalten. Dennoch scheint es, als sei meine Vorstellung von der Zukunft ein Gemisch aus allen verfügbaren und hier relevanten Erinnerungen. Indem wir alte Erinnerungen neu arrangieren, können wir uns nach vorne in die Zukunft versetzen – wobei wir schier endlose Kombinationsmöglichkeiten haben und dabei das wählen, was uns am plausibelsten erscheint. Wie bei einem Musik-Remix ermöglicht uns die Nutzbarmachung dieser Erinnerungen, die Zukunft in einem gedanklichen Fenster vorherzusehen.

Kaum überraschend also, dass bei einer Person, die im Gehirn-Scanner liegt und sich ein zukünftiges Ereignis vorstellen soll, Aktivitäten unter anderem im Hippocampus erkennbar sind, dem Aufbewahrungsort der Erinnerungen – und damit genau dem Bereich, der mit dem Strohhalm aus Henrys Gehirn gesaugt wurde. Tatsächlich stimmen die Bereiche, mit denen die Vergangenheit erinnert wird, weitgehend mit denen überein, in denen unsere Vorstellungen von der Zukunft entstehen.[85] Erinnerung ist im Grunde ein Rekonstruktionsprozess, und wenn wir ein Ereignis wieder erleben wollen, rufen wir dazu kein aufgezeichnetes »Band« aus der Bibliothek ab. Wir rekonstruieren es und variieren diese Erinnerung sogar, wenn neue Informationen unsere Haltung dazu verändert haben. Ein ähnlicher Prozess findet statt, wenn wir uns die Zukunft vorstellen.

Die neuronalen Signaturen der Erinnerung an die Vergangenheit sowie der Vorstellung von der Zukunft sind sich verblüffend ähnlich. Dies wurde erforscht, indem man Testpersonen einen Schlüsselbegriff oder -satz gab, anhand dessen sie sich vergangene und zukünftige Situationen vorstellen sollten. Der Wissenschaftler Karl Szpunar nannte seinen Kandidaten das Stichwort Bill Clinton.[86] Alle fanden, das sei eine leichte Aufgabe (vielleicht ist das nur bei mir so, aber mir steht sofort eine ganz besondere Situation im Oval Office vor Augen, weshalb ich nur hoffe, dass dadurch nicht die Studie verfälscht wurde). Am Nachdenken über Vergangenheit und Zukunft waren jeweils drei zentrale Regionen des Gehirns beteiligt. Die erste ist der Frontallappen, also der Bereich direkt hinter der Stirn, der das Arbeitsgedächtnis beherbergt und für Entscheidungsfindung sowie Problemlösung zuständig ist. Die Frontallappen sorgen auch dafür, dass Erinnerungen aus der Vergangenheit nicht für das wahre Leben gehalten werden.

Die zweite Region ist der Parietallappen. Er befindet sich seitlich am hinteren Ende beider Hirnhälften. Hier werden die sensorischen Signale aus dem restlichen Körper verarbeitet, außerdem erfolgt hier die Kombination von Buchstaben zu Wörtern sowie von Wörtern zu Gedanken. Verrückterweise ist ein Teil dieser Region auch dafür zuständig, dass wir uns in der Welt überhaupt zurechtfinden. Diese navigatorische Funktion wirft ein noch besseres Licht auf den Mechanismus, den sich das Nachdenken über Zeit und Raum teilen und der schon in Kapitel 3 besprochen wurde. Allem Anschein nach beschwören wir die Vergangenheit herauf, indem wir uns im Geiste Bilder vor Augen führen, und zwar genauso, wie wenn wir einen Ort wiederfinden wollen, an dem wir schon einmal gewesen sind. Die Amnesie-Patienten fanden es besonders schwierig, sich die Räume vorzustellen, in denen zukünftige Ereignisse stattfinden sollten.[87] Wenn man Leute auffordert, sich ein Szenario vorzustellen, bei dem sie in der Eingangshalle eines Museums stehen, dann berichten die ohne Gehirnschäden von Marmorböden, einer gewölbten Decke oder Wandmalereien. Derartiges konnten die mit Gedächtnisverlust ihrer Vision der Räumlichkeit aber nicht hinzufügen. Sie hatten keine Probleme mit der Aufgabe und hielten den vorgestellten Raum auch für ganz realistisch, nur beschrieben sie weder Gegenstände, Gefühle oder Sinneseindrücke noch sonst irgendetwas, das mit ihrer eigenen Positionierung im Raum zu tun hatte. Jeder räumliche Zusammenhang schien komplett zu fehlen, was erneut unterstreicht, dass wir den Raum benutzen, um im Gehirn ein Gefühl für die Zeit zu konstruieren.

Die dritte Region, die beim Nachdenken über Vergangenheit wie gleichermaßen Zukunft aktiviert wird, ist der mediale Temporallappen. Dieser enthält den immens wichtigen Hippocampus und steuert das Gedächtnis, das Lernen, die Sprache und die Emotionen. Obwohl die gleichen Regionen beansprucht werden, erfordert das Vorstellen der Zukunft mehr Gehirnleistung als das Erinnern der Vergangenheit. Besonders fasziniert mich dabei, dass der Hippocampus umso aktiver wird, je weiter wir uns in die Zukunft versetzen. Interessant ist außerdem, dass ein Teil der Hirnregionen, mit denen die Zukunft vorgestellt wird, auch zum Einsatz kommt, wenn wir uns überlegen, was wohl eine andere Person denkt, wir also versuchen, ihren Zustand und ihr Befinden zu simulieren und uns quasi in sie »hineinversetzen«. Das könnte bedeuten, dass wir beim Zukunftsdenken etwas Ähnliches tun – wir simulieren unser Befinden zu einer anderen Zeit und an einem anderen Ort. Wie dieser Prozess letztendlich funktioniert, muss noch genauer erforscht werden, aber trotzdem sieht es so aus, als gäbe es ihn ausschließlich beim Menschen.

Weiß Ihr Hund, was nächste Woche sein wird?

Als Hundebesitzer neigt man vielleicht zu der Vorstellung, dass der treue Vierbeiner in Momenten der Besinnung gern an die schönsten gemeinsamen Spaziergänge zurückdenkt. Daran, wie er einmal sogar einen toten Hasen fand, ein andermal frei übers Feld laufen und mit anderen Hunden Fangen spielen durfte oder wieder ein anderes Mal lange genug an der Leine zerrte, um ein paar Schokoplätzchen unter der Ladentheke zu erreichen. Nur ist es eher unwahrscheinlich, dass Hunde sich an glückliche Momente wie diese erinnern können. Sie wissen durchaus, wie sie den Weg zu einer Lieblingswiese finden, aber nach heutigem Stand der Forschung haben sie keinerlei Erinnerung an die Dinge, die dort erlebt wurden. Deshalb ist es wohl auch so, dass sie nicht gedanklich in die Zukunft reisen können. Sie können (und wollen) sich nicht vorstellen, wie sie nächste Weihnachten vor dem Kamin liegen und an einem Knochen herumkauen. Wenn also Hunde dazu nicht in der Lage sind: Wie sieht das bei anderen für intelligent geltenden Tieren aus?

Panzee ist ein Schimpansenweibchen, das schlau genug ist, um ein Pint-Glas von einem Half-Pint-Glas zu unterscheiden. Über eine Tastatur kann sie bestimmte Nahrungsmittel und Gegenstände identifizieren, und nach jahrelangem Training durch Charles Menzel, Anthropologe an der Georgia State University in Atlanta, beherrscht sie den Umgang mit 256 verschiedenen Symbolen. Dennoch gibt es bei ihr keinerlei Anzeichen für so etwas wie Zukunftsdenken. Sie kann auf eine Stelle deuten, an der sie zuvor etwas zu essen versteckt hat, nur zeigt das einzig und allein, dass sie sich die Stelle gemerkt hat, und nicht etwa, dass sie sich an den Akt des Versteckens erinnert oder gar vorhat, ihr Futter wieder hervorzuholen. Aber es gibt andere Tiere, die ganz offensichtlich vorausplanen. Denken wir nur an die beeindruckende Präzision, mit der Eichhörnchen genau an die Stelle zurückkehren, an der sie Monate vorher ihre Nüsse eingebuddelt haben. Ist das kein Beweis für ein verlässliches Gedächtnis und zudem ein Wissen um zukünftige Bedürfnisse im Wechsel der Jahreszeiten? Mittlerweile glauben Naturforscher aber, dass Eichhörnchen nur an typischen Versteckplätzen buddeln und keine Ahnung haben, ob sie ihre eigenen Nüsse oder die von Artgenossen finden. Jetzt könnte man sagen, dass das Verstecken von Nahrung doch ganz klar zukunftsorientiert ist, nur ist der Instinkt, Vorräte zu sammeln, etwas völlig anderes als die *Vorstellung*, dass man irgendwann hungrig sein wird und dementsprechend gut vorsorgen muss.

Von den Tieren, die untersucht wurden, ist es der Westliche Buschhäher, bei dem das menschliche Konzept von Vergangenheit und Zukunft am ehesten vorhanden zu sein scheint. Diese Vögel mit ihrem leuchtend blauen Federkleid sehen nicht nur klug aus, sie sind es auch. In Nordamerika beheimatet, gehören sie zur selben Familie wie Krähen oder Raben und damit zu den intelligentesten Vögeln. Aber es ist ihre Neigung zum Sammeln, die vergleichende Psychologen wie Nicola Clayton von der Cambridge University interessiert. Wenn sie merken, dass die Nahrung knapp wird, lernen sie, Vorräte anzulegen und für später zu verstecken. Bei Versuchen hat Nicola Clayton festgestellt, dass die Buschhäher auch dann für die Zukunft vorsorgen, wenn sie gegenwärtig alles haben, was sie brauchen.

Nüsse bleiben unter der Erde länger frisch als tote Würmer. Buschhäher wissen das und wählen ihre Lager dementsprechend. Dabei zeigen sie, dass sie sich an ihre Nahrungsverstecke erinnern und außerdem wissen, was sich darin befindet und wie viel Zeit seit Anlegen des Vorrats vergangen ist. Sie erinnern sich auch daran, ob sie von anderen Vögeln dabei beobachtet wurden, und verlagern das Versteck, wenn das tatsächlich der Fall war und sie selbst schon fremde Vorräte geplündert haben (nicht alle tun das). Das lässt vermuten, dass sie nicht rein instinktiv für die Zukunft vorsorgen, sondern aufgrund gemachter Erfahrungen handeln. Und es beweist auf eindrückliche Art und Weise, wie gut sie planen und auf ihr Gedächtnis bauen können. Erst unlängst wurde entdeckt, dass diese Vögel ein sogenanntes »Biwak-Checking« praktizieren: Sie lernen, am Tagesende Ameisenbaue aufzuspüren und am folgenden Tag den Ameisen zu folgen, wenn sie ausschwärmen und im Wald nach Insekten suchen.[88] Erinnerungs- und Planungsvermögen scheinen also vorhanden zu sein.

Doch erneut stellt sich die Frage, ob das als Zukunftsdenken im menschlichen Sinne bezeichnet werden kann. Um Nahrung zu sammeln oder umzusetzen, müssen die Vögel sich nicht unbedingt *vorstellen* können, dass sie irgendwann keine haben werden. Auch hier sollte man unterscheiden zwischen einem Wissen um Vergangenheit und Zukunft und einem tatsächlichen Wiedererleben der Vergangenheit und einem Vorab-Erleben der Zukunft. Wenn Sie sich vorstellen sollen, wo in Ihrem Haushalt die Schere aufbewahrt wird, ist es ein Unterschied, ob Sie sich bildlich vor Augen führen, dass sie in der Küchenschublade liegt, oder nur aus Erinnerung wissen, dass Sie nach dem letzten Gebrauch dort verstaut wurde.

Ein weiteres sehr intelligentes Tier ist der Delphin. Er zeigt Anzeichen dafür, dass er gedankliche Zeitreisen in die jüngere Vergangenheit unternehmen kann. Delphine können dahingehend trainiert werden, »Dinge zu tun, die sie nicht ständig praktizieren«, also auf ein Signal hin ein Kunststück vorzuführen, das sie schon länger nicht gemacht haben. Man könnte also annehmen, dass eine Art autobiographisches Gedächtnis für die jüngere Vergangenheit vorhanden ist, aber erneut fehlt der richtige Beweis für gedankliche Zeitreisen bei Tieren. Manche Leute sind enttäuscht deswegen: Wie schön wäre es, wenn Tiere genau wie wir Erinnerungen und Vorstellungen hätten, vor allem unsere geliebten Haustiere. Der Psychologe Thomas Suddendorf hat diesen Bereich intensiv erforscht – und entschuldigt sich auch dafür, dass er ein derartiger Spaßverderber ist.[89] Dabei sind es nicht nur die Tiere, die so eingeschränkt sind. Auch Säuglinge sind im Hier und Jetzt eingesperrt, ohne gedanklich in die Zukunft entfliehen zu können. Erst mit drei oder vier Jahren beginnen Kinder, sich eine Zukunft vorstellen zu können, in der es ihnen anders geht und in der sie Ereignisse freudig erwarten oder auch fürchten können. Dieses Vorstellungsvermögen hilft ihnen bei der Entwicklung der wichtigen Fähigkeit zur Emotionssteuerung, mit der eben die Gefühle kontrolliert werden. Erwachsene können sich mit dem Wissen trösten, dass ein böse angeschlagener Zeh nicht ewig wehtun wird, denn sie haben da bereits Erfahrungen gemacht und können sich ohne weiteres eine Zukunft vorstellen, in der dieser Zeh nicht mehr schmerzt. Babys stecken aber in der Gegenwart fest und haben keinerlei Bewusstsein dafür, dass sie sich in der Zukunft vielleicht anders fühlen werden.

Was machen Sie morgen?

Wenn ich ein Interview für eine meiner Sendungen mache, muss ich meinem Gesprächspartner vorab eine Frage stellen, damit meine Technikerin den Lautstärkepegel einstellen kann. Die Standardfrage ist dabei: »Was hatten Sie heute zum Frühstück?«, aber leider geben viele Leute nur kurze Antworten wie »Nichts« oder »Toast«, was fürs Aussteuern nicht ausreicht. Deshalb frage ich meine Gäste gern, was sie am Nachmittag machen oder am nächsten Tag vorhaben. Letzte Woche erzählte mir eine Frau, sie wolle sofort wieder nach Hause zurück, denn bei ihr seien zwei Landschaftsgärtner mit Kettensägen, die einen Baum fällen wollten, aber offensichtlich betrunken seien. Sie wollte so schnell wie möglich nachsehen, was von ihrem Garten noch übrig war – und von den beiden Landschaftsgärtnern. *So* dramatisch sind meine Antworten aber selten. Es handelt sich um eine einfache Frage, zumindest für Erwachsene. Mit drei ist sie schon etwas schwerer zu beantworten. Bei einem Experiment konnte nur ein Drittel der befragten Dreijährigen eine plausible Antwort auf die Frage geben, was denn für den nächsten Tag geplant sei, aber innerhalb von ein, zwei Jahren hat sich ihr Gefühl für die Zukunft so weit entwickelt, dass zwei Drittel dazu in der Lage sind.[90]

Bei Tests mit kleinen Kindern hat man immer das Problem, dass man nicht recht weiß, ob es ihr Denken ist, das sie einschränkt, oder ihre sprachliche Fähigkeit. Können wir sicher sein, dass sie die Frage auch wirklich richtig verstanden haben? Die meisten Dreijährigen wissen, dass »morgen« in der Zukunft liegt, auch wenn ihnen nicht immer klar ist, dass es sich dabei um den nächsten Tag handelt. Was Kinder definitiv wissen, ist, ob sie Brezeln mögen oder eben nicht. Um also etwaige sprachliche Probleme auszuräumen, gab die Psychologin Cristina Atance einer Gruppe von Kindern Brezeln zu essen. Sobald das viele Salz die Kleinen so richtig durstig gemacht hatte, konnten sie wählen: Entweder weitere Brezeln oder ein Glass Wasser. Die meisten wollten Wasser. Aber auf die Frage, was sie denn am nächsten Tag wählen würden, entschieden sich die Kinder – anders als Erwachsene, die eher zu den Brezeln tendiert hätten – lieber für das Wasser. Sie waren nicht in der Lage, sich gedanklich in eine Zukunft zu versetzen, in der sie nicht mehr durstig sein und liebend gern wieder in eine Brezel beißen würden.[91] Wenn Sie sich in Erinnerung rufen, welche Hirnregionen an der Vorstellung einer Zukunft beteiligt sind, überrascht es wenig, dass Kleinkinder damit Probleme haben. Zwei der drei Regionen, Parietal- und Frontallappen, sind erst im zweiten oder auch dritten Lebensjahr ausreichend entwickelt. Das heißt, dass bei Kleinkindern eine Art »Empathie-Loch« vorhanden ist, wie es jeder von uns es ab und an erlebt, wenn wir uns einfach nicht vorstellen können, dass wir uns irgendwann in der Zukunft anders fühlen werden als jetzt im Moment. Man bereitet sich auf einen Urlaub im Süden vor, nur weil es aber daheim gerade schneit, packt man Unmengen von Socken und noch einen Extra-Pulli ein – es übersteigt einfach das

Vorstellungsvermögen, dass einem dort vielleicht zu warm sein könnte.

Erinnerung an Ereignisse, die niemals stattgefunden haben

Vor zehn Jahren habe ich an einem Experiment zur Schmerztoleranz teilgenommen, bei dem ich meinen Arm in einen Kübel Eiswasser stecken und ihn so lang wie möglich drinlassen musste. Zu Beginn war alles super, und ich dachte, ich könnte prima damit umgehen. Schließlich war es ja nur Eiswasser. Dann machte sich aber in meinem Arm ein starker Schmerz breit, der zudem immer schlimmer wurde. Bis heute erinnere ich mich an das lähmende Gefühl der Qual, das einfach nicht ignoriert werden konnte. Ganze 90 Sekunden hielt ich durch, bis ich meinen eiskalten, völlig tauben Arm aus dem Wasser zog. Mit dieser Erinnerung gibt es nur ein winziges Problem: Das Ganze hat nie stattgefunden. Bis vor kurzem dachte ich, alles sei so gewesen. Für eine Radiosendung über geschlechtsspezifische Schmerztoleranz hatte ich eine Tonaufnahme von meinem Test gemacht, genau wie von zwei weiteren Testpersonen, einem Mann und einer Frau. Als ich dann an einer neuen Sendung über Schmerzbeseitigung arbeitete, hielt ich es für eine gute Idee, dieses Archivmaterial erneut zu nutzen. Ich suchte das Band heraus und gab es meiner Produzentin, wobei ich ihr nochmals erzählte, wie qualvoll das alles gewesen und wie erstaunlich niedrig doch meine Schmerzschwelle sei. Die Produzentin hörte sich geduldig die einstündige Sendung an, um die Stelle mit dem Eiskübel zu finden, nur gab es sie nicht. Ich hatte beherzt zwei andere Leute aufgenommen, den Test aber selbst gar nicht gemacht. Auch unter Eid würde ich weiterhin behaupten, dass ich mich genau an die Schmerzen erinnere. Nur wurde die Aktion mitgeschnitten, deshalb liegt der Beweis vor – oder eben nicht. Die Sache ist einfach nie passiert.

Die Unzuverlässigkeit der Erinnerung ist unangenehm, aber sie könnte aus der Fähigkeit, uns die Zukunft vorzustellen, resultieren. Die Tatsache, dass Erinnerungen für das Zukunftsdenken so wichtig sind, könnte eines der hartnäckigsten Rätsel des Gedächtnisses erklären – nämlich, warum es uns so oft im Stich lässt. Elizabeth Loftus wurde zu einer der bedeutendsten Psychologinnen unserer Zeit, indem sie zeigen konnte, dass das Gedächtnis nicht wie ein Videoband funktioniert. Ihre Experimente gehören zu meinen All-Time-Favourites. Sie sind ziemlich einfach angelegt, dabei aber so clever konstruiert, dass sie immensen Einfluss auf die Art und Weise genommen haben, mit der Gerichte bei Kriminalprozessen die Aussagen von Augenzeugen bewerten. Loftus schaffte es, in den Köpfen ihrer Testpersonen falsche Erinnerungen zu plazieren, und zwar keineswegs durch Hypnose, sondern indem sie mit ihnen redete und sie davon überzeugte, dass sie Dinge erlebt hätten, die in Wahrheit nie stattgefunden hatten. Über Gespräche mit Verwandten verschaffte sie sich Informationen zu tatsächlichen Ereignissen, die sie dann mit der jeweiligen Testperson besprach. Dabei ließ sie ihre Versuchskaninchen glauben, sie seien als Kind im Einkaufszentrum verlorengegangen, hätten einen großen grünen Frosch geküsst oder seien in Disneyland von Bugs Bunny begrüßt worden. Klingt alles einleuchtend, bis man sich klarmacht, dass Bugs Bunny eine Figur von Warner Brothers ist und aus diesem Grund striktes Disneyland-Verbot hat. Unsere Erinnerungen sind flexibel. Weder gelangen sie perfekt geformt in unser Gedächtnis, noch werden sie dort unversehrt gelagert, bis wir sie irgendwann wieder abrufen. Jahrzehnte der Forschung haben gezeigt, dass wir Erinnerungen bereits beim Festhalten verändern, sie erneut umformen, wenn zusätzliche Informationen auftauchen, und sie schließlich, so ihnen das mehr Sinn verleiht, beim Abrufen noch einmal ummodeln. Das Gedächtnis funktioniert rekonstruktiv. Nichts davon passiert zum Zweck der Täuschung oder gar bewusst. Aber während der flexible Charakter unserer Erinnerungen die Zuverlässigkeit von Augenzeugen fraglich macht, ist diese Flexibilität womöglich die Grundvoraussetzung dafür, dass wir uns die Zukunft vorstellen können.

Wären Erinnerungen wie eine Videoaufnahme aufgezeichnet, dann würde die Vorstellung einer neuen Situation sehr viel Zeit in Anspruch nehmen. Stellen Sie sich zum Spaß mal vor, Sie erreichen im Doppeldeckerbus einen Karibik-Strand, um der Hochzeit Ihrer besten Freundin mit Johnny Depp beizuwohnen. Das Bild ist schlagartig da, stimmt's? Wenn Erinnerungen aber starr und unbeweglich wären, hätten wir es mit einem komplizierteren Prozess zu tun. Sie müssten in Ihrem Gedächtnis quasi nach den »Bändern« kramen, auf denen sich Ihre persönlichen Erinnerungen an Busfahrten sowie Treffen mit Ihrer besten Freundin befinden, und zudem im Film-Archiv Ihres Gehirns ein paar Clips anfordern, auf denen Johnny Depp zu sehen ist und außerdem Hochzeiten in der Karibik gezeigt werden. All diese Erinnerungen liegen vielleicht Jahre, wenn nicht sogar Jahrzehnte auseinander. Sobald Sie die nötigen Elemente aufgerufen haben, müssen Sie sie zu Ihrer gewünschten Szene zusammenfügen. Vom Kognitiven her klingt das nach harter Arbeit, und das wäre es sicher auch, wenn man wirklich so vorgehen müsste. Nur ist es aufgrund der Flexibilität unserer Erinnerungen viel leichter, weil wir die vielen verschiedenen Elemente nahtlos zu einer neuen Szene zusammenfügen können – einer Szene, die wir zuvor weder erlebt noch uns je ausgemalt haben. So bildet die Flexibilität der Erinnerungen offenbar den Schlüssel zu unserer Vorstellung einer Zukunft.[92] Die Millionen Erinnerungsfragmente aus unterschiedlichen Abschnitten unseres Lebens sind keineswegs in Stein gemeißelt – sie können sich verändern und liefern uns somit endlose, sofort verfügbare Vorstellungsmöglichkeiten. So nachteilig sich unser unzuverlässiges Gedächtnis vielleicht anfühlt, erleichtert es doch unsere gedanklichen Zeitreisen in die Zukunft.

Es ist offensichtlich, dass wir aus Erfahrungen lernen, aber wenn man da einen Schritt weitergeht, liegt der vornehmliche Zweck der Erinnerung vielleicht gar nicht im Zurückblicken, sondern vielmehr in der Fähigkeit, nach vorne schauen und uns mögliche Zukunftsszenarien vorzustellen zu können. Dieser Gedanke ist keineswegs neu. Aus dem 14. Jahrhundert stammen Abbildungen des Kopfes, in denen die Erinnerungen schlangenartig die Vorstellung füttern, und sowohl Aristoteles als auch Galenus haben Erinnerungen nicht nur als Archive unseres Lebens bezeichnet, sondern weitergehend auch als Werkzeuge der Imagination. Im Jahr 1985 präsentierte der schwedische Neurowissenschaftler David Ingvar dann eine moderne Fassung dieses Gedankens. Seither hagelte es fast schon weitere Studien zum Zukunftsdenken, auch wenn, wie gesagt, dieser Forschungsbereich längst nicht so viel Aufmerksamkeit erregt wie das Gedächtnis.

In gewisser Hinsicht ist die Imagination leichter zu erforschen als das Gedächtnis, denn man umgeht dabei die Probleme, die ich im letzten Kapitel besprochen habe, darunter etwa die Notwendigkeit, die Genauigkeit von Erinnerungen überprüfen zu müssen. Die Schönheit der Imagination liegt darin, dass man jeden Teilnehmer einer Studie bitten kann, sich genau das Gleiche vorzustellen.

✿ Nehmen Sie das Wort »Wald« und suchen Sie nach einer Erinnerung, die dazu passt. Überlegen Sie kurz, was Sie jetzt sehen, was Sie riechen, ob Ihnen kalt ist, ob Sie glücklich oder traurig sind, wer noch bei Ihnen ist und was Sie gerade machen. Jetzt stellen Sie sich ein zukünftiges Ereignis im Wald vor. Wie sieht der Wald aus? Ist er dunkel und schattig? Riecht es hier gut? Ist jemand bei Ihnen? Von welchen Gefühlen sind Sie erfüllt? Jetzt vergleichen Sie die beiden Bilder. Welches ist klarer?

Wie sich bei Laborversuchen gezeigt hat, sind Erinnerungen an vergangene Ereignisse oft plastischer als Gedanken an die Zukunft. Sie enthalten eine größere Anzahl sinnlicher Beschreibungen bezüglich Aussehen, Klang oder Geruch von Dingen. Aber wir wissen, dass von der kognitiven Leistung her die Vorstellung der Zukunft auch ohne solche Details viel anspruchsvoller als die Erinnerung an die Vergangenheit ist. Immer wieder hört man, dass die entferntere Zukunft nur skizzenhaft vorstellbar ist, weil eine detaillierte Vorstellung die reine Verschwendung kognitiver Ressourcen wäre. Aber kann das nicht einfach daran liegen, dass wir zu wenig Informationen haben? Ich kann mir problemlos dabei zusehen, wie ich in einem Monat daheim zu Mittag esse, aber ein häusliches Mittagessen in zehn Jahren ist viel schwerer vorstellbar, schließlich weiß ich nicht, wo ich dann wohne und wie demgemäß meine Umgebung aussieht. Wie Forschungen – passend dazu – ergeben haben, ist analog zu den Erinnerungen, die für die letzte Woche klarer sind als für einen Zeitpunkt vor zehn Jahren, ein korrespondierender Effekt auch für das Zukunftsdenken feststellbar. Ereignisse der näheren Zukunft sind präziser vorstellbar als solche in einer entfernten Zukunft.[93]

Aber obwohl die Vergangenheit uns deutlichere Beschreibungen liefert, ist es die Zukunft, die uns emotional mehr anspricht. Untersuchungen haben gezeigt, dass die Antizipation stärkere Gefühle hervorruft als die Retrospektion, seien sie negativ oder positiv. Für manche Menschen ist die Vorfreude auf einen Urlaub genauso gut oder sogar besser als der Urlaub selbst. Zukunftsvorstellungen sind insgesamt optimistischer und gleichzeitig auch persönlicher.[94] Die meisten von uns glauben, in einem Monat mehr Geld zu haben, und je weiter wir in die Zukunft blicken, desto optimistischer sind wir. Berufsspieler sind davon überzeugt, dass sie in der entfernten Zukunft mehr Glück haben werden und schließen jetzt eher sichere, auf längere Sicht aber gern auch riskantere Wetten ab. Als Studenten zehn wichtige Ereignisse der Vergangenheit sowie zehn in der Zukunft aufschreiben sollten, waren die zukünftigen insgesamt positiver.[95] Jetzt denken Sie vielleicht, dieser Optimismus würde vom Alter abhängen. Doch die Mehrheit der Menschen geht noch mit 75 davon aus, dass die Zukunft besser wird als die Vergangenheit.[96] Und wenn man Leute bittet, sich negative Ereignisse der Zukunft auszumalen, brauchen sie dafür länger als für die Aufzählung vergangener Negativerlebnisse.

Bleibt noch die Frage, warum die emotionale Reaktion auf Zukunftsvorstellungen stärker ist als die auf Erinnerungen an die Vergangenheit? Die Antwort könnte mit dem Aspekt der Unsicherheit zu tun haben. Auf eine solche reagieren wir immer stark, und rein von der Logik her ist die Zukunft eben unsicherer als die Vergangenheit. Wie sieht es aber aus, wenn ein zukünftiges Ereignis keinerlei Unsicherheit birgt und ganz bestimmt traumhaft schön wird?

✿ Stellen Sie sich vor, Sie haben soeben einen Umschlag geöffnet. Darin finden Sie einen Brief des Inhalts, Sie hätten einen All-Inclusive-Urlaub für zwei im kanadischen Skigebiet Whistler-Blackcomb gewonnen. Enthalten sind Skipässe, Leih-Ausrüstung, Skikurs und fünf Nächte in einer Suite mit Whirlpool im Fünf-Sterne-Hotel Château Whistler, das nur fünf Minuten vom nächsten Lift entfernt ist.

Ihr erster Gedanke wird vielleicht sein, dass Sie jemand verschaukeln will, aber die Teilnehmer an dieser Studie sollten eben so tun, als sei alles echt und als hätten sie bei einem Preisausschreiben mit exakt diesem Hauptgewinn mitgemacht. Nun bat man die eine Hälfte, auf einer Skala anzugeben, wie sehr sie sich auf den Urlaub freuten. Die anderen mussten sich vorstellen, sie hätten die Sache bereits hinter sich, um daraufhin den Grad ihrer Zufriedenheit zu nennen. Diejenigen, die den imaginären Urlaub noch vor sich hatten, waren glücklicher als die, die sich zurückerinnerten.[97] Bei dieser Aufgabe war keinerlei Unsicherheit enthalten, was die Vermutung nahelegt, dass der emotionale Charakter des Zukunftsdenkens anders erklärt werden muss. Eine der existierenden Theorien der Gefühle besagt, dass sie den Zweck haben, uns auf Handlungen vorzubereiten und dabei einerseits das Negative zu vermeiden, andererseits das Positive anzustreben. Das würde hier eigentlich gut passen. In Bezug auf die Vergangenheit müssen wir uns nicht auf Handlungen vorbereiten, deshalb müssen Erinnerungen auch nicht so von Emotionen begleitet sein wie Gedanken an die Zukunft.

Das Zukunftsdenken ist logischerweise sinnvoll, wenn es ums Planen geht. Es erlaubt uns, hypothetische Situationen durchzuspielen, bevor wir eine Entscheidung treffen, und bildet den Schlüssel zur außerordentlichen Fähigkeit des Menschen, sich an seine Umgebung anzupassen. Das geistige »Ausprobieren« einer zukünftigen Handlung kann aber gelegentlich so real werden, dass wir davon überzeugt sind, wir hätten sie tatsächlich unternommen. So wie Elizabeth Loftus ihren Versuchsteilnehmern falsche Erinnerungen einpflanzen konnte, tun wir das bei uns selbst – wie mit der E-Mail, die wir abgeschickt haben, die wir aber, wie wir dann später feststellen, nur schreiben *wollten*. Wenn man bedenkt, dass für den Umgang mit Vergangenheit und Zukunft dieselben Hirnregionen beansprucht werden und ganz ähnliche Prozesse ablaufen, sollte man sich eher wundern, dass da nicht viel mehr Verwirrung entsteht. Nach Meinung einiger Forscher ist es die Intensität der Erinnerungen, die uns ermöglicht, sie von Gedanken an die Zukunft zu unterscheiden. Wenn wir Fehler machen, erfolgen diese nur in einer Richtung. Wir denken, wir haben etwas, das wir uns vorgenommen haben, auch tatsächlich getan. Dass uns das andersherum passiert – und wir eine Erinnerung für einen Tagtraum halten –, ist eher die Ausnahme.

Alan Johnstons Erlebnisse als Geisel zeigen, wie ungemein wirksam die Vorstellungskraft sein kann. Auch wenn wir sie im Alltag bei weitem nicht so bewusst einsetzen wie er, praktiziert doch jeder, der vor einem Bewerbungsgespräch über mögliche Antworten nachgedacht oder ein bevorstehendes Streitgespräch mit dem Chef durchgespielt hat, die Strategie des mentalen Ausprobierens. Im Sport ist es heute üblich, dass die Athleten sich auch in visueller Imagination üben – und sich genau vorstellen, wie sie gewinnen. Tennisspieler erlernen Übungen, um vor dem nächsten Aufschlag wieder ihren Idealzustand zu erlangen und dafür alles wegzuschieben, was beim letzten Ballwechsel passiert ist. Nach einem Fehlurteil des Linienrichters wird sich ein Spieler mit unbedingtem Siegeswillen sammeln, die Vergangenheit ausschalten und nur an die Zukunft denken – nämlich an das As, mit dem er sich den nächsten Punkt holen wird. Billardspieler nutzen die Imagination, um die Kugel pfeilgerade und schnell auf das gewählte Loch zurollen zu sehen. Ich selbst war nur ein einziges Mal gut beim Poolbillard, nämlich damals, als ich mit einem Sportpsychologen spielte, der Olympiateilnehmer betreute. Immer wenn ich an der Reihe war, brachte er mich durch motivierende Worte dazu, mir den perfekten Stoß vorzustellen. Erstaunlicherweise klappte das. Danach freute ich mich auf die nächste Gelegenheit, jemanden mit meinem sagenhaften Können am Billardtisch zu beeindrucken, nur hatte mich mit dem Psychologen auch die Fähigkeit zur Imagination – und damit der Durchführung – des perfekten Stoßes verlassen. Aus diesem Grund trainieren Sportler nicht nur ihre jeweilige Disziplin, sondern in zunehmendem Maß auch die Imaginationsfähigkeit.

Sie müssen nicht unbedingt ein Spiel gewinnen wollen – die Imagination der Zukunft kann Ihnen auch bei ganz alltäglichen Dingen helfen. Je detaillierter man sich ein zukünftiges Ereignis bildlich vorstellt, desto eher erinnert man sich auch daran. Wollen Sie also sicherstellen, dass Sie beim Heimfahren auf keinen Fall die Eier vergessen, dann malen Sie sich aus, wie Sie ins Geschäft gehen, im richtigen Gang stehen, das Regal mit Eiern der Größe M vor sich haben, die Packung öffnen und prüfen, ob auch keines angeknackst ist, und sie dann zur Kasse tragen, um dort Ihren Einkauf zu bezahlen. Das ist viel effektiver, als wenn Sie ständig zu sich selbst sagen: »Auf keinen Fall die Eier vergessen.« Die Methode hilft auch in anderen Situationen. Wenn eine Prüfung bevorsteht, können Sie allein durch Ihr Denken die Note verbessern, nur müssen Sie es eben richtig machen. Bei einer Studie verbrachte eine Gruppe von Studenten in der Woche vor einem Examen täglich fünf Minuten damit, sich den Moment vorzustellen, in dem man ihnen ihr Ergebnis mitteilte – eine Eins. Eine zweite Gruppe stellte sich in der gleichen Zeit vor, sie würde sich auf diese Prüfung vorbereiten, also einen ruhigen Ort zum Lernen suchen und alles soweit klarmachen. Als die Noten dann bekanntgegeben wurden, war es diese Gruppe, die besser abgeschnitten hatte.[98]

Die Selbstmord-Insel

Die bewusste Entscheidung, sich über die Imagination in eine Zukunft zu versetzen, kann viel Nutzen bringen, nur schleudert uns das Denken auch gegen unseren Willen in die Zukunft – und das kann tödliche Folgen haben. Zehn Kilometer südwestlich der Insel Hongkong liegt die viel kleinere Insel Cheung Chau. An dem Samstag, an dem ich sie besuchte, war die Fähre randvoll mit Familien, allesamt bepackt mit Picknickkörben und Badehandtüchern. Im großen

Aufenthaltsraum hing ein Schild mit der Aufschrift: »Bitte nehmen Sie Rücksicht. Sprechen Sie leise!« Die meisten waren viel zu aufgeregt, um darauf zu achten.

Als ich später an der Promenade saß und meine Dim Sum kaute, staunte ich über eine absurde Mischung aus chinesischem Alltag – Stände, an denen traditionelle Kräutermedizin angeboten wurde; kleine Fische, auf Gittern zum Trocknen aufgereiht – und britischer Seebad-Atmosphäre: Kinder mit Schaufel und Eimer, die ihre Eltern um ein Eis anbettelten. Junge Männer fuhren auf Dreirädern vorbei, die Freundin hinten auf dem Rücksitz und von blau-weiß-gestreiftem Tuch beschattet. Der Hafen war derart voll mit Dschunken und bunt angemalten Fischerbooten, dass man das Wasser fast nicht mehr sehen konnte. Ein paar hundert Meter entfernt, auf dem Gelände neben dem buddhistischen Tempel, entfernten Bauarbeiter die Bambusverkleidung eines Stahlgerüsts. Es war anlässlich des jährlichen »Brötchenfests« errichtet worden, in dessen Rahmen auch das berühmte »Brötchenklettern« stattfand. Dabei erklimmen Männer die sechs Meter hohen Aufbauten, die mit klebrigen Brötchen bedeckt sind und die Form einer Pyramide haben. Der Aufstieg ist so gefährlich, dass nach einem Unfall in den 1970er Jahren, bei dem ein Turm umstürzte und 30 Menschen verletzt wurden, die Teilnehmer vorab einen speziellen Kletterkurs mit Zertifikat nachweisen müssen. Und leider sind auch die Brötchen nicht mehr echt.

Hoch über dem Brötchenturm, dem Tempel und dem Hafen sieht man in den Hügeln gewaltige Blocks mit Ferienwohnungen. Aufgrund der herrlichen Sandstrände und der Alleen mit pastellfarbenen Häuschen könnte dies tatsächlich ein perfekter Ferienort sein. Nur steht die Insel seit Beginn des 21. Jahrhunderts in dem Ruf, dass nicht jeder, der hierher kommt, auch wieder lebendig abfährt. Ein paar Leute kamen nämlich mit einem ganz besonderen Plan her – mit dem Plan, zu sterben. Die kleine Gemeinde musste in manchen Jahren mit bis zu zwölf Selbstmorden umgehen. Nicht nur hatten die Einheimischen den Ärger mit wildfremden Leichen, die Sache war auch schlecht fürs Geschäft. Die Selbstmordrate in Hongkong ist vier Mal höher als die in Großbritannien. Experten begründen das mit dem hohen Lebensdruck, der in einer von Wettbewerb bestimmten, komplett übervölkerten Großstadt herrscht, und der parallel dazu herrschenden Sitte, das Erbitten von Hilfe als ehrenrührig zu betrachten.

Die älteste psychiatrische Klinik von Hongkong ist zwar längst modernisiert, aber immer noch so berühmt-berüchtigt, dass die Leute im Spaß sagen, wer nicht aufpasse, würde in »Castle Peak« landen. Hier traf ich Angela, die aus einer ländlichen Gegend Chinas auf die Insel kam, um Arbeit zu finden. Sie erzählte mir, ein Leben voller Armut und Diskriminierung habe sie vollkommen zugrunde gerichtet. Nach der Geburt ihrer jüngsten Tochter wurden bei ihr Depressionen diagnostiziert, weshalb sie das Baby für ein Jahr in Pflege geben musste. Sie hielt sich für eine schlechte Mutter und kam vor lauter Verzweiflung zu dem Schluss, dass ihre Kinder in einem anderen Leben – in der anderen Welt, wie sie es formulierte – besser dran wären als in diesem. Sie beschloss, zuerst ihre Kinder zu töten und dann sich selbst. Zum Glück erzählte sie jemandem im Krankenhaus, was sie da vorhatte, und bekam Hilfe, bevor sie zur Tat schreiten konnte. Jetzt war sie Anfang 50 und, wie sie mir erzählte, nicht mehr ganz so unglücklich wie vorher. Aber obwohl es jetzt weniger

Streitereien mit ihrem Mann gab, hatte sie bezüglich der Zukunft wenig Hoffnung.

Angelas Plan wurde nicht ausgeführt, aber andere kamen auch weiterhin nach Cheung Chau, um sich umzubringen. Das änderte sich, als die Gemeinde Rat beim Centre for Suicide Research an der Hongkong-Universität einholte. Dort haben Forscher herausgefunden, dass mindestens ein Drittel aller Selbstmörder aus einem Impuls heraus handelt und davor keinerlei Anzeichen einer geistigen Störung erkennen lässt. Wenn man also diesen Menschen die erste Möglichkeit dazu nimmt, probieren sie es höchstwahrscheinlich nie wieder. In Großbritannien wurden seit 1958 durch die Umstellung von Kohlegas, das einen umbringt, wenn man genug davon einatmet, auf das viel ungefährlichere Erdgas ganze 7000 Menschenleben gerettet,[99] während die Selbstmordrate in Samoa nach dem Wechsel von Paraquat zu weniger giftigen Pestiziden drastisch abnahm. Die Bewohner von Cheung Chau probierten etwas Ähnliches. Als sich der Touristenstrom die Rampe der Fähre hinunterschob, sah ich zwei Polizisten, die ganz harmlos am Kai standen. Sie hielten Ausschau nach Einzelpersonen, die irgendwie angeschlagen wirkten. Wenn sie so jemanden entdecken, gehen sie auf ihn zu und bieten ihm Hilfe an. Die Ferienwohnungen werden nicht mehr an Einzelpersonen vermietet, und wenn ein Besitzer sich Sorgen macht, klopft er auch mehrmals an der Tür und fragt, ob er irgendwie helfen kann. Polizeistreifen sind auf der Insel unterwegs, um in verdächtigen Situationen sofort handeln zu können. Den Experten zufolge werden manche, die ihrem Leben ein Ende setzen wollen, das auch weiterhin tun, aber für die Gemeinde hat sich dennoch viel verändert. Selbstmord ist dort jetzt kein so großes Problem mehr.

Man kann sich nur schwer vorstellen, was im Kopf von Leuten wie Angela oder den Inselbesuchern mit Selbstmordabsicht vorgeht. In einem früheren Kapitel wurde bereits besprochen, wie sich bei jemandem, der an Selbstmord denkt, die Zeitwahrnehmung so sehr verändern kann, dass die Person Probleme hat, sich überhaupt eine Zukunft vorzustellen. Aber erst kürzlich wurde bekannt, dass suizidgefährdete Menschen eine besondere Art der Zukunfts-Imagination erleben – unfreiwillige *Vorwärts*-Flashs in die Zukunft. Genau wie bei Flash*backs* nach einem Trauma tauchen diese Bilder nicht nur dann auf, wenn man sie am wenigsten gebrauchen kann, sie sind auch kaum zu beseitigen. Emily Holmes, die am Psychiatrischen Institut der Oxford University arbeitet, hat herausgefunden, dass Menschen, die Selbstmordabsichten hegen, in Momenten größter Verzweiflung von Bildern ihres imaginären Selbstmords heimgesucht werden.[100] Einer ihrer Patienten sah mehrmals vor seinem geistigen Auge, wie er über einen Abschiedsbrief nachdachte und dann über eine bestimmte Klippe sprang. Die Szene stand so klar und deutlich vor ihm, dass er seine Füße, das Gras und die Felsplatte unter sich sehen konnte. Er hatte mehrmals die Klinik verlassen und versucht, genau zu dieser Klippe zu kommen. Eine Frau sah Bilder vor sich, in denen sie in einem kalten, feuchten Sarg lag.[101] Ein weiterer Mann hatte Visionen von der Stelle, an der er täglich vorbeifuhr und an der er seinen Wagen irgendwann zu Schrott fahren wollte. Manche zogen Trost aus diesen Bildern – auch durch ihre Deutlichkeit –, andere bekamen Angst. Folgendes sah eine Frau vor sich, als sie den Sprung von einem fünfstöckigen Gebäude plante: »Ich schlage auf der Straße auf, auf dem Asphalt. Ich sehe, wie mein Gehirn aufplatzt wie ein Kürbis, ich sehe mir dabei zu, sehe mich fallen, mit wehendem Haar und flatternder Kleidung, der Schädel zersplittert in kleine Stücke, es klingt wie eine Wassermelone, wie ein dumpfes Platschen. Die Autos halten an, Leute schreien, meine Mutter kommt kreischend angerannt, sie weint, mein Vater steht unter Schock, das Gesicht so zerrüttet, dass man es kaum erkennt.« Dieses deutliche Bild verfolgte sie. Etliche der Betroffenen sagen, dass ihre Visionen von nun an ihr Leben bestimmten.

Die Forschungen zum Zukunftsdenken lassen vermuten, dass diese Bilder ernsthafte Konsequenzen haben könnten. Durch etliche Studien ist belegt, dass wir Dinge, die wir schon gedanklich durchgespielt haben – ob das eine Blutspende oder ein Gang zum Wahllokal ist –, im wirklichen Leben eher tun als andere. Psychotherapeuten und Ärzte fragen rein routinemäßig, ob ein leidender Patient schon einmal an Selbstmord gedacht habe, aber nur selten erkundigt sich jemand nach diesen unfreiwilligen Zukunftsvisionen. Die Entdeckung dieser Vorwärts-Flashs könnte auch therapeutischen Nutzen haben: Man könnte mit der selbstmordgefährdeten Person über die Bilder reden und durch den Austausch des Endes zeigen, dass doch auch eine andere Zukunft vorstellbar wäre.

Dieser eher verstörende Fund zeigt aber, wie mächtig das Zukunftsdenken ist. Klar handelt es sich hier um eine extreme Situation, aber unser Verstand bewegt sich viele Male am Tag in Richtung Zukunft. Das führt uns zu der Frage, ob eine Beschäftigung mit der Zukunft möglicherweise sogar der Normalzustand des Gehirns sein könnte.

An gar nichts denken

Wie so mancher habe auch ich mich als Studentin mit Meditation beschäftigt. Und wie jeder andere im Kurs habe auch ich eine dieser Postkarten gekauft, auf denen die Probleme damit zusammengefasst sind. Auf der Karte ist ein Mann zu sehen, der mit gekreuzten Beinen dasitzt und zu meditieren versucht. Um ihn herum sind Blasen mit unerwünschten Gedanken: »Ich glaube, ich kann das nicht.« »Denke ich an das Richtige?« »Meine Knie tun weh.« Dann schweift er gedanklich in die Zukunft. »Wann ist die Stunde zu Ende?« »Wie komme ich heim?« »Was esse ich heute Abend?« »Was mache ich an Weihnachten?«

Die Postkarte soll illustrieren, wie schwer Meditieren eigentlich ist, aber sie zeigt auf amüsante Weise auch etwas ganz anderes: die Grundeinstellung des Gehirns. Die Vorstellung, dass wir nur zehn Prozent unseres Gehirns nutzen, ist ein reiner Mythos. Selbst wenn man ganz ruhig daliegt und anscheinend an gar nichts denkt, bleiben etliche Hirnregionen auch weiterhin aktiv. Hier kommt die faszinierendste Erkenntnis zu unserem Entwurf der Zukunft ins Spiel. Alle drei der hierbei hauptverantwortlichen Hirnregionen sind Teil des Grundeinstellungs-Netzwerks. Das Gehirn scheint fast darauf programmiert zu sein, in Momenten fehlender Auslastung die Zukunft zu imaginieren. Beim Meditieren muss man dasitzen und einfach verfolgen, wie die Gedanken kommen und gehen. Wenn man das probiert, und sei es nur kurz, stellen sich beinahe zwangsläufig Gedanken an die Zukunft ein.

Tagträumen ist für viele von uns reine Zeitverschwendung. Ständig bekämpfen wir unseren Mangel an Konzentration, aber nimmt man mal die Leute beiseite, die zu obsessiver Tagträumerei neigen, ist die Fähigkeit, die Gedanken schweifen zu lassen, äußerst nützlich. Es gibt einen Grund dafür, dass unser Gehirn hier so viel Aufwand betreibt. Mit dem Verfahren des »Thought Sampling« (Gedanken-Abfrage) kann man die Häufigkeit von Tagträumen messen. Forscher an der Harvard University setzten eine iPhone-Anwendung ein, um bei 5000 Menschen in 83 verschiedenen Ländern das Umherschweifen der Gedanken zu verfolgen. Das Gerät schreibt sie in zufällig gewählten Abständen an und fragt, wie glücklich sie momentan sind, was sie gerade machen und ob sie darüber hinaus vielleicht auch noch an etwas anderes denken. Wie sich zeigte, ließen die Leute in einem Drittel ihrer Zeit die Gedanken schweifen. Eine Ausnahme bildete hierbei Sex, bei dem die Teilnehmer meinten, sie würden sich einzig und allein auf die Sache konzentrieren (und doch irgendwie iPhone-Botschaften beantworten?). In starkem Gegensatz zum optimistischen Charakter absichtlicher Zukunftsvorstellungen macht unfreiwilliges Umherschweifen der Gedanken die Leute aber leider gar nicht glücklich. Bei der Hälfte davon ging es immerhin um angenehme Themen, nur brachte nicht einmal das echtes Wohlbefinden. Tagträume, die neutral oder unangenehm waren, machten die Leute sogar unglücklich. Das Imaginieren der Zukunft mag also seinen Nutzen haben, aber wenn es unfreiwillig passiert, geht es, wie die Autoren schreiben, »auf Kosten der Emotion«.[102]

Unser Denken ist also ständig in Bewegung und stellt sich auf verschiedene Art und Weise die Zukunft vor. Aber warum nutzt unser Gehirn nicht die Chance, sich im passenden Moment einfach auszuruhen? Würden wir uns ständig auf bevorstehende Ereignisse und konkrete Pläne konzentrieren, wäre die Beschäftigung mit der Zukunft ja durchaus sinnvoll, nur beschwören wir oft genug Situationen herauf, die zwar lebensverändernd sein könnten, aller Wahrscheinlichkeit aber niemals eintreten – warum tun wir das? Tagträume helfen uns zweifellos dabei, uns auf mögliche Zukunftsszenarien vorzubereiten, wobei Moshe Bar von der Medizinischen Fakultät in Harvard noch einen Schritt weitergeht. Seiner Meinung nach gibt es für Tagträumerei einen indirekten Grund – dass nämlich dadurch Erinnerungen an Ereignisse entstehen, die zwar nie stattgefunden haben, auf die wir aber im Bedarfsfall zurückgreifen können. Jeder Mensch, der in ein Flugzeug steigt, überlegt sich, was im Fall eines Absturzes passieren wird. So wie Bar das sieht, kommen bei einem tatsächlichen Zwischenfall die Tagträume bisheriger Flüge ins Spiel und verhelfen uns zum Überleben.[103]

Forschungen zeigen immer deutlicher, dass unser Gehirn dazu neigt, sich mit der Zukunft zu beschäftigen. Bei einer der Studien mussten die Teilnehmer so tun, als würden sie entweder in der Gegenwart, *vor* zehn Jahren oder *in* zehn Jahren leben, und dann so schnell wie möglich darüber entscheiden, ob eine Abfolge von Ereignissen unterschiedlichen Datums in Vergangenheit oder Zukunft stattgefunden haben könnte. Bei zukünftigen Ereignissen waren sie bei weitem schneller, und zwar interessanterweise auch dann, wenn sie sich gedanklich zehn Jahre zurückversetzt hatten.[104] Das lässt vermuten, dass wir ständig zu einem Zukunftsdenken tendieren. Man addiere hierzu die Stärke der Gefühle beim Zukunftsdenken sowie die Tatsache, dass es der Normalzustand des unausgelasteten Gehirns ist, dann heißt das zumindest für mich, dass in unser aller Zeiterleben die Zukunft den dominantesten Zeitrahmen darstellt. Wir sind dazu bestimmt, uns in der Zeit nach vorne zu katapultieren. Die Fähigkeit, die Zukunft zu imaginieren, wird von uns als selbstverständlich erachtet und letztendlich gar nicht als besondere Fähigkeit wahrgenommen, und doch wurde dieser imaginative Konstruktionsprozess als etwas beschrieben, das mit den »Gipfel des menschlichen Intellekts« bildet.[105] Es ist unsere Fähigkeit, gedankliche Zeitreisen zu unternehmen, die uns das Erlebnis einer geistigen Realität schenkt. Sie sorgt für unsere Verankerung.

Eine falsche Zukunft

Es gibt aber ein Problem. Auch wenn wir nach vorne denken können, sind wir dadurch noch lange nicht in der Lage, die Zukunft vorherzusehen oder sie objektiv zu imaginieren. Die Zukunft ist ein Zeitrahmen, den wir nur schwer fassen können. Bei seinen umfangreichen Forschungen hat der amerikanische Psychologe Dan Gilbert entdeckt, dass wir beim Umgang mit der Zukunft etliche Fehler machen. Der erste entsteht dadurch, dass wir Erinnerungen an die Vergangenheit mit Vorstellungen von der Zukunft verschmelzen. Dieser Erinnerungs-Remix ermöglicht uns zwar eine umfassende Imagination, bringt aber mit sich, dass sich unsere Zukunftsentwürfe an der Vergangenheit orientieren, und zwar ohne jeden Hinweis auf eine mögliche Wiederholung. Wenn man ins Krankenhaus muss, erinnert man sich an den letzten Klinikaufenthalt und geht davon aus, dass dieser so ähnlich sein wird, auch wenn der letzte in einem anderen

Krankenhaus, einer anderen Stadt und einem komplett anderen Jahrzehnt stattfand. Finanzexperten warnen davor, die bisherige Entwicklung eines Investmentfonds als Indikator für zukünftige Entwicklungen zu nehmen. Aber wie viele Menschen nehmen so eine Aussage ernst und investieren gezielt in einen Fonds, der eher vor sich hin dümpelt? Es liegt in der Natur des Gedächtnisses, dass es unsere Gedanken manipuliert. Unsere kognitiven Prozesse bevorzugen das Extreme, das Erste und das jüngst Zurückliegende. Wenn wir uns also die Zukunft vorstellen, kommen uns genau solche Dinge in den Kopf, während wir das Normale, Typische eher ignorieren.[106]

Es gibt noch ein zweites Problem. Wenn wir ein zukünftiges Ereignis im Kopf simulieren, beachten wir dabei nur die wichtigsten Elemente, also die Bestandteile, die wir für das Erlebnis als grundlegend erachten. Nehmen wir an, Sie fahren aus der Stadt, um draußen in der Natur spazieren zu gehen und dann in einem Landgasthof schön zu essen. Sie stellen sich vor, wie Sie über Zäune klettern, die Wege entlanggehen und sich wünschen, auch in so einem hübschen Cottage zu wohnen, dann auf einen Berg steigen, auf der anderen Seite ein grünes Tal erreichen und im Dorf schließlich ein gemütliches Gasthaus finden. Vielleicht stimmt das ja. Vielleicht kommt alles genau so, wie Sie sich das vorgestellt haben. Nur hat der Ausflug mit Sicherheit auch ein paar weniger angenehme Aspekte, die bei unserem Vorab-Bild des Tages weggelassen werden – der Stau auf der Ausfallstraße, der Halt an der Tankstelle, die Suche nach einem Parkplatz, das Abkommen vom Weg mit verzweifelter Suche nach dem richtigen, das Erreichen der Wirtschaft sowie die Entdeckung, dass es leider keine freien Tische gibt. Die

Konzentration auf die von uns als solche erachteten Haupt-aspekte einer möglichen Zukunft hat zur Folge, dass wir uns nur die besten Elemente vorstellen. Bei einem unangeneh-men Ereignis ist es genau andersherum. Wir verfluchen es von vorne bis hinten, konzentrieren uns auf die negativen Aspekte, nur wird manches davon gar nicht so schlimm sein. Okay, es ist nicht wahnsinnig angenehm, zum Arzt zu gehen und sich untersuchen zu lassen, was aber noch lange nicht heißt, dass wirklich jede Sekunde des Besuchs *un*angenehm ist. Manches wird neutral sein: Man hängt seine Jacke auf, blättert im Wartezimmer die Zeitschriften durch, redet mit dem Arzt, macht mit der Mitarbeiterin einen neuen Termin aus. Im Verhältnis zur Gesamtdauer der Aktion ist die Unter-suchung als solche vermutlich recht kurz, nur stellt man sich diesen Teil im Vorfeld als einzigen vor, was einen emotional überreagieren lässt. Vielleicht sagt man sich, dass es ja nie so schlimm kommt wie befürchtet und man hinterher ange-nehm überrascht sein wird. Aber genau dieses Phänomen kann uns auch zu merkwürdigen, vielleicht sogar falschen Entscheidungen bringen. Das nennt man dann »Impact Bias« oder »Verzerrungseffekt«.

Bei positiven Ereignissen erwarten wir das Beste, bei nega-tiven das Schlechteste. Unsere Vorstellung ist so, dass wir be-züglich schlimmer Dinge fürchten, nicht mit ihnen umgehen zu können, bei freudigen hingegen annehmen, wir würden darüber so glücklich sein, dass unser Leben ab jetzt anders verläuft. In beiden Fällen sind wir aber dieselbe Person wie vorher. Wenn der erste Moment überstanden ist, werden im guten wie im schlechten Fall die Emotionen abflauen, und wir sind nur ein klein wenig besser oder schlechter dran als jetzt. Insgesamt liegt das an der Art und Weise, mit der wir zukünftige Zeiträume betrachten – ein Ereignis ganz durchzuspielen, würde viel zu lange dauern, deshalb stutzen wir es zurecht und konzentrieren uns vornehmlich auf die ersten Sekunden. Wenn Sie mit Ihrem Partner zusammenziehen, denken Sie zum Beispiel daran, wie viel Freude Sie am gemeinsamen Leben und der Gestaltung Ihrer Wohnung haben werden, und nicht an die Routine, die sich im fünften oder auch erst zehnten Jahr einstellen wird. Dan Gilbert hat untersucht, wie Leute sich ihr Leben vorstellen, wenn sie entweder das Glück hatten, im Lotto sechs Richtige zu tippen, oder so vom Pech verfolgt waren, dass sie jetzt gelähmt sind.[107] Die mit dem Lottogewinn stellen sich vor, sie würden das mit Champagner feiern, mit einem vergrößerten Papp-Scheck in Millionenhöhe posieren, Testfahrten mit Sportwagen machen und all ihren Freunden einen Urlaub spendieren. Spaß ohne Ende. Im Fall der Behinderung imaginieren die Leute den Moment des Schocks, den Verlust des Arbeitsplatzes und die mühevolle Umgestaltung der Wohnung. Alles im Eimer. Bei beiden Situationen konzentrieren sich die Leute auf die anfängliche Wirkung – und denken, das erlebte Gefühl würde lange anhalten. Nur übersehen sie dabei, dass sie sich anpassen werden. Manches von dem, was anfänglich größtes Glück oder größtes Entsetzen ist, wird sich einfach abnutzen. Wenn die lang ersehnte Beförderung endlich kommt, hält, wie Forschungen zeigen, die Freude darüber nur rund drei Monate an. Danach hat man sich an sein neues Leben gewöhnt und nicht nur ein paar Nachteile der jetzigen Tätigkeit entdeckt, sondern auch bemerkt, dass manche Beschwerlichkeiten nach wie vor vorhanden sind. Man muss weiterhin pendeln. Weiterhin früh aufstehen. Hier wie dort muss man sich mit *einem* nervigen Kollegen herumschlagen. Umgekehrt ist das genauso: Wenn man den Job, den man liebt, aufgeben und etwas anderes machen muss, gewöhnt man sich mit der Zeit daran. Wie Gilbert festgestellt hat, kommen Menschen sogar mit einer schweren Behinderung mittel- bis langfristig viel besser klar, als ursprünglich angenommen (auch wenn die Anfangsphase schlimm sein kann). Irgendwann befindet sich so jemand nicht weit unterhalb seines ursprünglichen Glücksniveaus. Wenn er vorher schon recht glücklich war, ist er jetzt vielleicht immer noch glücklicher als der Lottogewinner, der anfangs weniger glücklich war und dessen Hochstimmung jetzt zunehmend nachlässt.

Es gibt eine ganze Reihe von Beispielen aus dem wirklichen Leben, bei denen die Menschen ihre zukünftigen Gefühle deutlich überschätzt haben. So dachten etwa Leute, die aus dem Mittleren Westen der USA nach Kalifornien übersiedeln wollten, dass sie aufgrund des schönen Wetters in ihrer neuen Heimat viel glücklicher sein würden als bisher. Nur traf das dann nicht zu, denn das Wetter ist nur einer der Faktoren, die zu einem guten Leben beitragen. Als einer anderen Gruppe von Leuten etwas durch und durch Positives mitgeteilt wurde – das Testergebnis, dass keiner wie befürchtet an AIDS erkrankt war –, erzeugte das erheblich geringere Glücksgefühle als erwartet.[108]

Dan Gilbert denkt sich mit seinen Kollegen hypothetische Situationen aus und lässt Testpersonen sagen, wie sie sich dabei fühlen würden. Manchmal sind das ganz alltägliche Situationen – die von ihnen favorisierte Mannschaft gewinnt oder verliert ein Match–, manchmal geht es dabei aber auch viel ernsthafter zu. Zum Beispiel bittet Gilbert eine Mutter von zwei Kindern, sich vorzustellen, wie es ihr in sieben Jahren gehen wird, nachdem eines der Kinder gestorben ist. Sie meint, sie würde sich rund um die Uhr ganz schrecklich fühlen, lässt dabei aber außer Acht, dass es trotz dieses furchtbaren Ereignisses und der vollkommenen Veränderung ihres Lebens doch den einen oder anderen Glücksmoment mit ihrem zweiten Kind geben dürfte.[109]

Erstaunlicherweise haben Studien wie diese manchmal auch etwas vorweggenommen, was dann eintrat. Im Jahr 2000 sollten Leute sagen, wie sie sich bei der Meldung fühlten, das Space-Shuttle Columbia sei verunglückt und habe ein Dutzend Astronauten mit in den Tod gerissen.[110] Bei dieser Version der Geschichte kollidierte es noch mit der Raumstation MIR, nur kam es drei Jahre später tatsächlich zu einer Explosion des Space-Shuttles, was alle sieben Insassen das Leben kostete. In der gleichen Studie mussten die Teilnehmer sich vorstellen, die USA würden im zweiten Golfkrieg Saddam Hussein besiegen. Auch hier war die Fiktion dem wahren Ereignis drei Jahre voraus.

Zusammenfassend kann man sagen, dass das Zukunftsdenken eine wichtige Rolle spielt und vielleicht sogar die Grundeinstellung des Gehirns ist, wir dabei aber die Tendenz haben, uns auf die frühesten und hervorstechendsten Merkmale eines Ereignisses zu konzentrieren und unsere Vorhersagen nicht etwa an unseren durchschnittlichen, sondern eher an den extremsten Erfahrungen orientieren. Und genau wie die Kinder mit den Brezeln, die sich nicht vorstellen konnten, dass sie am nächsten Tag nicht mehr so durstig sein würden wie im Moment, haben auch wir Erwachsene immer wieder Probleme damit, ein gegenwärtiges Gefühl als eben das zu betrachten. Wenn jemand nicht hungrig ist, wird er die Vorstellung, morgens einen Teller Spaghetti Bolognese zu essen, wohl ziemlich abstrus finden, aber stellt man ihm die gleiche Frage, wenn er Hunger hat, wird die Idee einer Abendmahlzeit zum Frühstück nicht mehr ganz so abwegig sein. Unser Verstand kann überzeugende Simulationen der Zukunft generieren, nur sind sie eben nicht perfekt, gerade was ihren emotionalen Gehalt betrifft. Wir sind einfach nicht gut darin, unsere zukünftige Gefühlslage vorherzusagen, was immer wieder zu eher unvorteilhaften Entscheidungen führt.

Schlechte Entscheidungen

Die Art und Weise, mit der unser Denken die Zukunft behandelt, wirkt sich stark auf unsere Entscheidungsfindung aus. Nicht nur der Verzerrungseffekt kommt hierbei zum Tragen, sondern oft auch eine Fehleinschätzung dessen, was uns wohl glücklich machen wird. Wenn wir beschließen, umzuziehen, ist das meist von der Überzeugung begleitet, unser zukünftiges Glück würde vom Finden der richtigen Wohnung in der richtigen Gegend abhängen. Dabei beruht dieses Glück viel stärker auf dem Verhältnis zu unserem Partner und den anderen Mitbewohnern.[111] Und wenn jemand verkündet, sie oder er werde den jetzigen Job gegen einen besser bezahlten eintauschen, halten das wohl die meisten Freunde für einen logischen Schritt. Nur ist es so, dass unser Wohlbefinden viel mehr von unseren Kollegen und einer guten Arbeitsatmosphäre abhängt als von einer kleinen Gehaltserhöhung.

❂ Sie müssen zwei Projekte fertigstellen. Eines ist leicht, weil es in Ihrer Muttersprache ist, nur geht es dabei um die Geschichte der Sozialpsychologie, womit Sie nicht viel anfangen können (warum eigentlich – ist doch interessant?). Das zweite Projekt ist etwas schwieriger, weil es in einer Fremdsprache, etwa Französisch, ist, aber es geht um Liebesbeziehungen, Sie könnten also vielleicht noch etwas lernen. Das eine Projekt muss innerhalb einer Woche fertig sein, das andere erst in zwei Monaten. Es bleibt Ihnen überlassen, welches Sie zuerst angehen, aber wie immer Ihre Entscheidung auch ausfällt, bekommen Sie die jeweiligen Anweisungen genau eine Woche vor dem Abgabetermin. Welches machen Sie zuerst?

Als diese Studie mit israelischen Studenten durchgeführt wurde, und zwar mit einem Projekt auf Hebräisch (das leichte) und dem anderen auf Englisch (das schwierige), entschied sich die überwältigende Mehrheit dafür, die dröge Arbeit zuerst zu erledigen und sich die interessante, vermutlich aber kompliziertere für später aufzuheben.[112] Beim Nachdenken über die Zukunft schienen sich die Leute keine großen Sorgen zu machen, wie lange das Projekt tatsächlich dauern würde. Sie waren davon überzeugt, dass sie dann mehr Zeit als jetzt haben würden und alles locker bewältigen könnten. Ich habe schon angesprochen, dass unser Optimismus zunimmt, je weiter wir uns in die Zukunft versetzen, aber nirgendwo ist das deutlicher erkennbar als bei unserem Umgang mit der Zeit selbst. Ungeachtet aller bislang gemachten Erfahrungen sind wir fest davon überzeugt, in der Zukunft mehr Zeit zur Verfügung zu haben als jetzt im Moment.[113]

Eine Gruppe von Studenten konnte sich zwischen zwei Vorlesungen entscheiden, die beide im Jahr darauf stattfinden sollten. Eine war interessant, aber am anderen Ende der Stadt, die andere langweilig, dafür aber gleich nebenan. Die meisten wählten die interessante Vorlesung, was keinen überrascht. Sagte man ihnen aber, die Vorlesung sei statt im nächsten Jahr gleich morgen, änderten sie ihre Meinung. Sobald sie auch die praktische Durchführung in Betracht zogen, wurde ihnen klar, dass eine Fahrt quer durch die Stadt ein Riesenaufwand wäre, weshalb sie sich für die langweilige, dafür aber bequeme Vorlesung im Haus entschieden.[114] Obwohl wir vom Kopf her wissen, dass *jede* Aktivität auf Kosten anderer Dinge geht, die wir dann eben nicht tun können, berücksichtigen wir das nur für die nahe Zukunft. In der entfernteren Zukunft vereinfachen wir die Situation und lassen wichtige Elemente weg, ohne daran zu denken, dass wir in einem Jahr mit Sicherheit genauso viel um die Ohren haben wie jetzt.

Der Optimismus, in der Zukunft mehr Zeit zu haben, ist faszinierend, denn irgendwie will es uns nicht in den Kopf, dass das gar nicht stimmt. Wir wollten eigentlich heute ins Fitnessstudio gehen, aber wo wir doch so viel zu tun haben, verschieben wir das lieber auf morgen. Wir besitzen einen unverwüstlichen Optimismus in Bezug auf uns selbst. Wir werden uns verbessern. Wir werden organisierter sein. Und deshalb werden wir auch mehr Zeit haben. Wenn wir ein Jahr vorausdenken, sehen wir uns dort als konsequente, methodisch vorgehende Person, die locker noch ein paar Aktivitäten einschieben kann. Denken wir aber an die kommende Woche, wissen wir genau, dass da einfach gar nichts mehr reinpasst. Für die nahe Zukunft berücksichtigen wir alle widrigen Umstände – aber bei der Person, die wir in der fernen Zukunft betrachten, bleiben Dinge wie ein verspäteter Zug einfach außen vor. Wenn wir uns selbst in der Zukunft beschreiben, benutzen wir sogar simplere Adjektive.[115] Diese rosige Sicht der Zukunft sorgt dafür, dass wir stets mehr in die Woche packen, als eigentlich hineinpasst. Wenn mich jemand fragt, ob ich irgendwann nächstes Jahr einen Vortrag in Wales halten kann, sage ich vermutlich Ja. Dabei gehe ich davon aus, dass ich mir meine Arbeit dementsprechend organisieren und einen Tag freinehmen kann, um die drei Zugstunden nach Wales zu bewältigen. Alles sieht prima aus, bis der Termin vor der Tür steht und mein Terminkalender wieder so voll ist, dass ich wünschte, ich hätte nie zugesagt. Würde man mich aber fragen, ob ich nächste Woche in Wales reden kann, wüsste ich sofort, dass ich dankend ablehnen muss.

Dieser Optimismus bezüglich der freien Zeit in der Zukunft kann auch zu Prokrastination führen. Oft denkt man, Prokrastination – also das Aufschieben und Hinauszögern von Arbeit – beruhe einfach nur auf Faulheit oder mangelnder Fokussierung. Tatsächlich glauben wir aber, in der Zukunft, und auch nächste Woche, über mehr Zeit zu verfügen. Für eine Prokrastination müssen vor uns liegende Aufgaben aber nicht unangenehm sein. Firmen bieten im Internet gern diese günstigen, irgendwann in der Zukunft gültigen Rabatt-Gutscheine an, denn sie wissen genau, dass solche Gutscheine selbst dann, wenn sie für etwas Angenehmes, wie etwa ein schickes Abendessen, gelten, von uns trotzdem kaum eingelöst werden. Suzanne Shu hat das in einer Studie nachgewiesen, bei der die Teilnehmer angaben, sie würden Gutscheine mit weit in der Zukunft liegendem Ablaufdatum bevorzugen, diese dann aber weniger oft einlösten, als das bei Gutscheinen mit nur zwei Wochen Gültigkeit der Fall war.[116] Sie stellte außerdem fest, dass Touristen, die eine Stadt besuchen, in drei Wochen mehr von dieser Stadt sehen, als die Bewohner in drei Jahren schaffen – weil es eben die Frist gibt. Ohne diesen begrenzten Zeitrahmen sucht niemand die Sehenswürdigkeiten auf, weil alle davon ausgehen, dass sie irgendwann später die nötige Zeit dafür haben werden. Kommt einem bekannt vor, oder? Ich selbst hatte aufgrund der Tätigkeit meines Partners zehn Jahre lang Gelegenheit, der Befragung des Premierministers im Unterhaus beizuwohnen, aber irgendwie hatte ich mittwochs immer wahnsinnig viel zu tun. Erst am allerletzten Mittwoch, an dem ich den Ausweis noch nutzen konnte, ging ich dann schließlich hin, obwohl mich das immer brennend interessiert hatte. Bei einer in Chicago durchgeführten Studie fand Shu heraus, dass langjährige Bewohner, die endgültig wegziehen wollten, neben dem Packen schnell noch Sightseeing-Touren machten, weil sie ihre Stadt überhaupt nicht kannten.

Fünf Jahre bis zum Stichwort »Ameise«

Im Jahr 1857 gab die Philological Society of London bekannt, sie habe das »Unregistered Words Comitee« ins Leben gerufen. Dieses sollte sämtliche englischen Wörter zusammentragen, die bislang in den Wörterbüchern fehlten. Fünf Monate später ging Richard Chenevix Trench, seines Zeichens Dekan von Westminster, noch einen Schritt weiter und forderte in einem zweiteiligen Schreiben eine komplette Aufarbeitung der Geschichte der englischen Sprache seit den Angelsachsen. Es sollte das beste Wörterbuch des Englischen werden, das die Welt je gesehen hatte. Der Fairness halber muss man sagen, dass es ein paar unvermeidliche Verzögerungen gab. Ein junger Mann namens Herbert Coleridge hatte das Projekt begonnen und bearbeitete die Buchstaben

A bis D, doch dann erkrankte er an Tuberkulose und wohnte, wie es heißt, schlecht gelaunt und mit feuchter Kleidung einem Treffen der Philological Society bei.[117] Zwei Wochen nach der Präsentation der ersten Einträge starb er. Ab da ging es eher schleppend voran. 1879 einigte man sich darauf, das Wörterbuch bei der Oxford University Press erscheinen zu lassen, und setzte für die Fertigstellung zehn Jahre an. Nur hatte man es nach fünf Jahren gerade mal bis zum Stichwort »Ameise« geschafft. Niemand war sich klar darüber gewesen, dass man für das Werk die Geschichte der Wörter über sieben Jahrhunderte zurückverfolgen und gleichzeitig mit einer Sprache Schritt halten musste, die sich ständig weiterentwickelte. Jahrzehnte der Forschung folgten, bis das *Oxford English Dictionary* im Jahr 1928 schließlich vollständig vorlag. Da es mit dem Erscheinen als veraltet galt, wurde sofort mit der Überarbeitung begonnen.

Selbst im Vergleich mit den Kostenüberschreitungen, die im öffentlichen Haushalt bei neuen Computersystemen oder Bauvorhaben mittlerweile gängig sind, kann bei einem Projekt, das statt der veranschlagten zwei Jahre ganze 71 brauchte, doch von einer ziemlichen Fehlkalkulation gesprochen werden. Für uns Außenstehende liegt es auf der Hand, dass für diese Mammutaufgabe auch die längere Frist von zehn Jahren viel zu optimistisch angesetzt war. Dabei haben wir nicht nur den einen Vorteil, rückblickend urteilen zu können, wir sind als Unbeteiligte auch noch im Besitz eines zweiten – ganz unerwarteterweise können wir nämlich viel besser abschätzen, wie lange das Projekt *anderer Leute* dauern wird. Wenn eine Freundin sich bei uns ausheult, dass ihre Küche trotz der Versprechen des Schreiners immer noch nicht fertig ist, überrascht uns das in der Regel wenig. Nur verlässt uns diese Fähigkeit, wenn es um eigene Projekte geht. Diese Tendenz, die Dauer eines Vorgangs zu unterschätzen, nennt man »Planungsfehlschluss«. Grund dafür ist erneut ein wichtiger Aspekt des Zukunftsdenkens, über den bereits gesprochen wurde – der Mangel an Details. Je weiter wir in die Zukunft blicken, desto mehr ignorieren wir Einzelheiten. Aber so verrückt das auch ist, achten wir genau darauf, wenn wir über die Zukunft anderer nachdenken. Bei Betrachtung eines Projekts, das ein anderer plant, berücksichtigen wir die Zeit, die bei dieser Person vergleichbare Aktivitäten erfordert haben, sowie die Faktoren, die vielleicht stören könnten – Krankheit, überraschender Besuch von Freunden, Erschöpfung etc. Wenn wir aber schätzen sollen, wie lange ein eigenes Projekt dauern wird, ignorieren wir all diese Dinge und ziehen ausschließlich die Aufgabe als solche in Betracht.[118] Die Schönheit der Studie, die das am besten aufzeigte, lag darin, dass ausnahmsweise einmal keine hypothetischen Situationen verwendet wurden, bei denen man ja nie sicher sein kann, ob die Leute im wirklichen Leben tatsächlich so handeln würden. Stattdessen zog man Studenten heran, die ihre Abschlussarbeit fertigstellen wollten. Wie sich zeigte, konnten sie viel besser vorhersagen, wie lange *andere* Studenten dafür brauchen würden. In Bezug auf die eigene Arbeit dachten sie gelegentlich auch an ihre bisher bewältigten Projekte zurück, dies allerdings nicht, um eine zutreffendere Schätzung abgeben zu können, sondern um ihren Optimismus zu untermauern. Die Erinnerung an Momente, in denen die guten Absichten von unerwarteten Zwischenfällen gestört wurden, war wie weggeblasen.

Es gibt allerhand Methoden, den Planungsfehlschluss zu umgehen und die Erfordernisse einer Aufgabe genauer einzuschätzen. Ich werde darauf im nächsten Kapitel noch genauer eingehen, aber hier sind erstmal zwei einfache Techniken, mit denen man anfangen kann. Entweder Sie fragen jemanden, wie lange Ihr Projekt seiner Meinung nach dauern wird. Oder Sie nutzen, so Sie allein entscheiden müssen, genau die Strategien, mit denen jemand anders vorgehen würde, und wenden sie auf die eigene Situation an. Denken Sie an ähnliche Situationen zurück, aber vergleichen Sie sie genau mit den jetzigen Umständen, bevor Sie Ihre Schätzung abgeben. So wie wir aus einer idealisierten Zukunft nichts erfahren, hilft uns Forschungen zufolge auch die ausschließliche Beschäftigung mit der Vergangenheit nicht weiter. Wenn Sie wirklich wissen wollen, wie lange eine Aufgabe in Anspruch nehmen wird, müssen Sie über Vergleichbares in früherer Zeit nachdenken und sich dann ansehen, wie die Details der aktuellen Aufgabe dazu passen. Dazu rechnen Sie erstens etwas Zeit für die Art von Störungen, die auch schon früher eingetreten sind, und zweitens noch etwas mehr Zeit für die Tatsache, dass Sie sich leider immer noch nicht in den super-organisierten Menschen verwandelt haben, der niemals schlafen muss.

Ich habe schon einige Fehler angesprochen, die wir beim Zukunftsdenken machen, aber ich möchte noch auf zwei weitere Aspekte unseres Umgangs mit zukünftigen Zeiträumen eingehen. Der erste ist, dass manche Menschen mehr als andere über die Zukunft nachdenken, was uns auf das Thema Zeitorientierung bringt.

Ein Marshmallow oder zwei?

Nehmen wir an, Sie haben die Wahl zwischen *einem* Marshmallow jetzt sofort oder *zwei* Marshmallows, wenn Sie zehn Minuten dasitzen und sie erst dann essen. Wofür würden Sie sich entscheiden? Eine Rolle spielt natürlich auch, ob Sie Marshmallows überhaupt mögen oder mit den nächsten zehn Minuten vielleicht Besseres anfangen können. Und vielleicht entscheiden Sie sich auch für das eine jetzt gleich, weil Sie genau wissen, dass Sie auf dem Heimweg einen ganzen Beutel dieser Zucker-Dinger kaufen können. Vierjährige Kinder haben diese Option aber nicht, deshalb nehmen sie die Marshmallow-Frage sehr ernst. Darüber hinaus lässt ihre Entscheidung Rückschlüsse darauf zu, wie es ihnen später an der Uni gehen wird und ob sie in 20 Jahren vielleicht Drogen konsumieren.

Die Marshmallow-Studie ist mit das berühmteste Experiment, das an der Bing-Kinderkrippe je durchgeführt wurde. Sie liegt auf dem Gelände der Stanford University, und wenn die Universitätsmitarbeiter ihre Kinder dorthin zur Betreuung schicken, ist das mit dem Einverständnis verbunden, dass der Nachwuchs an psychologischen Tests teilnimmt. Man versteht leicht, warum sie dazu Ja sagen. Die Krippe ist voller Spielzeug, Bastelmaterial und glücklichen Betreuern. Aufgrund des kalifornischen Wetters können die Kinder, wann immer sie wollen, hinaus in den weitläufig gestalteten Spielbereich. Aber trotz dieser Annehmlichkeiten gibt es einen Abschnitt des Tages, den viele Kinder noch lieber mögen als den Rest – wenn ein Wissenschaftler sie bittet, in eines der abgetrennten Zimmer zu kommen. Diese Separees sind klein und enthalten nichts außer einem Tisch, ein paar Kinderstühlen und einer Videokamera. Auf den ersten Blick sieht es so aus, als wäre Herumturnen auf dem Klettergerüst vielversprechender. Die Kinder wissen nicht, dass sie an einer Studie teilnehmen, die womöglich unser Bild von der kindlichen Entwicklung verändern und vielleicht sogar Einfluss auf die Pädagogik nehmen könnte. Sie wissen nicht, dass diese Studien vielleicht lebenslange Konsequenzen nach sich ziehen. Was sie wissen, ist, dass sie in diesem Zimmer für kurze Zeit die volle Aufmerksamkeit eines Erwachsenen besitzen, der ihnen ein neues Spiel zeigt. Bei meinem Besuch der Krippe wusste ich bereits, dass dies eine besondere Einrichtung war und dort mehr entwicklungspsychologische Entdeckungen gemacht wurden als in jedem anderen Kindergarten auf der Welt.

Der Psychologe Walter Mischel begann hier 1969 mit seinen Marshmallow-Tests. Wie manches der klassischen Experimente im Bereich der Psychologie wäre auch dieses heute nicht mehr erlaubt, was nicht unbedingt an einer strengeren Forschungsmoral liegt, sondern daran, dass – wie mir die Mitarbeiter mitteilten – heutige Eltern nicht akzeptieren würden, dass ihr Kind in der Krippe Süßigkeiten bekommt, und seien es auch nur ein oder zwei Marshmallows.

Der Test funktioniert so: Ein Kind sitzt an einem Tisch, auf dem sich zwei weiße Teller und ein Glöckchen befinden. In der Mitte des einen Tellers ist ein einzelnes, rosafarbenes Marshmallow. Auf dem anderen Teller sind zwei von der Sorte. Die Wissenschaftlerin sagt, dass sie jetzt den Raum verlässt und das Kind zwei Möglichkeiten hat. Wenn es zwei Marshmallows möchte, muss es warten, bis sie, die Wissenschaftlerin, wieder ins Zimmer kommt. Oder das Kind klin-

gelt vorher mit der Glocke und darf dann sofort ein Marshmallow essen, aber nur dieses eine. Es handelt sich um eine
klare Aufgabe – eine Süßigkeit jetzt oder zwei in zehn Minuten.

Zwischen 1968 und 1974 machten über 500 Kinder den
Marshmallow-Test. Während des Wartens konnten sie weder
spielen noch sonst irgendetwas tun, außer eben sehnsüchtig
auf diese klobigen, rosafarbenen Marshmallows starren. Bei
dem Test misst man die Fähigkeit des Kindes, einer Versu-
chung zu widerstehen und die Gratifikation aufzuschieben.
Anfangs wurde das nicht gefilmt, aber bei Aufzeichnungen
späterer Tests sieht man, mit welchen Taktiken sich manche
Kinder von den Marshmallows ablenken. Einige bedecken
die Augen. Andere setzen sich auf ihre Hände. Wieder andere starren entschlossen die Decke an. Alles Mögliche tun
sie, um ihre Konzentration nicht auf diese süßen, saftigen
Marshmallows richten zu müssen. Kein einziges Kind fragt,
warum es warten muss, um zwei Süßigkeiten zu bekommen – die Regeln werden kritiklos akzeptiert. Wie Walter
Mischel mir sagte: »Für sie ist das alles echt.«

Es sieht vielleicht so aus, als würden hierbei nur Geduld
und Selbstkontrolle überprüft, nur merkte Mischel, der mit
den Kindern Jahre später erneute Tests machte, dass es um
mehr ging als ursprünglich gedacht. Die Kinder, die geduldig
auf die Belohnung in Form der zwei Marshmallows gewartet
hatten, waren mit größerer Wahrscheinlichkeit in der Schule,
beim Studium oder bei der Arbeit erfolgreich. Diejenigen,
die gleich das eine Marshmallow wollten, hatten mit größerer Wahrscheinlichkeit Drogen konsumiert, ein niedrigeres
Einkommen oder Strafverfolgung erlebt.[119] Ich sprach mit
Carolyn Weisz, die als Kind, 40 Jahre zuvor, an Mischels

Marshmallow-Test teilgenommen hatte. Sie erinnert sich gut an die Krippe, weiß aber nicht mehr, ob sie damals das eine Marshmallow genommen hat oder nicht; und weil die Studie über all die Jahrzehnte weitergeführt wurde, geben die Betreiber niemals bekannt, wie der oder die Einzelne abgeschnitten hat. Heute verschicken sie Laptops quer durchs Land, damit die Teilnehmer im jetzt doch schon mittleren Alter ganze Batterien von Tests vervollständigen können. Wie durch Zufall ist Weisz heute selbst Psychologie-Professorin und denkt auch gern an die Zeit in der Bing-Kinderkrippe zurück.

Zweck der Studie war nie, Kindern ein Etikett zu verpassen, und natürlich ist das, was dabei herauskam, nur ein Durchschnittswert aus einer Vielzahl von Beteiligten. Sollten Sie den Test also mit Ihrem Kind machen und feststellen, dass es impulsiv handelt, ist es dadurch noch lange nicht zu einem kriminellen Leben verdammt. Heute versucht man über Experimente herauszufinden, wie man stark impulsiven Kindern die Strategien beibringen kann, die von den Kindern mit der besten Selbstkontrolle angewandt wurden.

Nur, was hat das jetzt alles mit der Zeit zu tun? Die Marshmallow-Studie gilt gemeinhin als Test der Impulsivität, aber sie könnte auch zeigen, in welchem Ausmaß sich ein Kind mit der Zukunft beschäftigt – wie seine Zukunftsorientierung ist. Bei seiner Arbeit mit Teenagern stellte Mischel fest, dass diejenigen, die gut im Aufschieben einer Gratifikation waren, nach Aussage ihrer Eltern auch besser planen konnten als die Jugendlichen, die sich zehn Jahre zuvor für das eine Marshmallow entschieden hatten. In einer jüngeren Studie, bei der junge Leute zwischen einer kleinen, sofort verfügbaren Geldsumme und einer größeren, erst später auszubezahlenden wählen sollten, zeigten Persönlichkeitstests, dass nicht ihre Impulsivität die besten Aussagen über die jeweilige Zukunft ermöglichte, sondern vielmehr das Ausmaß, in dem ihr Denken zukunftsorientiert war. Man stellte fest, dass sich die 10- bis 13-Jährigen mit der kleineren Summe begnügten, solange sie nur schnell verfügbar war, während Teilnehmer über 16 eher auf den größeren Betrag warten wollten.[120] Das lässt vermuten, dass sich die Vorstellung von der Zukunft mit steigendem Lebensalter stark verändert.

Die Adoleszenz ist bekanntermaßen ein Lebensabschnitt, in dem man gern Risiken eingeht, ohne an die Konsequenzen für die Zukunft zu denken. Gesundheitskampagnen haben sich deshalb eher auf die unmittelbare Zukunft konzentriert – Makeup-Töpfchen verwandeln sich etwa in Aschenbecher, um vor dem Schaden zu warnen, den die Haut heute nimmt –, anstatt zu zeigen, wie die Lunge in 50 Jahren aussieht. Es gab diverse physiologische Erklärungen für die jugendliche Risikobereitschaft, darunter die späte Ausbildung des frontalen Cortex, der Einfluss von Hormonen auf das Immunsystem sowie das in Entwicklung befindliche Arbeitsgedächtnis. Die kognitiven Netzwerke, die der Kontrolle dienen, gelangen nur langsam zur Reifung, deshalb übernehmen in der Zwischenzeit die emotionalen Netzwerke sowie belohnungsorientierte Mechanismen das Gehirn und lassen die Jugendlichen Risiken eingehen. Aber die Zukunftsorientierung spielt offenbar auch eine wichtige Rolle. Etliche Studien haben gezeigt, dass Jugendliche bei Entscheidungen umso mehr vorausplanen und Überlegungen bezüglich der Zukunft anstellen, je älter sie sind.

Zukunftsorientiertes Denken

Der charismatische Psychologe Philip Zimbardo (der kein
Problem damit hat, eine Vorlesung mit Glitzerhut zu halten)
ist berühmt für sein Gefängnis-Experiment an der kalifornischen Stanford University, bei dem er das Untergeschoss des
Psychologie-Instituts in einen Knast verwandelte, die Teilnehmer in Wächter und Häftlinge aufteilte und dann zusah,
was passierte. Es wurde ziemlich schlimm. Besser gesagt, es
wurde schlimm für die Häftlinge, die von den Wächtern aufs
Grausamste misshandelt wurden. Für Zimbardo lief die
Sache besser, denn seine Studie avancierte zu einem echten
Klassiker der Sozialpsychologie. Schlussendlich ließ er sich
von seiner Assistentin – die dann seine Frau wurde – davon
überzeugen, dass die Gewalt überhandnahm und er das
Experiment stoppen musste. Im Vergleich dazu sind seine
jüngeren Forschungen zur Zeitorientierung eher harmlos,
wenngleich kaum weniger wichtig.

Jeder Mensch beschäftigt sich in ganz unterschiedlichem
Ausmaß mit der Zukunft. Immer wieder hindern uns die
Umstände an einer richtigen Zukunftsplanung: Wenn man
etwa nicht weiß, wo man nächste Woche schlafen wird, konzentriert man sich weniger darauf, wo man in fünf Jahren beruflich steht. Weil aber das Zukunftsdenken bei Nichtbeanspruchung der Normalzustand des Gehirns sein könnte,
richten manche Leute öfter als andere ihre Gedanken mit
voller Absicht in die Zukunft. Charles Darwin war etwa so
sehr zukunftsorientiert (vielleicht weil er ständig weit in die
Vergangenheit blickte), dass er eine Liste mit den Vor- und
Nachteilen der Ehe erstellte. Als einen Nachteil führte er an,

dass im Alter niemand für ihn sorgen würde. Ein weiterer war das Fehlen von Kindern, was er in Klammern mit dem Zusatz »kein zweites Leben« versah. Man kann wohl guten Gewissens behaupten, dass Darwin ein zukunftsorientierter Mensch war.

Zimbardos »Time Perspective Inventory« behandelt diese zeitlichen Vorlieben und unterteilt sie in sechs Bereiche: vergangen-negativ, vergangen-positiv, gegenwärtig-fatalistisch, gegenwärtig-hedonistisch, zukünftig und transzendental-zukünftig. Über einen Fragebogen kann man herausfinden, welche der Perspektiven auf einen selbst zutrifft. Keiner von uns verbringt sein geistiges Leben ausschließlich in nur einem dieser Zeitrahmen, aber bei den meisten Menschen sind es nicht mehr als zwei oder drei. Kaum überraschend, dass die mit einer gegenwärtig-hedonistischen Orientierung sehr im Moment leben und eher zu Glücksspiel, Alkoholkonsum und Risiken im Straßenverkehr neigen, wohingegen diejenigen mit einer zukünftigen Ausrichtung (etwa die Teenager, die für einen größeren Geldbetrag länger warten wollen) besser bei Prüfungen abschneiden und auch eher mal zur Zahnseide greifen.

Welche Zeitorientierung sorgt aber für das meiste Glück? Die vergangen-negative klingt wenig vielversprechend, aber unter Einbeziehung des modernen Hangs zur Nostalgie sieht Zimbardo die vergangen-positive Orientierung als etwas Gutes an, vorausgesetzt natürlich, man betrauert dabei nicht den Verlust seiner Jugend. Etliche Forscher haben festgestellt, dass Menschen mit einer zukünftigen Ausrichtung insgesamt glücklicher sind, aber Zimbardo sieht das anders und gibt zu bedenken, dass übertriebene Zukunftsorientierung einen krankhaften Arbeitseinsatz (man wird »Workaholic«), das Fehlen sozialer Kontakte sowie mangelnden Gemein-schaftssinn nach sich ziehen kann. Seine Forschungen haben ergeben, dass die Dominanz einer einzigen Ausrichtung ver-mieden werden sollte und wir besser auf ein ausgeglichenes Verhältnis achten. Nur ist das leichter gesagt als getan. Die Studie seines Kollegen ergab nämlich, dass nicht mehr als 8 Prozent der Teilnehmer über eine voll ausgewogene Zeit-perspektive verfügen. So sehr er auch davon ausgeht, dass wahres Glück nur durch Ausgewogenheit zu erreichen ist, gaben in Umfragen zum Wohlbefinden bei weitem mehr Menschen an, mit dem Leben zufrieden oder gar sehr zufrie-den zu sein.

Zimbardo zufolge kann man nach Ermittlung der indivi-duellen Zeitausrichtung (dazu muss man seinen Online-Fra-gebogen ausfüllen) schon durch kleine Eingriffe das Leben verbessern. Gibt es etwa Defizite beim Vergangen-Positiven, ruft man vielleicht einen alten Freund an und verbindet sich so mit der Vergangenheit. Schwächelt man bezüglich der Ge-genwart, kann man sich eine Stunde Zeit nehmen und etwas tun, das volle Aufmerksamkeit erfordert. Um die Zukunfts-orientierung zu steigern, plant man vielleicht ein anstehen-des Ereignis bis ins letzte Detail durch. Ideal ist für ihn eine Kombination aus vergangen-positiver und zukünftiger Ori-entierung, ergänzt um eine Prise gegenwärtig-hedonistisches Im-Moment-Leben. So erhellend es sein kann, durch Frage-bögen wie den von Zimbardo die eigene Zeitperspektive herauszufinden, wird man nachhaltige Veränderungen aller-dings nicht so ohne weiteres erreichen.

Blick zurück und Blick nach vorne

Es gibt noch ein anderes Element der Zukunftswahrnehmung, das von Individuum zu Individuum und auch von Gesellschaft zu Gesellschaft variiert. Dabei geht es nicht um die Frage, ob mehr über die Vergangenheit oder aber die Zukunft nachgedacht wird, sondern darum, wie *weit* zurück oder nach vorne geblickt wird. Die erste Zeitkapsel der langlebigen britischen Kinderserie *Blue Peter* wurde 1971 eingegraben, bevor sie dann an einen anderen Ort versetzt und 1984 um eine zweite ergänzt wurde. Beide Kapseln verblieben unter dem Blue-Peter-Garten und wurden – ungeachtet des Gerüchts, die BBC hätte den Plan mit der genauen Stelle verschusselt – im Rahmen einer Spezialsendung im Jahr 2000 ausgegraben. Die Kapsel war nur 29 Jahre unter der Erde gewesen, was irgendwie gar nicht so lang ist. Trotzdem war selbst Peter Purves, der als ehemaliger Moderator das Öffnen der Schachtel erledigte, ziemlich überrascht, dass so viele Menschen Interesse zeigten. Die Moderatoren präsentierten ganze Stapel von Zuschriften, in denen Zuschauer, wie im Jahr 1971 erbeten, an die Hebung der Kapsel erinnerten. Als die Moderatoren die Schachtel dann feierlich öffneten, konnten sie ihre Enttäuschung nur schwer verbergen. In dem Film, der vor 29 Jahren beim Vergraben gemacht wurde, war die Rede davon gewesen, die Bleinähte und Vernietungen würden die Schachtel »vollkommen dicht« machen. Nur leider nicht dicht genug. Es war Wasser eingedrungen, was das Anheben des Deckels zu einer etwas schmierigen Angelegenheit machte. Überlebt hatten immerhin ein Satz der damals brandneuen Dezimalmünzen sowie die Blue-Peter-Abzeichen. Weitere Kapseln sollen dann 2029 und 2050 geöffnet werden, was wohl ein angemessener Zeitrahmen für eine Fernsehsendung ist, die ein bisschen Nostalgie erzeugen und die eigene Geschichte mit bedeutenden Momenten anreichern will. Nur wirkt er doch ein wenig mickrig im Vergleich zu den vielen, vielen Zeitkapseln, die in Japan eingegraben werden und laut Anweisung erst in 5000 Jahren geöffnet werden dürfen. Das nenne ich zeitlichen Tiefgang!

Was bestimmt nun *unseren* zeitlichen Tiefgang? Winston Churchill hat einmal gesagt: »Je weiter man zurückblickt, desto weiter kann man nach vorne schauen.« Jüngere Forschungen geben ihm recht. Hier ist zum Beispiel ein Test:

✿ Denken Sie an etwas, das Sie erst vor kurzer Zeit erlebt haben, und notieren Sie das Datum, dann schreiben Sie ein Ereignis der mittleren Vergangenheit auf und im Anschluss eines, das ganz weit zurückliegt, beides ebenfalls mit Datum. Jetzt notieren Sie drei weitere, von Ihnen als möglich gedachte Ereignisse mit jeweiligem Datum, und zwar in der nahen, der mittleren und der fernen Zukunft. Welche sind weiter von der Gegenwart entfernt – die Ereignisse in der Vergangenheit oder die in der Zukunft?

Wie gewohnt gibt es hier keine richtige oder falsche Antwort, nur sind bei den meisten Leuten die zukünftigen Ereignisse viel weiter von der Gegenwart entfernt als die vergangenen. Der Organisationspsychologe Allen Bluedorn hat festgestellt, dass die meisten Menschen die nahe Zukunft für fünf Mal länger halten als die nahe, also jüngste, Vergangenheit. So gut wie jeder meint, die nahe Vergangenheit würde die letzten sechs Monate umfassen, wobei zwei Drittel sogar sagen, ein Ereignis müsse innerhalb der letzten 14 Tage liegen, um als nahe Vergangenheit zu gelten. Das bedeutet, dass wir in die Zukunft etwas weiter blicken als in die Vergangenheit. Und bei dem folgenden Fund zeigt sich, dass Churchill den richtigen Riecher hatte: Je weiter zurück die Ereignisse liegen, die in der Vergangenheit gewählt wurden, desto weiter blickten die Leute auch in die Zukunft. Es ist also tatsächlich so, dass ein weiter Blick in die Vergangenheit mit einem weiten Blick in die Zukunft korrespondiert (siehe Darwin und seine Ehe-Liste).

Dabei sorgt sogar die Reihenfolge, in der wir Vergangenheit und Zukunft imaginieren, für einen kleinen Unterschied im Denken – und den kann man sich auch noch zunutze machen. Die Geschäftsführer einiger Firmen im Silicon Valley wurden aufgefordert, zehn zukünftige sowie anschließend zehn vergangene Ereignisse zu nennen. Eine zweite Gruppe sollte dasselbe tun, allerdings in umgekehrter Reihenfolge: erst die vergangenen, dann die zukünftigen. Ob man gleich oder erst später über die Zukunft nachdachte, spielte im Hinblick auf die zeitliche Tiefe keine Rolle, aber wenn zuerst die Vergangenheit betrachtet wurde, waren die zukünftigen Ereignisse im Durchschnitt fünf Jahre weiter entfernt.[121] Dieser Unterschied ist erstaunlich. Er stellt geradewegs eine Lehrstunde für Geschäftsleute dar: Je älter ein Unternehmen ist, desto weiter blicken seine Mitarbeiter in die Zukunft. Es gibt eine Übung für Manager, die genau darauf abzielt und bei der das Führungspersonal seine Hoffnungen für das Unternehmen nicht im einfachen Futur, sondern im Futur II, der vollendeten Zukunft, benennen soll. Anstatt also zu sagen: »Wir werden die Probleme im Produktionsablauf lösen«, wählt man die Formulierung »Wir werden die Probleme im Produktionsablauf gelöst haben«.[122] Dahinter steckt der paradox anmutende Gedanke, dass diese Zeitform vom Gefühl her näher an der Vergangenheitsform liegt und dadurch zukünftige Möglichkeiten leichter vorstellbar sind. Wenn man die Zukunft mithilfe der Vergangenheit imaginiert, kann das auch die Qualität der Imagination beeinflussen. Bittet man etwa die Leute, einen imaginären Autounfall in der Vergangenheitsform zu beschreiben, dann tun sie das sehr viel detaillierter, als müssten sie bei einem gleichermaßen imaginären Unfall das Futur benutzen. Beide Ereignisse sind fiktional. Beide erfordern eine Imagination. Und trotzdem ist es bei einem leichter.

Das zeigt uns erneut, wie das Gehirn sein eigenes Zeitgefühl erzeugt – nicht nur in Vergangenheit und Gegenwart, sondern eben auch in der Zukunft. Unsere Vorstellung von der Zukunft hängt eng mit der Wahrnehmung der Vergangenheit zusammen. Mittlerweile sollte klar sein, dass das Zukunftsdenken großen Einfluss auf unsere Handlungen nimmt. Es ermöglicht uns Voraussicht, Imagination und die Ausarbeitung von Plänen, wobei es unser Denken auch verzerren kann und uns zu Entscheidungen führt, die wir später vielleicht bereuen – bei harmlosen Marshmallows oder in wirklich ernsten Situationen. Aber wir können das Zukunftsdenken genau wie die anderen Zeitrahmen auch zu unserem Vorteil einsetzen. Wie die Aneignung der bislang gewonnenen Erkenntnisse zur Zeitwahrnehmung zu bewerkstelligen ist, möchte ich im abschließenden Kapitel besprechen.

WIE MAN SEIN VERHÄLTNIS
ZUR ZEIT ÄNDERT

Wir sind in der Zeit gedanklich vorwärts und rückwärts gereist. Wir haben gesehen, wie der Verstand unser Zeiterleben aktiv erzeugt und dabei auf Gedächtnis, Aufmerksamkeit und Emotionen zurückgreift. Und obwohl im Gehirn bislang kein spezielles Organ für die Zeitmessung gefunden wurde, können wir das Verstreichen der Zeit wahrnehmen und beurteilen. Meist vergeht sie gleichmäßig, aber immer wieder gelingt es ihr, uns hinters Licht zu führen. Unser Verhältnis zur Zeit ist nicht immer gleich, was es nur umso faszinierender macht.

In diesem Buch habe ich aus der existierenden Literatur die interessantesten Studien zur Zeit zusammengetragen, durchgeführt von Forschern aus aller Welt. Jetzt stellt sich die Frage, wie man dieses Wissen um Zeitwahrnehmung und gedankliches Zeitreisen in die Praxis umsetzt. Auch wenn dies natürlich kein Selbsthilfebuch ist, erkennt man beim Durchsehen der Forschungsergebnisse durchaus Mittel und Wege, mit denen man, so gewünscht, die Art und Weise, mit der unser Gehirn die Zeit wahrnimmt, nutzbar machen und sogar umformen kann. Alles, was ich Ihnen in diesem Kapitel empfehle, beruht auf Forschungsergebnissen. Nichts davon ist einfach so erfunden, denn das wäre nur Zeitverschwendung, für mich ebenso wie für Sie. In vielerlei Hinsicht ist die Forschung in diesem Bereich erst am Anfang, und ich bezweifle nicht, dass irgendwann ganz neue Erkenntnisse auftauchen werden. Anhand der zentralen Funde kann man aber auch schon jetzt so manches im Alltag umsetzen.

Wenn es sich so anfühlt, als würde das Leben an Ihnen vorbeirasen – und zwar mit jedem Jahr noch schneller als zuvor –, dann können Sie in diesem Kapitel sehen, wie die Zeit verlangsamt werden kann (wenngleich ich bezweifle, dass so etwas wirklich wünschenswert ist). Sie werden lernen, vergangene Ereignisse präziser zu datieren und Ihre Zeit besser zu nutzen. Bedenken Sie aber, dass nicht jeder von uns die gleichen Probleme mit der Zeit hat. Manche denken, dass sie immer schneller vergeht, für andere wollen die Stunden nicht enden. Manche sind gedanklich eher in der Zukunft und werden dabei krank vor Sorge, während andere völlig vergessen, was sie eigentlich vorhatten. In diesem Kapitel werde ich auf acht verschiedene Probleme eingehen.

Beim Lesen dieses Buchs haben Sie vermutlich schon darüber nachgedacht, wie Ihre persönliche Sicht der Zeit ist. Sehen Sie sie vor sich im imaginären Raum ausgebreitet? Würden Sie die Zukunft links oder eher rechts plazieren? Haben Sie an der Stelle mit Thomas Cottle und seinen Versuchen mit US-Matrosen vielleicht selbst Zeitkreise aufgemalt? Wenn ja, wurde Ihnen vielleicht bewusst, dass einer der Zeitrahmen Sie mehr anspricht als die anderen. Vielleicht waren Sie sogar schon auf Philip Zimbardos Website und haben dort das Time Perspective Inventory ausgefüllt.

Bewegen Sie sich entlang der Zeitleiste Richtung Zukunft

oder sitzen Sie still da, während die Zukunft auf Sie zu-kommt? Denken Sie zurück an die Frage, ob das Mittwochs-meeting nach vorne verlegt werden kann. Wenn Sie denken, es sei jetzt am Freitag, dann bewegen Sie sich aktiv in der Zeit vorwärts (oder auch durch sie hindurch). Wenn es für Sie jetzt am Montag ist, bewegen Sie sich nicht, sondern lassen die Zeit auf sich zukommen. Jeder dieser Tests erklärt ein Stück weit, welche Art der Zeitwahrnehmung Sie für sich selbst erschaffen haben. Dies ist das Bild von der Zeit, wie es von Ihnen persönlich für Ihr gedankliches Universum kon-struiert wurde, aber weil Sie die »Mind Time« eigenständig erzeugen, können Sie sie auch beeinflussen. Und jetzt wählen Sie aus den Problemen mit der Zeit aus, was auf Sie zutrifft:

Problem 1: Die Zeit vergeht immer schneller

Während ich an diesem Buch gearbeitet habe, wollten die Leute in meiner Umgebung in erster Linie wissen, wie sie die Zeit abbremsen, also langsamer vergehen lassen können. Wie bereits erwähnt, vergeht die Zeit beim Älterwerden für viele immer schneller, sodass man denkt, die Jahre würden nur so vorbeifliegen. Wenn junge Menschen sagen sollen, wann drei Minuten vorüber sind und dabei nach der alten Methode »einundzwanzig, zweiundzwanzig, dreiundzwan-zig« zählen, machen sie das ziemlich gut, denn sie überschät-zen die Zeit im Durchschnitt nur um drei Sekunden. Für Leute im mittleren Alter ist der Zeitraum gefühlt 16 Sekun-den länger. Aber die 60- bis 70-Jährigen überschätzen ihn um ganze 40 Sekunden, was im Verhältnis zu drei Minuten eine ganze Menge ist. Es hat fast den Anschein, als sei die innere Uhr langsamer geworden – weshalb mehr Zeit verstreicht als angenommen und sie dementsprechend denken, sie würde auch schneller vergehen.[123]

Diese Wahrnehmung wirkt sehr real. Es fragt sich also, wie man damit umgeht. Bevor wir das beantworten, möchte ich aber eine weitere Frage stellen: Wollen Sie die Zeit wirklich langsamer verstreichen lassen?

Wenn Sie an die Tests zur Zeitabschätzung zurückdenken, gab es mehrere Situationen, in denen sich die Zeit verzerrte und nur schleppend verging: Mrs. Hoagland, die mit Fieber im Bett lag; Michel Siffre, der in seiner Eishöhle auf der klammen Pritsche kauerte, verrottende Essensreste um sich hatte und von trockenen Wollsocken träumte, während er langsam farbenblind wurde; Menschen, die so verzweifelt sind, dass sie über Selbstmord nachdenken und dabei jede einzelne Stunde als drei Mal so lang wahrnehmen; Alan Johnston, der Nacht für Nacht die Stunden zählte, während er allein in seiner Zelle lag und um sein Leben fürchtete. Für all diese Leute verging die Zeit sehr langsam (auch wenn Siffre später feststellte, dass sie schneller verstrichen war als gedacht). Ist das wirklich etwas, das wir durch Simulation erreichen wollen? Langeweile, Angst und Verzweiflung führen zu einer Verlangsamung des Zeitflusses, nur ist ja wohl keiner dieser Zustände wirklich erstrebenswert. So wie ich das sehe, ist ein Leben, in dem die Zeit schnell vergeht, keineswegs leer, sondern im Gegenteil voll – und dadurch auch erfüllt. Eine langsam verstreichende Zeit ist vermutlich weit weniger wünschenswert, als Sie vielleicht denken, außer es gelingt Ihnen, die angenehmen Erlebnisse zu isolieren und dauerhafter zu machen.

Es gab auch Versuche, das Zeiterlebnis mittels Hypnose

auszudehnen. In den 1940er Jahren hypnotisierten die amerikanischen Psychiater Linn Cooper und Milton Erickson ein paar Freiwillige. Während des Trancezustands sollten sie sich vorstellen, sie würden einen zehnminütigen Spaziergang machen, nur betrug die Zeit, die sie dafür hatten, nicht mehr als zehn Sekunden. Aus der Trance aufgewacht, konnten sie bis ins letzte Detail einen Spaziergang beschreiben, der tatsächlich zehn Minuten gedauert hätte. Es fragt sich, ob sie gelernt hatten, die Zeitwahrnehmung zu verzerren und eine Sekunde zu einer ganzen Minute auszudehnen, oder ob sie einfach eine besonders gute Imaginationsfähigkeit besaßen. Ein paar Jahrzehnte später versuchte auch der Psychologe Philip Zimbardo, die Zeit via Hypnose zu verzerren. Im Wissen, dass er äußerst zukunftsorientiert war und an der Gegenwart wenig Freude hatte, bat er einen Kollegen, ihn in Trance zu versetzen und ihm daraufhin zu suggerieren, die Gegenwart würde sich ausdehnen und seinen Körper und Geist erfüllen. Zimbardo sagt, das hätte funktioniert, denn plötzlich bemerkte er nicht nur die Düfte in seiner Umgebung, sondern auch die herrlichen Farben eines vor ihm hängenden Gemäldes.

Was ist aber, wenn Sie weder durch Hypnose noch durch einen Zustand des Leidens ein langsameres Verstreichen der Zeit erreichen wollen, sondern einfach nicht mehr möchten, dass jede Woche noch schneller vergeht als die vorige oder Weihnachten schon wieder vor der Tür steht? Tatsächlich gibt es eine Möglichkeit, die Jahre am Vorbeirasen zu hindern, und dazu müssen Sie sich nur das Urlaubs-Paradox zunutze machen (der Eindruck, dass Ihre Ferien wie im Flug vergehen, sich im Nachgang aber anfühlen, als hätten sie eine Ewigkeit gedauert). Um sich in Urlaubsstimmung zu versetzen, gehen manche Leute so weit, an einen Ferienort zu übersiedeln. In ihrer Ethno-Studie britischer Staatsbürger, die in Spanien leben, hat die Soziologin Karen O'Reilly festgestellt, dass einer der Gründe für die Übersiedlung ins Ausland der Wunsch war, mehr in der Gegenwart zu leben.[124] Die Briten, die sie an der Costa del Sol befragte, genossen es sehr, dass ihre neuen Freunde nichts von ihrer Vergangenheit wussten und so gut wie nie über die Zukunft gesprochen wurde. Immer wieder hörte sie, dass es nur einen einzigen Plan gäbe – nämlich den, nie wieder dauerhaft nach Großbritannien zurückzukehren. Abgesehen davon planten die meisten nicht über den nächsten Tag hinaus. Die Leute hatten es sogar derart gut geschafft, nicht mehr nach der Uhr zu leben, dass sich O'Reillys Forschungsvorhaben recht schwierig gestaltete. Sie stand etwa zum vereinbarten Termin vor der Tür und musste zusehen, wie ihre Gesprächspartner mit dem Badetuch unterm Arm die Einfahrt herunterkamen, um an den Strand zu gehen – und sich auch noch wunderten, dass sie nicht mit wollte. Als sie sich einmal verirrte und eineinhalb Stunden später als verabredet bei einem anderen Ehepaar eintraf, hatten diese beiden gar nicht bemerkt, dass sie zu spät dran war, und amüsierten sich über ihre Entschuldigung. Interessant ist an den Briten an der Costa del Sol, dass ihre Auswanderung ganz bewusst auf ein Leben abzielte, das erstens langsamer verstreicht und zweitens mehr in der Gegenwart stattfindet. Sie setzen also auf das Urlaubs-Paradox, um lange, nicht enden wollende Tage zu erzeugen, auf die sie dann zurückblicken können. Das Problem dabei ist, dass der retrospektive Eindruck, diese Tage seien lang, auf ihrer Neuartigkeit beruht. Und obwohl das Leben im Ausland bei weitem nicht so routinemäßig abläuft wie daheim, werden die neuen

Erinnerungen, die sie im Rückblick vermeintlich länger machen, im Zuge der Gewöhnung immer seltener. Nach O'Reillys Ansicht kämpfen die Leute dort verbissen gegen die Vorstellung an, die Zeit würde sich ausschließlich in eine Richtung bewegen, und versuchen in der Tat, ihr Fortschreiten aufzuhalten.

Um daheim das Verstreichen der Jahre abzubremsen, müssen wir bei Nutzung des Urlaubs-Paradoxes betrachten, was einen Urlaub denn so außergewöhnlich macht. Zunächst fällt vieles weg, was Routine ist. Routine lässt sich aber im Alltag nur schwer vermeiden: Man muss einfach regelmäßig putzen und waschen, und wenn man kleine Kinder hat, die auf geregelte Abläufe angewiesen sind, kann man das auch nicht so einfach abstellen. Möglich ist aber, so oft es geht für Abwechslung zu sorgen. Wenn Sie Ihr Leben so gestalten, dass es sich im Moment neuartig und unterhaltsam anfühlt, werden Ihnen die Wochen und Jahre im Rückblick betrachtet lang vorkommen. Wenn es machbar ist, variieren Sie den Weg zur Arbeit, auch wenn Sie dafür ein paar Minuten länger brauchen. Dadurch verhindern Sie den Autopilot-Effekt, bei dem alles so vertraut ist, dass man bei der Arbeit ankommt und sich teilweise gar nicht mehr an die Fahrt erinnert. Sobald Sie den gewohnten Ablauf ändern, sind Sie zur Achtsamkeit quasi gezwungen. Sie nehmen um sich herum mehr wahr, und dieses Gefühl der Neuartigkeit sorgt dafür, dass Ihnen rückblickend alles länger vorkommt. Nur ist das vielleicht nicht an jedem Tag ratsam. Einer der Gründe für die immer gleiche Route ist nämlich, dass man eben *nicht* darüber nachdenken muss und dem Gehirn eine Pause gönnt. Ein tägliches Abenteuer ist also vielleicht unerwünscht, nur kann man auch jeden Tag nach neuen Dingen

Ausschau halten. Welche Farbe sieht man an den Leuten im Bus am häufigsten? Welches Gebäude hat das schönste Dach?

Im Urlaub gibt es ständig neue Eindrücke und damit neue Erinnerungen, und genau die sind es, die Ihnen im Rückblick das Gefühl geben, Sie seien ewig weggewesen. Je mehr Erinnerungen Sie also im Alltag erzeugen können, desto weniger werden die Wochen vorbeirauschen. Konzerne und Firmen könnten das Leben aller verbessern, wenn sie für Konzepte sorgen würden, die bei der Arbeit mehr Abwechslung bringen: einen Spaziergang in der Mittagspause, den Tag, an dem man mit jemand anderem den Job tauscht, oder die Möglichkeit, dass die Aufgaben entweder in einer anderen Reihenfolge oder von einem anderen Ort aus gemacht werden können. Wenn Sie das Wochenende mit Aktivitäten vollpacken und sowohl am Samstag als auch am Sonntag etwas unternehmen, werden die Stunden aufgrund der hierzu nötigen Konzentration schnell vergehen. Zum Beginn der neuen Woche fühlen Sie sich aber, als hätten Sie mehr als nur zwei Tage frei gehabt. Wenn Sie das fortsetzen und jedes Wochenende etwas anderes machen, erzeugen Sie in einem Monat so viele Erinnerungen, dass die Wochen nicht mehr so schnell vorbeiziehen. Die neuere Forschung bestätigt dabei, was der Philosoph Jean-Marie Guyau bereits 1885 gesagt hat. Zur Verlangsamung der Zeit empfahl er: »Fülle sie, wenn möglich, mit tausend neuen Dingen.«[125]

Es braucht natürlich ganz schön Energie, jedes Wochenende mit neuen Aktivitäten vollzupacken, und wenn die Woche anstrengend war, sehnt man sich vielleicht nicht unbedingt nach neuen Abenteuern, sondern einfach nach zwei freien Tagen. Ein Wochenende, an dem man daheim die Zeitung liest, aufräumt, vor der Glotze hängt oder mit Freunden telefoniert, sorgt wohl definitiv für Entspannung, nur werden dabei wenig neue Erinnerungen generiert, weshalb sich dieses Wochenende bald nicht mehr von anderen abhebt und man denkt, die Zeit sei schnell verstrichen. Es gilt hier also abzuwägen: Wollen Sie, dass die Zeit langsamer vergeht, oder möchten Sie Ihre freien Stunden einfach in Ruhe verbringen?

Leider ist Fernsehen keine Lösung. Wenn Sie müde sind und gar nichts machen wollen, mag es Ihnen wie die ideale Aktivität vorkommen: Man muss sich weder bewegen noch allzu sehr konzentrieren, und doch lenkt es von den eigenen Problemen ab und ist dazu noch unterhaltsam. Nicht umsonst ist Fernsehen so beliebt. Blöd ist nur, dass Fernsehen – ebenso wie Computerspiele und die Zeit, die man im Internet verbringt – bei weitem nicht so viele Erinnerungen erzeugt wie Tätigkeiten im richtigen Leben. Natürlich gibt es Ausnahmen und Filme oder Sendungen sind derart eindrücklich, dass man sie nie mehr vergisst. Mir hat die HBO-Serie *The Wire* definitiv Unmengen von Erinnerungen beschert, nur muss ich zugeben, dass die sämtlichen, über fünf Staffeln gewonnenen Erinnerungen vermutlich trotzdem nicht an das heranreichen, was ich in diesen 45 Stunden mit einer anderen, mehr Einsatz erfordernden Tätigkeit erlebt hätte. Matt, der frühmorgens und spätabends Computerspiele macht, berichtet mir, dass er ganze Partien einfach vergisst. Wenn er in der virtuellen Lobby darauf wartet, dass sich die zwölf Mitspieler aus aller Welt für das gemeinsame Baller-Game versammeln, will die Zeit nicht vergehen, aber kaum geht es los, ist er so konzentriert, dass sie zusammenzuschrumpfen scheint. Genau das haben auch Forscher festgestellt, als sie in der kanadischen Stadt Quebec die Besucher eines Zentrums für Videospiele beobachtet haben.[126] Im Nachgang schätzen sie die Dauer ihres Spiels erheblich kürzer ein. Als Erinnerungen bleiben bei Matt aber nur die Höhepunkte (wie etwa Killstreaks, bei denen ganz viele Leute sterben), die Tiefpunkte (wenn er selbst dran glauben muss) sowie neu erlernte Techniken übrig (wenn die Waffe groß genug ist, kann man damit offenbar auch durch Wände schießen).

Hiermit sei nicht gesagt, dass Sie niemals fernsehen, keine Computerspiele machen und auch kein faules Wochenende einschieben sollten. Aber wenn Sie wirklich wollen, dass die Zeit langsamer vergeht, dann wäre es besser, einen dichtgedrängten Terminkalender zu erstellen und nur dann fernzusehen, wenn auch wirklich etwas Besonderes kommt. Mit diesem Wissen ausgestattet bleibt es Ihnen überlassen, was für Sie wichtiger ist. Sie können sich dafür entscheiden, weniger Zeit vor irgendwelchen Bildschirmen zu verbringen und Ihre Zeit lieber mit eindrücklichen Aktivitäten zu füllen. Das wird Ihnen zahlreiche Erinnerungen schenken und Ihnen das Gefühl vermitteln, als sei ganz viel Zeit vergangen. Tatsächlich verstreicht die Zeit jedoch langsamer. Aber vielleicht sind Sie ja auch gar nicht so scharf auf neue Aktivitäten. Vielleicht gehört es einfach zum Älterwerden, dass man genau das macht, woran man Freude hat, anstatt unentwegt auf der Suche nach neuen Erlebnissen zu sein. Warum soll man Segeln lernen, wenn man den bisher praktizierten Wassersportarten nichts abgewinnen konnte? Warum ständig neue Restaurants ausprobieren, wenn man in dem, neben dem man wohnt, immer sehr zufrieden war? Sie haben die Wahl. Sobald Sie wissen, *warum* die Zeit für Sie immer schneller vergeht, macht Ihnen dieses Gefühl vielleicht gar nicht mehr so viel aus. Oder Sie sagen sich, dass ein schnelles

Verstreichen der Zeit zwar Ausdruck eines aktiven, glücklichen Lebens ist, Sie deshalb aber noch lange nicht auf Ihre Faulenzerei und die Zeit vor der Glotze verzichten wollen. Denn wie schrieb schon Plinius d. J. im Jahr 105 v. Chr.: »Jede Zeit ist umso kürzer, je glücklicher sie ist.«

Problem 2: Wie man die Zeit schneller vergehen lässt

Die Zeit hat uns so sehr im Griff, dass wir sie nicht vergeuden wollen – und dementsprechend alles tun, um das zu verhindern. An Tagen, an denen ich eine Radiosendung mache, ist so etwas wie »freie Zeit« für mich undenkbar. Dennoch schicke ich für den Fall, dass ich mit dem Script früher fertig bin als erwartet und vor der Aufnahme womöglich eine Stunde Zeit habe, E-Mails mit zusätzlicher Arbeit an mich selbst oder nehme zur Sicherheit etwas zum Lesen mit in den Sender.

Aus diesem Grund stellen wir Engländer uns auch so gern in die Schlange, denn letztendlich soll das gewährleisten, dass wir keine Sekunde länger als nötig warten müssen. In etlichen Kulturen gilt es als demokratisch, sich ungeachtet des gesellschaftlichen Rangs anzustellen (außer natürlich, man besitzt den Vorteil eines Tickets in der Business-Class). Nach Meinung von Barry Schwartz, einem Psychologen, der sich mit dem Schlangestehen beschäftigt hat, hassen wir es, wenn sich jemand vordrängelt, weil wir dem Impuls, selbst vorzudrängeln, brav widerstanden haben und das Gleiche auch von anderen erwarten. Wir alle wissen, dass es eine dunkle Seite gibt, vor der man uns bewahren muss![127]

Die Zeit, die wir hier mit Warten verbringen, kommt uns

länger vor, weil wir uns im Modus der Antizipation, also Erwartung, befinden. Würde uns aber jemand an einem hektischen Arbeitstag eine zehnminütige Pause anbieten (was Schlangestehen ja faktisch ist), würde wohl keiner Nein sagen. Erzwungenes Warten wie das in der Schlange wird aber nicht als Zeit wohligen Nichtstuns empfunden. Es sind Erwartung, Erfahrung und kulturelle Gepflogenheit, die uns das Schlangestehen tolerieren lassen. Die Schriftstellerin Eva Hoffman schreibt, im kommunistischen Polen, wo sie aufgewachsen ist, hätte es nichts gegeben, wofür man sich hätte beeilen müssen, weshalb Schlangen auch keinerlei Problem darstellten. Nachdem sie aber in die USA ausgewandert war und Osteuropa erst wieder nach dem Ende des Kommunismus im Jahr 1989 besuchte, fand sie Schlangestehen geradezu unerträglich.[128]

Manchmal müssen wir Mittel und Wege finden, mit denen wir die Zeit beschleunigen können, sei es in einer harmlosen Situation wie der Schlange vor dem Postschalter oder unter dramatischen Umständen wie denen von Alan Johnston. Wenn er über seine damalige Lage redet (was er selten tut, denn er will die Leute ja nicht langweilen!?), findet er es, wie er mir sagte, mit am schwierigsten, ihnen den unglaublichen Druck, all diese Stunden irgendwie füllen zu müssen, auch wirklich klarzumachen. Zum Verständnis erzählt er Folgendes: Man stelle einen weißen Plastikstuhl in die Mitte eines Zimmers. Auf dem sitzt man drei Stunden lang. Dann weitere sechs Stunden. Und dann noch einmal drei Stunden. Dann denke man daran, dass es weitere vier Stunden dauern wird, bevor man einschlafen darf und die Langeweile endet. Sollten Sie das im Ernst ausprobieren wollen, würde zwischen Ihrem Zeiterlebnis und seinem allerdings ein gravierender Unterschied bestehen – Sie würden genau wissen, dass Sie von jetzt auf nachher aufhören können. Diese Möglichkeit hatte Alan nicht. Er wusste, dass der nächste Tag genauso sein würde. Auch die nächste Woche. Und die übernächste. Vielleicht sogar über Jahre.

Zur Bewältigung der tagtäglich 18 im Wachzustand verbrachten Stunden baute Alan ganz bewusst auf die Tatsache, dass wir unsere Zeitwahrnehmung selbst erzeugen:

»Nach elf Tagen gab es diese Schock-der-Gefangennahme-Phase, in der man denkt, das darf nicht wahr sein, ich kann nicht mehr. Das hier passiert gar nicht. Und dann kommt der Moment, in dem man denkt, oh mein Gott, ich bin der Brian Keenan (vier Jahre Geisel im Libanon; Anm. d. Übers.) des Gazastreifens. Ich erinnere mich gut an diese elfte Nacht. Ich hatte mich gewaschen. Ich saß auf dem Stuhl und hatte das Gefühl, jetzt auf psychologisch festerem Boden zu sein. Ich dachte: Das hier wird länger dauern. Vielleicht sogar drei Jahre. Ich bin generell eher pessimistisch. Wenn ich mir das schlimmste Szenario ausmalen kann, geht alles irgendwie leichter. Ich beschloss also, mich auf drei Jahre Gefangenschaft vorzubereiten und alles, was darunter lag, als Riesengeschenk zu betrachten.«

Schlau nutzte Alan hier die Strategie, sein Leben mit zwei verschiedenen Zeitrahmen zu betrachten. Während er davon ausging, er würde drei Jahre gefangen sein, rechnete er trotzdem täglich damit, der Zustand könne enden. »Wenn abends zum Gebet gerufen wurde, sagte ich, fast schon laut, zu mir selbst: Das war nicht dein Tag, aber vielleicht kommt er morgen.«

Am 4. Juli 2007, nach fast vier Monaten, übergab die Armee des Islam, die Alan Johnston gefangen gehalten hatte, ihn an die Unterhändler der Hamas. Sein Leiden war vorüber und bald würde er wieder nach Hause fahren dürfen. Am Beginn seiner Reise zurück nach Schottland fiel ihm auf, dass sich in seinem Zeitempfinden etwas verändert hatte:

»Auf dem Heimflug aus Israel hatte jemand einen kleinen Hund durch die Security geschmuggelt. Da saß diese Frau mit ihrem Chihuahua. Als die Crew bemerkte, dass ein Hund in der Kabine war, kam es zu einer Stunde Verzögerung, weil eben der Hund woandershin musste. Alle waren derart sauer, dass es mir fast schon surreal vorkam. Ich konnte nicht verstehen, warum es so schwer sein sollte, eine Stunde zu warten. Sechs Wochen später war ich dann in London und ertappte mich dabei, dass ich an der Haltestelle stand und fluchte, weil einfach kein Bus kam. Da war sie wieder, die gewohnte Ungeduld. Ich hatte gehofft, das verhindern zu können. Nach allem, was meine Eltern durchgemacht hatten, und dem ganzen Ärger für die BBC wollte ich aus der Sache wenigstens einen geringen Nutzen ziehen. Es ist, wie wenn man im siebten Himmel ist und dann losgelassen wird. Alles fühlt sich ganz großartig an. Wenn man von diesem Freiheitsgefühl doch nur ein Prozent bewahren könnte! Aber im Handumdrehen ist alles wieder weg.«

Bei meinem Gespräch mit Alan Johnston wartete er auf Informationen darüber, ob die starken Schneefälle womöglich seine Heimreise nach Schottland pünktlich zu Weihnachten verhindern würden. Es sah nicht gut aus, aber seine Reaktion zeigte, dass er von seinem Erlebnis doch etwas mitgenommen hatte. »Wenn ich Weihnachten nicht schaffe, bedeutet das nicht das Ende der Welt«, sagte er mir. »In der Gefangenschaft hätte ich sonstwas dafür gegeben, kurz vor Weihnachten in London festzusitzen und nicht heimfliegen zu können oder in einem Flugzeug darauf warten zu müssen, dass sie einen Hund rausbringen.«

Auch wenn nur die wenigsten Menschen eine entsetzliche Situation wie die von Alan erleben werden, zeigt sie doch, wie flexibel wir in unserem Zeitempfinden sind. Wenn er es schafft, im Zustand der Gefangenschaft die Zeit schneller vergehen zu lassen, müsste es auch allen anderen möglich sein, etwas viel Harmloseres wie etwa einen langen Flug beschleunigt wahrzunehmen. Dazu ist es nötig, alle Faktoren auszuschalten, die ansonsten die Zeit langsamer verstreichen lassen – und genau das tut man normalerweise auch. Man macht es sich bequem und widmet sich jener zeitfressenden Tätigkeit, von der Zeitforscher abraten – dem Fernsehen. Das funktioniert, weil alles, was Ihre Konzentration erfordert oder Sie vom Verstreichen der Zeit ablenkt, diese schneller vergehen lässt. Aus dem Grund sollten Sie auch nicht auf die Uhr sehen.

Was tut man aber in einer Situation, in der es keine Ablenkungen gibt? Sie sitzen in einem wartenden, warum auch immer stehenden Nahverkehrszug und haben nichts zu lesen dabei, kein Telefonsignal und niemanden zum Reden. In einer solchen Situation empfiehlt sich genau das Gegenteil: Da eine Ablenkung von der Umgebung nicht möglich ist, versuchen Sie lieber, sich ganz auf diese zu konzentrieren. Hier kommt wieder einmal die Achtsamkeit ins Spiel. Nehmen Sie mit jedem Ihrer Sinne wahr, was es in Ihrem Zugabteil gibt. Achten Sie auf die Beschaffenheit der verschiedenen Oberflächen: die glatten, glänzenden Haltegriffe, die Sitze mit fellartigem Stoffbezug, die Metallschienen am Boden. Dann wenden Sie sich dem zu, was es zu riechen, zu hören und zu sehen gibt. Wenn Sie die Situation für eine zehnminütige Achtsamkeitsübung nutzen, ist Ihr Ärger schon halb verflogen. Je mehr Sie sich konzentrieren, desto schneller vergeht die Zeit.

Problem 3: So viel zu tun, so wenig Zeit

Die Erfindung des Automobils hat uns beim Reisen keine Zeitersparnis gebracht, denn stattdessen fahren wir weiter weg. Entsprechend haben auch die sozialen Medien uns den Kontakt mit Menschen nicht erleichtert, denn wir sind mit mehr Menschen verbunden als vorher – und kommunizieren auch noch öfter mit ihnen. Als ich vor langer Zeit gelernt habe, wie man Radiosendungen schneidet, benutzte man dazu noch weißes Klebeband und eine Rasierklinge. Wir saßen da und hatten die Stücke mit schwarzem Tonband um den Hals. Hin und wieder schnitten wir uns in den Finger oder wühlten am Boden mit Engelsgeduld spaghetti-artige Knäuel durch, um das richtige, dummerweise dennoch fallengelassene Stück Band zu finden. Das nahm zweifellos viel Zeit in Anspruch. Heute können wir aufgrund der digitalen Schnittmöglichkeiten viel schneller arbeiten, nur können wir gleichzeitig auch viel pingeliger sein, jedes »ähm« oder »öh« eliminieren und sogar mit der Reihenfolge unserer Sequenzen experimentieren. Mit dem Resultat, dass wir genauso lange brauchen wie früher.

Auch ungeachtet unserer technischen Möglichkeiten haben wir das Gefühl, dass der Tag einfach nicht genügend Stunden hat und das Leben *mit* diesen fehlenden Stunden doch erheblich leichter wäre. Man hat festgestellt, dass die Anzahl der Stunden, in denen wir unter Zeitdruck agieren, deutlich mehr als das Alter dazu beiträgt, dass die Zeit gefühlt schneller vergeht. Bei einer Internetstudie, die der Psychologe William Friedman in den Niederlanden mit 1500 Personen durchführen konnte, hatten diejenigen Teilnehmer, die ständig unter Druck standen und alles unterzubringen versuchten, parallel dazu auch das Gefühl, die Zeit würde schnell vergehen.[129] Wenn man meint, nicht genügend Zeit zu haben, lenkt das die Aufmerksamkeit auf die Tatsache, dass die Zeit schnell vergeht – und beschleunigt sie dadurch noch.

Die Abteilung Zeitmanagement möchte hier für Abhilfe sorgen und verspricht aufgrund der eingesparten Stunden nicht nur gesteigerte Produktivität, sondern vielleicht sogar eine neu strukturierte Persönlichkeit. Wir werden also unsere Arbeit effizienter erledigen können und plötzlich auch Zeit haben, neue Sprachen zu lernen, Sport zu machen, morgens unser Brot selbst zu backen, abends von daheim aus ein kleines Startup-Unternehmen zu betreiben und zudem unsere Freunde mit kleinen Geschenken zu beglücken, die wir am Wochenende selbst gebastelt haben. Der cleveren Techniken sind dabei viele: Software, die Ihre Computernutzung auf die Sekunde genau analysiert; digitale Wecker, die über die Minuten wachen; Tipps zur Hierarchisierung der Aufgaben, zur Nicht-Hierarchisierung der Aufgaben, zur Setzung von Zielen, zum Abwägen von Dringlichkeit versus Wichtigkeit und sogar zur Angleichung von Aufgaben an Ihre »natürlichen Rhythmen«. Wobei sich in der Forschung nicht recht niederschlagen will, dass all das auch zu Veränderungen führt.

Manche Leute schwören darauf, die erste Stunde eines Arbeitstages einer einzigen Aufgabe zu widmen, und zwar noch vor dem Öffnen der E-Mails. Das schenkt ihnen das befriedigende Gefühl, gleich zu Beginn des Tages etwas Wichtiges erledigt zu haben, bevor dann eine Tätigkeit folgt, die zwangsläufig eine Menge neuer Aufgaben mit sich bringt. Andere finden Listen hilfreich, um Prioritäten festzulegen und außerdem eine Gedankenstütze zu haben, wobei das nur dann Zeit spart, wenn man über das Anleuchten von Punkten hinaus auch tatsächlich etwas arbeitet. Manche verwenden »Erledigt«-Listen und fügen Aufgaben erst dann hinzu, wenn sie abgeschlossen sind, wodurch sie am Abend einen Überblick über das Geleistete haben und sich daran freuen können. Es gibt Tipps, wie man am besten mit den vielen im Verlauf eines Urlaubs eingegangenen E-Mails umgeht, darunter den, mit den ältesten zu beginnen und darauf zu hoffen, dass sich etliche Probleme mit Erreichen der jüngeren Mails von selbst erledigt haben. Oder auch die riskantere Strategie, das ganze Paket ungelesen zu löschen und davon auszugehen, dass Ihnen Wichtiges ohnehin von jemand anderem mitgeteilt wird oder der Absender sich erneut meldet.

Gut möglich, dass eine dieser Strategien *für Sie* funktioniert, aber eine generelle Gültigkeit konnte bislang nicht festgestellt werden. Viele Menschen, die ihre Zeit effizient nutzen, tun das ohne spezielle Techniken des Zeitmanagements. Dabei beweist die Vielzahl an dahingehenden Ratschlägen, dass hier Bedarf besteht und viele Leute sich wünschen, in kürzerer Zeit mehr auf die Reihe zu bringen.

Mir drängt sich der Gedanke auf, dass wir uns vielleicht

mit etwas ganz anderem beschäftigen sollten – nämlich mit dem Gefühl, wir hätten keine Zeit. Die meisten Angestellten klagen darüber, sie hätten zu wenig davon, aber was ist, wenn dieses Defizit nicht mit der Arbeitszeit, sondern mit der Einschätzung ihrer Freizeit zusammenhängt? So wie sich bei Schlaftagebüchern zeigt, dass die meisten über Schlaflosigkeit klagenden Menschen viel länger schlafen als gedacht, beweisen Aktivitätstagebücher, dass viele Leute die Menge ihrer Freizeit unterschätzen – und zwar erheblich. In einer Studie schätzten die Teilnehmer, sie hätten pro Woche etwa 20 Stunden Freizeit. Nur zeigten ihre Tagebücher, dass es tatsächlich 40 Stunden waren. Wer 40 Stunden Freizeit hat, könnte im Grunde einen zweiten Fulltime-Job machen, nur sind die Stunden des Tages natürlich nicht alle gleich. Zwei Stunden am Abend, wenn man müde ist, sind bei weitem nicht so produktiv wie zwei Stunden tagsüber.

Aber auch wenn wir mehr Freizeit haben als geglaubt, sind wir trotzdem ab und an mit Deadlines konfrontiert, deren Einhaltung uns unmöglich erscheint. Was sagt uns die Forschung bezüglich effizienter Möglichkeiten, unter Druck die verfügbare Zeit so gut es geht zu nutzen? Speziell über Multitasking wird in diesem Zusammenhang gern geredet. Wann ist man schneller: Wenn man alles gleichzeitig macht oder eines nach dem anderen? Wenn ich auf meinen Bildschirm sehe, dann sind dort vier Word-Dokumente inklusive diesem hier, drei PDFs mit Zeitungsartikeln, drei E-Mail-Konten, eine Social-Media-Seite sowie vier weitere Websites offen. Das liegt teilweise daran, dass ich bei der Arbeit auf ganz unterschiedliche Quellen zurückgreife, außerdem aber auch daran, dass ich ständig kommunizieren muss, obwohl ich weiß, dass mich das extrem ablenkt.

Es sieht aus, als sei ich damit nicht allein und als würde dieser Trend noch zunehmen. Je jünger jemand ist, desto eher nutzt er zwei Medienarten gleichzeitig. Am frühen Abend ist ein ganzes Drittel der Menschen mit zwei Medien zugange, sei es, dass telefoniert und nebenher im Internet gesurft wird, oder dass man SMS verschickt und parallel dazu fernsieht.[130] Rein theoretisch würde das Zeit sparen, genau wie bei einer britischen Ministerin, die in ihrem zeitintensiven Job kostbare Minuten dadurch gewann, dass sie das Zähneputzen auf der Toilette erledigte. Alternativ dazu gibt es die monochronische Herangehensweise, nach der es besser ist, eine Aufgabe abzuschließen und erst dann eine neue zu beginnen. Bei Studien, die über mehrere Jahrzehnte durchgeführt wurden, hat Allen Bluedorn herausgefunden, dass letztendlich doch die persönliche Vorliebe entscheidet. Manche Leute bevorzugen die Monochronie und sind glücklicher, wenn sie eine Sache fertigmachen und erst dann die nächste beginnen. Andere neigen mehr zur Polychronie, laufen entsprechend zu Höchstform auf, wenn sie mehrere Dinge gleichzeitig tun und bewähren sich in Berufen, bei denen genau das von ihnen verlangt wird.[131] Die Leitung eines gut besuchten Cafés wäre hier ein gutes Beispiel – wobei nicht gesagt sein soll, dass die anfallende Arbeit auch wirklich schneller erledigt wird. In einem Café kann man gar nicht anders, als von einer Aufgabe zur nächsten zu eilen. Wenn Sie in Ihrem Beruf aber die Wahl haben, gilt es auch das Phänomen des Aufmerksamkeitsrückstandes zu berücksichtigen. Beim Hin- und Herspringen zwischen Aufgaben bleibt man nämlich – wie durch Tests nachgewiesen wurde – gedanklich immer noch ein wenig beim vorher Gemachten hängen. Bei jedem Wechsel müssen Sie nicht nur kurz überlegen, wo Sie bei der jetzigen Aufgabe aufgehört haben, sondern auch die Ablenkung durch die vorige niederkämpfen.[132] So anspruchsvoll das vom Kognitiven her ist, wird es von vielen Leuten bevorzugt, und das ist auch völlig in Ordnung. Schwierig wird es nur, wenn man sich nicht auf eine einzige Aufgabe konzentrieren *kann*. Dann helfen sich manche dadurch, dass sie eine Eieruhr auf 15 oder 20 Minuten stellen und sich in dieser Zeit auf eine Aufgabe konzentrieren können. Vielleicht funktioniert das auch bei Ihnen – bei mir tut es das definitiv –, aber wenn man regelmäßig so vorgeht, kann das ganz schön anstrengend werden. Abgesehen davon gibt es bezüglich einer gesteigerten Effizienz keine Erkenntnisse, die über einen anekdotischen Wert hinausgehen. Nichts von dem, was das Zeitmanagement bringen soll, wurde durch die Forschung bestätigt.

In Bezug auf das Zukunftsdenken konnte gezeigt werden, dass Deadlines mit unserer Zeitwahrnehmung merkwürdige Dinge anstellen. So wie ein Gebäude weiter entfernt wirkt, wenn man einen schweren Koffer schleppen muss, ist es nach der Psychologin Gabriela Jiga-Boy auch so, dass ein Ereignis umso weiter entfernt zu sein scheint, je mehr man zum Erreichen des Ziels machen muss.[133] Aber nur, wenn es keine Deadline gibt. Mit fixer Deadline verändert sich alles, denn dadurch rückt der Termin mehr in die Nähe. Wenn Sie also umziehen müssen, mag der vorgesehene Termin in weiter Ferne liegen, weil davor ja auch noch derart viel zu tun ist. Haben Sie aber eine Deadline wie die, dass Sie umziehen wollen, bevor das Baby zur Welt kommt, wirkt das Datum plötzlich viel näher.

Deadlines stellen mit dem Kopf seltsame Dinge an. Sie können sogar das Problem mit dem Aufmerksamkeitsrückstand beseitigen, welches auftaucht, wenn man von einer Aufgabe zur nächsten springt. Gilt es, eine Aufgabe bis zu einem gewissen Zeitpunkt fertig zu haben, ist man gezwungen, die Möglichkeiten einzuschränken und Entscheidungen zu treffen, die kognitiv weniger anspruchsvoll sind. Dadurch reduziert sich auch der »Kater« (»Hangover«) der letzten Aufgabe, man kann sie also hinter sich lassen und die nächste angehen. Eine drohende Deadline sorgt also nicht nur für mehr Konzentration, sondern nach Erreichen auch für eine leichtere Klärung des Kopfs – der sich damit wieder voll und ganz der nächsten Deadline widmen kann.

Wenn Sie nun mit Deadlines sowie monochronischer versus polychronischer Vergehensweise herumprobiert haben und immer noch finden, dass zu viel zu tun und viel zu wenig Zeit ist, dann gibt es zwei Möglichkeiten. Entweder dünnen Sie Ihre Verpflichtungen aus, oder Sie akzeptieren, dass Sie vielbeschäftigt sind und das auch noch länger sein werden. Wir reden uns gern ein, dass wir nur noch diese Woche oder diesen Monat überstehen müssen und danach endlich Ruhe einkehrt. Das kann sein, wenn es sich um ein einmaliges Großprojekt handelt, nur wissen Sie vermutlich aus Erfahrung, dass es letztendlich nicht stimmt. Das ständige Herbeisehnen einer ruhigeren Zukunft, in der alles perfekt organisiert ist, führt zwangsläufig zur Enttäuschung. Diese imaginäre Phase der Ordnung und Entspannung werden Sie einfach nie erreichen. Es wird unvorhergesehene Ereignisse in der Familie geben, der Computer wird kaputtgehen und in der Wohnung werden dringende Reparaturen anstehen. Und selbst wenn Sie diesen ersehnten, ungestörten Zeitraum der Ruhe einmal haben, werden Sie dadurch vielleicht gar nicht glücklicher. Studien mit britischen Auswanderern ins südwestliche Frankreich haben gezeigt, dass diese Leute nach Fertigstellung ihrer Häuser unglücklich wurden, weil es plötzlich nichts mehr zu tun gab. Sie wohnten in dem Gîte oder Chateau, von dem sie immer geträumt und das sie so mühevoll renoviert hatten, und wussten einfach nicht, wohin mit ihrer Zeit. Mit einem Glas Rosé auf der perfekten Terrasse zu sitzen, ist dann wohl doch nur bis zu einem gewissen Grad erfüllend. Wie die Autoren dieser Studie meinen, ist bei Übersiedlung an einen Platz an der Sonne Folgendes zu beherzigen: Die Renovierung des Hauses nie ganz abschließen.

Wenn Sie also nicht völlig überfordert sind, dürfte es das Beste sein, die Zeit so zu nehmen, wie sie ist, und einfach zu akzeptieren, dass Ihr Kalender gut gefüllt ist und das auch bleiben wird. Denken Sie dabei auch an die Vorteile: Ein voller Terminkalender wird viele Erinnerungen generieren, auf die Sie dann zurückblicken können, und Ihnen außerdem das Gefühl nehmen, als würde die Zeit vorbeirasen.

Vielleicht sagen Sie auch, Sie brauchen mehr Freizeit, in welchem Fall ich Philip Zimbardos Empfehlung mag, die Zeit als Geschenk zu betrachten und zu überlegen, wer es bekommt. Wenn sie Ihnen knapp vorkommt, geben Sie sie zwei Arten von Menschen – denen, die von der Zeit mit Ihnen am meisten profitieren, sowie denen, die Sie am liebsten treffen möchten. Ich muss gestehen, dass ich die Folge von *Friends* mag, in der jemand Unterstützung beim Umziehen braucht und Phoebe einfach sagt: »Ich würd' ja gern helfen, nur leider will ich nicht.« Nicht sehr entgegenkommend vielleicht, dafür aber wenigstens ehrlich.

Falls Sie sich dazu entschließen, in Ihrem Kalender für mehr freien Platz zu sorgen, sollte ein weiterer Faktor beachtet werden. Mark Williams, klinischer Psychologe an der Oxford University, hat den psychologischen Nutzen der Achtsamkeit untersucht und dabei festgestellt, dass Menschen, die sich durch ihr hektisches Leben gestresst und überlastet fühlen, oft genau *die* Tätigkeit streichen, die ihr Wohlbefinden am ehesten steigern würde. Der Grund dafür liegt auf der Hand. Die Familie oder den Job können sie nicht aufgeben, aber sie können aufhören, im Chor zu singen, Sport zu machen oder den Malkurs zu besuchen. Zusatzaktivitäten wie diese sind unter zeitlichen Gesichtspunkten schwer zu vertreten, nur ist es erwiesenermaßen so, dass sie den Stress reduzieren und das generelle Wohlbefinden steigern.

Zu dieser Thematik noch ein abschließender Gedanke. Heute ist ständig von einer Work-Life-Balance und 24-Stunden-Zeitplänen die Rede, doch sollte man sich daran erinnern, dass Zeitdruck nicht unbedingt eine moderne Erfindung ist. Im Jahr 1887 beschrieb Friedrich Nietzsche ein Gefühl, dass uns doch sehr bekannt vorkommt: »Man denkt mit der Uhr in der Hand, wie man zu Mittag isst, das Auge auf das Börsenblatt gerichtet.« Ein Vergleich fünf verschiedener Erhebungen, die über ein halbes Jahrhundert hinweg angestellt wurden, lässt erkennen, dass heutige Amerikaner pro Woche im Durchschnitt zwischen sechs und neun Stunden *mehr* Freizeit haben noch als 50 Jahre zuvor. Wie der American Time Use Survey aus dem Jahr 2010 zeigt, verfügen Männer über 5 Stunden und 48 Minuten Freizeit täglich, während es bei Frauen etwas weniger sind (witzig, oder?), nämlich 5 Stunden und 6 Minuten. Die Umfrage zeigt außerdem, dass Leute, deren Freizeit irgendwie zunimmt – weil sie jetzt vielleicht effizienter arbeiten oder ihre Verpflichtungen reduzieren –, diese heiß ersehnte Zusatzzeit hauptsächlich für eine bestimmte Tätigkeit nutzen: Sie sehen mehr fern.

Wenn also der Politikwissenschaftler Robert Putnam mit seiner Aussage recht hat, dass mit jeder Stunde Fernsehen soziales Vertrauen und Gruppenzugehörigkeit abnehmen, könnte dann eine Zunahme von Freizeit ganz unbeabsichtigt einen Schwund an sozialem Engagement bedingen?[134]

Problem 4: Unfähig, vorauszuplanen

So organisiert Sie auch sein mögen und so sehr Sie die Verpflichtungen vielleicht ausdünnen – manchmal schaffen Sie die Deadline nicht, selbst wenn Sie selbst sie festgelegt haben. Hier ist der Planungsfehlschluss am Werk, denn vermutlich war der Termin völlig unrealistisch gewählt. Als Planungsfehlschluss bezeichnet man die Tendenz, einer Aufgabe weniger Zeit einzuräumen als tatsächlich nötig. Sollte das bei Ihnen auch so sein, können Sie etwas dagegen machen. Wenn man zusammenträgt, was in diesem Bereich erforscht wurde, ergibt sich als Methode einer realistischen Zeitplanerstellung Folgendes: Man listet jeden Arbeitsschritt auf und schätzt, wie lange er dauert; man überlegt, was bei vergangenen Projekten ähnlich oder anders war, und fügt im Bedarfsfall entsprechend Zeit hinzu; man fügt noch mehr Zeit für alles hinzu, was beim letzten Projekt an Störungen aufgetaucht ist, und schlägt für den Fall, dass etwas gänzlich Unerwartetes passiert, noch ein paar Stunden drauf (je nach Ausmaß des Projekts auch ein paar Tage). Dann sehen Sie sich Ihren Terminkalender an und rechnen genau aus, wie viele Stunden Sie diesem Projekt widmen können, wobei Sie bitte im Blick behalten, dass Sie in der Zukunft genauso wenig Freizeit haben wie nächste Woche. Erst jetzt können Sie eine realistische Deadline angeben. Am Schwierigsten ist dabei wohl, die optimistische Vorstellung loszuwerden, man hätte in der Zukunft mehr freie Zeit zur Verfügung. Denn auch das Abendessen, das Sie irgendwann nächste Woche für Freunde zubereiten, ist leichter denkbar als eines, das gleich heute stattfinden soll. Da wir gesehen haben, dass *andere* Leute bessere Einschätzungen *unserer* Zeit abgeben, berichten Sie als finalen Check einer Freundin oder einem Freund von Ihrem Projekt und bitten sie oder ihn, die Dauer abzuschätzen. Je besser wir bei der Festlegung von Deadlines werden, desto weniger müssen wir uns hetzen, denn wir laden uns weniger Verpflichtungen auf und müssen so auch nicht mehr fürchten, andere durch unser Versagen zu enttäuschen.

Die Forschung zum Zukunftsdenken hat als wichtigsten Punkt hinsichtlich des Vorausplanens entdeckt, dass wir die als nebensächlich erachteten Aspekte eines bevorstehenden Ereignisses gern außer Acht lassen. Auch das kann leicht vermieden werden. Wenn Sie jemand sind, die/der sich gern zu viel auflädt (vielleicht trifft das ja gar nicht zu – ich sage hier keineswegs, dass jede Anfrage abzulehnen ist), dann sollten Sie sich vor Ihrer Zusage zu einem Ereignis irgendwann später im Jahr vorstellen, dieses Ereignis sei kommende Woche. Wenn unvorstellbar ist, dass Sie es da irgendwie unterkriegen würden, dann überlegen Sie genau, wie Sie sich in einem halben Jahr den nötigen Freiraum verschaffen können – wobei immer zu bedenken ist, dass es dann mit Sicherheit nicht mehr Freizeit geben wird. Indem Sie sich das Ereignis in der kommenden Woche vorstellen, beziehen Sie die praktische Umsetzung insgesamt mit ein, anstatt sich nur auf die markantesten Aspekte zu konzentrieren.

Die bewusste Entscheidung, im Kopf detailliert vorauszuplanen, kann sogar Ruhe in Ihr Leben bringen. Glücklicher als andere sind oft diejenigen, die sich bei Zukunftsplänen eine größere Anzahl an Schritten vorstellen, und sei es bei etwas so Trivialem wie dem Gang zum Supermarkt. Solche Menschen können sich einen solchen Ausflug bis ins letzte Detail ausmalen.

Dieses Buch hat sich bislang damit beschäftigt, wie wir als Individuen die Zeit erleben und das unser Dasein verändern kann. Aber es wäre auch durchaus möglich, die gewonnenen Prinzipien in einem größeren Zusammenhang zu betrachten. Es gibt allerlei Beispiele dafür, wie die hier besprochenen Gedanken auch für politische Entscheidungen genutzt werden könnten. Um etwa teure Verzögerungen von Großvorhaben zu vermeiden, könnte man für die Auftragserteilung eine dritte Kraft einschalten, die sich die Gründe für eine längere Dauer voriger Projekte ansieht, deren Zutreffen auf das gegenwärtige Vorhaben prüft und dann ein realistisches Fertigstellungsdatum ermittelt. Diese Kraft sollte vollkommen neutral und unabhängig vom Bieterverfahren agieren. Das würde verhindern, dass Baufirmen viel zu optimistische Fristen angeben. Vielleicht hält man die Miteinbeziehung eines dahingehenden Experten für Geldverschwendung, aber da die Unfähigkeit, uns selbst betreffend richtig zu urteilen, mittlerweile wohlbekannt ist, könnten auf die Art Millionen, wenn nicht sogar Milliarden eingespart werden.

Wenn man als Individuum zum Pläneschmieden neigt, dann aber vergisst, die Dinge auch wirklich zu tun, findet sich in der Forschung zum Zukunftsdenken eine einfache Erinnerungsmethode, die auch tatsächlich funktioniert. Man stellt sich dabei vor, wie man die Aufgaben und Schritte in der nötigen Abfolge macht. Müssen Sie also auf dem Weg zur Arbeit einen Brief aufgeben und auf dem Heimweg Waschpulver einkaufen, dann sollten Sie sich nicht merken, dass zwei Dinge zu tun sind, sondern ihre Erledigung im Geiste ganz konkret durchgehen. Stellen Sie sich vor, welchen Briefkasten Sie wann aufsuchen, und sehen Sie sich selbst dabei zu, wie Sie den Brief in den Schlitz stecken. Das dauert nur einen Moment und kann erfolgen, während Sie den Brief zu Hause in die Tasche packen. Dann stellen Sie sich vor, in welchem Geschäft Sie das Waschpulver kaufen, in welchem Gang Sie fündig werden, welche Marke Sie wählen und wie Sie das Päckchen aus dem Regal nehmen und an der Kasse bezahlen. Das ist viel effektiver, als unablässig vor sich hin zu sagen, dies oder jenes müsse getan werden. Vielleicht klappt es nicht immer, aber trotzdem wird Ihre Erfolgsquote überraschend hoch sein.

Diese Technik hilft Ihnen außerdem dabei, gute Vorsätze auch wirklich einzuhalten. Wenn Sie nicht nur einen Plan machen, sondern sich auch seine Ausführung vorstellen, werden Sie ihn mit viel größerer Wahrscheinlichkeit in die Tat umsetzen. Forschungen haben ergeben, dass man Leute so auch zum vermehrten Konsum von Obst motivieren kann. Hierbei sagte man Studenten, die über sieben Tage mehr Äpfel und Bananen essen sollten, sie sollten sich vorstellen, wann sie das Obst wo kaufen und wie sie es dann vorbereiten. Auf diese Art verzehrten die Studenten doppelt so viele Früchte wie eine Kontrollgruppe, die man nur beauftragt hatte, mehr Obst zu essen. Entscheidend ist beim erfolgreichen Imaginieren, dass man sich nicht das Resultat, sondern den Prozess vorstellt. Der Gedanke daran, dass man den Pokal hoch hält, wird kaum den Wimbledon-Sieg bringen, aber die bildliche Vorstellung, wie man perfekte Aufschläge und Returns vorbereitet, könnte das vielleicht.

An dem, was Alan Johnston als Geisel im Gazastreifen und Viktor Frankl in verschiedenen KZs erlebt haben, sieht man deutlich, dass Imagination in extremen Situationen für Trost sorgen kann. Faszinierend finde ich vor allem ihre bewusste Entscheidung, die Kontrolle über das zu behalten, was ihre Peiniger nicht komplett vereinnahmen konnten – ihren Verstand. Beide waren fest entschlossen, ihr Denken als Bewältigungsmechanismus einzusetzen. Unmittelbar nach Kriegsende schrieb Viktor Frankl in nur neun Tagen *Trotzdem Ja zum Leben sagen* nieder, seinen Erinnerungsbericht über die Zeit im Lager. Das Buch verkaufte sich weltweit neun Millionen Mal, eine Zahl, die ihn völlig verblüffte. Bis zum letzten Moment hatte er vorgehabt, den Text anonym zu veröffentlichen, deshalb konnte er umso weniger verstehen, warum von den vielen Büchern aus seiner Feder ausgerechnet dieses ihn berühmt machte. Frankls Bemühen um die eigene Verstandeskontrolle ließ eine neue Form der Gesprächstherapie entstehen, die sogenannte »Logotherapie«. Da Menschen ganz offensichtlich sogar inmitten furchtbarer Schrecken wie denen des Holocaust ihr Denken kontrollieren konnten, musste das auch im normalen Leben möglich sein.[135] Victor Frankl wird der Satz zugeschrieben: »Zwischen Reiz und Reaktion liegt ein Raum. In diesem Raum liegt unsere Macht zur Wahl unserer Reaktion. In unserer Reaktion liegen unsere Entwicklung und unsere Freiheit.«

Während er in den KZs war, flüchtete er ganz bewusst vor den Schrecken der Gegenwart, indem er sein Denken auf die Zukunft richtete. Eine bestimmte Art des Leidens fand er noch schlimmer als die anderen. Obwohl er ständig fror, vor

Hunger immer schwächer wurde und nur in Todesangst lebte, war es die Zeit, die ihm am meisten Angst machte. Nicht zu wissen, wie lange die Haft dauern würde, war für ihn unerträglich. Das Fehlen eines Zeitrahmens für die Zukunft stellte, wie er schrieb, »das Bedrückendste« dar. Mit Betreten des Lagers wussten die Häftlinge, dass es für sie keine Zukunft mehr gab. Manche reagierten darauf, indem sie die Augen verschlossen und ab da nur in der Vergangenheit lebten, aber Frankl war überzeugt davon, dass seine einzige Überlebenschance in der Planung bestand – im Finden von noch so kleinen Zielen, die ihm den Anschein einer Zukunft vermittelten. In einem seiner elendsten Momente – mit wunden Füßen musste er in bitterster Kälte marschieren – zwang er sich zu der Vorstellung, in einem warmen Vortragssaal zu stehen und über die Psychologie des Konzentrationslagers zu referieren. Diese imaginierte Zukunft half ihm dabei, den eisigen Marsch zu Ende zu bringen. Er manipulierte seine »Mind Time«, um überleben zu können.

Problem 5: Schlechtes Erinnerungsvermögen

Es ist unvermeidlich, dass Erinnerungen im Lauf der Zeit verblassen, und für Menschen, deren Erinnerungen so traumatisch wie die von Frankl sind, ist das sicher kein Schaden. Aber da es ihr flexibler Charakter ist, der uns eine derart starke Vorstellungskraft schenkt, sollten wir für den Fall, dass auch positive Erinnerungen schwinden, nicht zu hart mit uns ins Gericht gehen. Dennoch wünschen wir uns immer wieder, wir könnten uns an mehr erinnern, und tatsächlich zeigt uns die Psychologie der Zeitwahrnehmung, wie wir sowohl die Erinnerung an Ereignisse als auch die Fähigkeit, diese zu datieren, verbessern können. Das mit dem Zeitpunkt ist leichter. Anhand der Fehler, die Leute in ihren Aktivitätstagebüchern gemacht haben, konnte ich ein dreiteiliges System für die genauere Datierung von Ereignissen entwickeln – nützlich sowohl für triviale Dinge (ob der kaputte Wasserkocher noch Garantie hat oder wann die letzte Begegnung mit einem Freund stattfand) als auch für ernstere Probleme (wenn man ein zurückliegendes Projekt finden will oder vor Gericht aussagen muss).

Zunächst überlegt man grob, wie viele Wochen, Monate oder Jahre das Ereignis zurückliegt. Dann versucht man, den tatsächlichen Zeitpunkt zu erraten. Das führt zu mehr Genauigkeit, als wenn man auf einen Zeitraum tippt. Für die abschließende Eingrenzung addiert oder subtrahiert man nach folgenden Regeln ein paar Tage, Monate oder Jahre. Für ein persönliches Ereignis, das länger als zwei Monate zurückliegt, wird Zeit hinzugefügt. Wenn Sie also denken, vor sechs Monaten in Frankreich gewesen zu sein, waren es in Wahrheit vermutlich sieben. Acht Jahre zurück entspricht eher neun. Liegt es aber weniger als zwei Monate zurück, dann ist der Zeitpunkt vermutlich *weniger* lange her als gedacht – das rückwärtige Telescoping ist am Werk. Dem Gefühl nach war es vor zehn Tagen, also ziehen Sie einen Tag ab und landen bei neun.

Bei unpersönlichen Ereignissen wie etwa Nachrichtenmeldungen gelten andere Regeln. Erinnern Sie sich an die zentralen Zahlen 1000 Tage oder drei Jahre. Wenn Sie denken, etwas ist vor drei Jahren passiert, dann trifft das vermutlich auch zu und Sie bleiben bei Ihrer Schätzung. Waren es weniger als drei Jahre, ziehen Sie von der ursprünglichen

Idee ein oder zwei Monate ab. Ist es länger als drei Jahre, oder auch Jahrzehnte, her, setzen Sie es ein, zwei oder drei Jahre früher an, um das Teleskopieren der Zeit auszugleichen.

Außerdem können Sie auf Zeit-Etiketten achten, also die persönlichen Ereignisse, mit denen unsere Erinnerung an Nachrichtenmeldungen verknüpft ist. Erwiesenermaßen können Menschen Ereignisse am besten datieren, wenn sie diese mit persönlichen Erlebnissen in Verbindung bringen. Um also herauszufinden, wann Prinzessin Diana gestorben ist, sollten Sie überlegen, wo Sie sich bei der entsprechenden Meldung oder zum Zeitpunkt des Begräbnisses befanden. Wo haben Sie damals gewohnt? Wo haben Sie gearbeitet? Dann konzentrieren Sie sich auf andere möglicherweise aufschlussreiche Details. Wie war das Wetter, als die vielen Menschen in Kensington Gardens Blumen niederlegten? War es abends noch hell? War es also Sommer oder Winter? Manches davon können Sie instinktiv machen, aber je bewusster Sie auf die Details achten, desto korrekter wird Ihre Schätzung sein. Wie Sie vermutlich schon geahnt haben, ermöglicht die Verknüpfung mit bedeutenden Momenten des eigenen Lebens eine bessere Einordnung – ist die Sache also vor oder nach der Geburt Ihres Kindes passiert, oder auch vor oder nach Ihrem Umzug?

Dann gibt es noch das Problem, dass man Dinge komplett vergisst. Je mehr über ein autobiographisches Ereignis geredet wird, desto eher erinnert man sich auch daran, nur heißt das noch lange nicht, dass die Erinnerung auch stimmt. Und so sehr man beim wiederholten Erzählen frühere Fehler verstärken kann, gibt es doch Methoden zur Verbesserung des Erinnerungsvermögens. Denken Sie an die Studie von John Groeger zurück, bei der mehr als 1000 Autofahrer von ihren

Unfällen – schweren wie leichten – berichten sollten. Dabei kamen mehr Situationen ins Gedächtnis, wenn die Leute in der Vergangenheit begannen und sich von dort Richtung Gegenwart bewegten. Besser waren sie auch dann, wenn an einem bestimmten Datum begonnen wurde und nicht etwa ein begrenzter Zeitraum, zum Beispiel ein Jahr, durchforstet werden musste. Dies ist eine Strategie, die jeder nutzen kann. Wenn in einem Bewerbungsformular nach Situationen gefragt wird, in denen Sie mit speziellen Herausforderungen konfrontiert waren, stellt die Erinnerung daran eine schwierige kognitive Aufgabe dar, einfach weil Sie die entsprechenden Momente nicht in Form einer Kategorie gespeichert haben. Auch hier können jedoch Erkenntnisse aus der Forschung in die Praxis umgesetzt werden. Fangen Sie nicht bei der jüngsten aller kniffligen Situationen an, um von dort in die Vergangenheit zurückzugehen. Beginnen Sie stattdessen mit der allerersten Tätigkeit, die für die aktuelle Bewerbung relevant ist, und denken Sie über die ersten paar Monate nach sowie darüber, ob es damals vielleicht schon Probleme gab. Dann wenden Sie sich der Zeit zu, als Sie mehr Selbstvertrauen gewonnen hatten und bei der Arbeit vielleicht sogar selbst anspruchsvolle Projekte anregten. Wenn Sie das bei jeder folgenden Tätigkeit wiederholen, werden Sie auf mehr Beispiele kommen, als wenn Sie von der Gegenwart rückwärts arbeiten. Sollte es dann tatsächlich zum Bewerbungsgespräch kommen und weitere Fragen in dieser Richtung auftauchen, können Sie genauso vorgehen, wenngleich natürlich schneller.

Ein letzter Tipp wäre, mit einem längeren Zeitrahmen als dem tatsächlich zur Diskussion stehenden anzufangen. Wenn im Visums-Antrag etwa gefragt wird, wie oft Sie in den letzten drei Jahren im Ausland waren, denken Sie zunächst an die letzten fünf Jahre und engen den Zeitraum dann auf drei ein. Dadurch vermeiden Sie das Teleskopieren, bei dem Ereignisse miteinbezogen werden, die jenseits des fraglichen Zeitraums liegen.

Auch das könnte auf politische Zusammenhänge übertragen werden. So ließe sich die Genauigkeit von öffentlichen Umfragen, anhand derer sich eine Regierung oder Stadtverwaltung orientiert, erheblich verbessern, indem man die Forschung zum Teleskop-Effekt miteinbezieht. Wenn die Leute etwa zurückdenken und sagen sollen, wie oft sie in den letzten drei Jahren im öffentlichen Schwimmbad waren, dann wäre dabei zu berücksichtigen, dass die Präzision der Angabe unter der Psychologie der Zeit leidet. Die Umfrage sollte also zunächst einen längeren Zeitraum vorgeben und diesen dann einengen sowie einen exakten Zeitpunkt angeben, von dem die Leute sich dann zur Gegenwart vorarbeiten können. Das würde zu genaueren Angaben führen und durch weitgehende Ausschaltung des Teleskop-Effekts eben verlässlichere Daten erbringen – was für eine Regierung oder Stadtverwaltung wichtig ist, um etwa die Nutzung öffentlicher Einrichtungen überblicken zu können.

Problem 6: Übertriebene Sorge bezüglich der Zukunft

Tagträume können schön sein, und vielleicht ist das Schweifen in die Zukunft sogar der Normalzustand des unbeschäftigten Gehirns. Wenn Tagträumen aber zur obsessiven Sorge wird, ist das wenig befriedigend, und exzessives Grübeln kann ernste Konsequenzen haben. Wenn wir über die Zukunft nachdenken, kombinieren wir Erinnerungen an früher zu möglichen Zukunftsszenarien, nur fehlt dabei immer wieder die Plausibilität. Wir fangen an, uns Katastrophen vorzustellen und nur an das Schlechteste zu denken. Gegen übertriebene Sorge kann man aber auf unterschiedliche Weise vorgehen. Eine klassische Strategie aus der kognitiven Verhaltenstherapie ist etwa, sich zunächst das schlechteste aller möglichen Szenarien vorzustellen und im Anschluss daran das beste. Was wirklich passiert, liegt vermutlich irgendwo dazwischen. Haben Sie beispielsweise Angst, Ihrem Chef einen schwerwiegenden Fehler zu beichten, wäre das Worst-case-Szenario, dass er Sie vor versammelter Mannschaft zur Schnecke macht und sofort feuert. Im Idealfall würde er hingegen sagen, das sei nicht weiter schlimm, und Ihren Besuch darüber hinaus auch noch begrüßen, denn er wollte Ihnen ohnehin mitteilen, dass Sie eine Gehaltserhöhung bekommen. Ein plausibles Szenario liegt vermutlich irgendwo dazwischen, nur hilft Ihnen die Vorstellung der Extremsituationen bei Ermittlung der realistischen Entwicklung, was Ihre Sorge reduzieren dürfte.

Der Niederländer Ad Kerkhof arbeitet als klinischer Psychologe seit über 30 Jahren im Bereich der Suizidprävention. Er stellte fest, dass Betroffene vor einem Selbstmordversuch oft intensiv über die Zukunft nachgrübeln. Manche haben berichtet, diese obsessiven Gedanken seien so überwältigend geworden, dass sie einen Ausweg nur noch im Selbstmord sahen. Kerkhof hat Techniken entwickelt, die gefährdeten Personen bei der Reduzierung dieser Grübeleien helfen, und wendet seine Methode mittlerweile auch bei Leuten an, die sich tagtäglich Sorgen machen. Wie er herausgefunden hat, ist dabei vor allem ein Thema vorherrschend – die Zukunft.

Die Betroffenen glauben, dass ihre Probleme umso lösbarer sind, je länger sie darüber nachdenken. Nur ist das nicht der Fall. Kerkhofs Techniken stammen aus der kognitiven Verhaltenstherapie und wirken fast schon *zu* simpel, wobei sie durch Versuche erprobt wurden.[136] Besonders beeindruckend finde ich, wie wenig Aufhebens er um sein Vorgehen macht. Wie er mir offen sagte, wird jeder, der anhand der Techniken eine vollständige Beseitigung seiner Sorgen erhofft, enttäuscht werden. Möglich ist hingegen, die Dauer des Grübelns zu verringern.

Wenn man mitten in der Nacht daliegt und merkt, wie einem die Gedanken im Kopf herumrasen, hat Kerkhof mehrere Strategien anzubieten, die Sie gern einmal ausprobieren können. Als nützlich erweist sich hierbei die Imagination. Stellen Sie sich vor, unter Ihrem Bett ist eine Schachtel. Das ist Ihre Sorgen-Schachtel. Sobald Sie Gedanken bemerken, die als Sorgen identifizierbar sind, ergreifen Sie diese, stecken sie in die Schachtel und schließen den Deckel. Dort bleiben die Sorgen, bis Sie sich dazu entschließen, sie wieder herauszuholen. Wenn sie erneut auftauchen, rufen Sie sich in Erinnerung, dass sie ja eigentlich in der Schachtel sind und fürs Erste auch dort bleiben. Alternativ dazu kann eine Farbe gewählt und dann eine Wolke in dieser Farbe imaginiert werden. Packen Sie Ihre Sorgen in diese Wolke und lassen Sie sie über Ihrem Kopf vor und zurück schweben. Dann sehen Sie dabei zu, wie sie langsam aufsteigt und dabei all Ihre Sorgen mitnimmt.

Das klingt jetzt vielleicht nach Psycho-Gelaber, nur konnte Kerkhof empirisch nachweisen, dass die Sache bei manchen Leuten wirklich funktioniert. Da aber nicht jede/r findet, dass Imagination für sie/ihn das Richtige ist, hat Kerkhof noch eine andere Technik parat, die, wie er sagt, bei den meisten Wirkung zeigt. Sie besteht darin, dem Grübeln und Nachdenken eine bestimmte, von Ihnen festgelegte Zeit einzuräumen. Ihre Sorgen beziehen sich auf echte und praktische Probleme in Ihrem Leben, deshalb lassen sie sich auch nicht komplett ignorieren. Aber Sie können lernen, mehr Kontrolle über den *Zeitpunkt* des Nachdenkens zu erlangen. Fjodor Dostojewski gab seinem Bruder die legendäre Aufgabe, *nicht* an einen weißen Bären zu denken, und wie der darauffolgende Versuch einer Gedankenunterdrückung zeigt, kann man mit dieser Vorgabe natürlich an nichts anderes denken als an einen weißen Bären. Ich kenne das Gefühl gut, und zwar aus der Zeit, als ich manchmal Gast bei der Fernseh-Talkshow *Richard & Judy* war. Die Sendung wurde vom Gewürzhersteller Schwartz gesponsort, und da es bezüglich Sponsoring bzw. Product-Placement strenge Auflagen gab, durfte in der Sendung kein einziges Erzeugnis aus dem Hause Schwartz erwähnt werden. Jeder Gast musste vorab einen Wisch unterschreiben, dass er vor laufender Kamera keinesfalls diese Dingsda-Gewürze ansprechen würde, was natürlich dazu führte, dass man an gar nichts anderes mehr denken konnte. Analog dazu hat es auch keinen Sinn, den Leuten zu sagen, sie sollen *nicht* an ihre Sorgen denken. Kerkhof empfiehlt genau das Gegenteil. Nehmen Sie sich morgens und abends je 15 Minuten Zeit und tun sie dabei nichts anderes, als sich um die Zukunft zu sorgen. Setzen Sie sich an den Tisch, listen Sie all Ihre Probleme auf und zerbrechen Sie sich ausgiebig den Kopf darüber. Aber sobald die Zeit um ist, hören Sie mit der Grübelei auf, und wann immer die Sorgen auch wiederkehren, rufen Sie sich ins Gedächtnis, dass erst beim nächsten »Sorgen-Termin« wieder über sie nachgedacht wird. Sie haben sich die Erlaubnis gegeben, das besorgte Grübeln bis zu einem Zeitpunkt Ihrer Wahl aufzuschieben. Erstaunlicherweise funktioniert das. Es verleiht Ihnen die Kontrolle.

Problem 7: Der Versuch, in der Gegenwart zu leben

Im Jahr 1890 dachte William James darüber nach, wie man am besten in der Gegenwart lebt. »Man soll einmal versuchen, den gegenwärtigen Moment nicht gerade festzuhalten, aber doch wahrzunehmen oder gar zu erleben. Ein höchst merkwürdiges Erlebnis wird sich einstellen. Wo ist sie denn, diese Gegenwart? Sie ist unter unserem Zugriff zerschmolzen, entflohen, noch bevor wir sie berühren konnten, im Moment des Entstehens bereits wieder verschwunden.«[137]

Wir mögen den Wunsch verspüren, in der Gegenwart zu leben und unsere Gedanken davon abzuhalten, ständig nach vorne in die Zukunft oder zurück in die Vergangenheit zu schweifen. Aber wollen wir wirklich in der Gegenwart feststecken wie H. M., der Mann, dessen Hippocampus mit dem silbernen Röhrchen abgesaugt wurde? Es stimmt, dass wir durch Techniken wie Achtsamkeit oder Meditation unsere Wahrnehmung dessen, was um uns herum ist, verbessern und so unser Wohlbefinden steigern können. Darauf werde ich im Verlauf dieses Kapitels noch eingehen. Aber das Ausmaß, in dem wir uns ein Leben in der Gegenwart ersehnen sollten, ist doch begrenzt. Wenn man an das Schicksal von H. M. denkt, empfindet man wohl eher Mitleid; schließlich musste er im Pflegeheim leben, konnte keine neuen Erinnerungen generieren und wusste nicht einmal, dass er der berühmteste Patient der Neurowissenschaft war. Er war dazu verdammt, in der Gegenwart zu leben, und doch finden wir, die wir gesund sind, dass wir so etwas öfter tun müssten. Babys können das gut. Sie besitzen zwar die Fähigkeit zu lernen, haben aber überhaupt kein Langzeitgedächtnis und wissen nicht, was am nächsten Tag, geschweige denn im nächsten Monat, passieren wird. Die Konsequenz davon ist, dass sie keinerlei Kontrolle über ihr Leben und dessen Gestaltung haben. Sie können nicht planen; sie können die nächste Woche nicht antizipieren; sie können nicht einmal an schöne Erlebnisse in der Vergangenheit denken.

Wenn sich beim Heranwachsen auch unser Gehirn entwickelt, werden Zeitreisen in die Zukunft zu so etwas wie einem Normalzustand beim Denken. Anstatt mehr in der Gegenwart leben zu wollen, sollten wir vielleicht weniger gegen die Verlockungen der Zukunft ankämpfen. Wie Forschungen ergeben haben, ist die Antizipation mit stärkeren Emotionen verbunden als die Erinnerung. Zur Steigerung des Wohlbefindens könnte sich also anbieten, nicht so sehr die Freuden der Nostalgie zu suchen, sondern uns lieber schöne Ereignisse in der Zukunft auszumalen.

Und wenn Sie vielleicht meinen, Sie würden viel zu oft über Vergangenheit und Zukunft nachdenken? Natürlich hat William James recht damit, dass der gegenwärtige Moment sofort wieder verlorengeht, aber dennoch gibt es Möglichkeiten, um das gedankliche Herumschweifen in der Zeit zu beenden. »Flow« ist die Bezeichnung für einen mentalen Zustand, den der Psychologe Mihaly Csikszentmihaly herausgearbeitet hat. Dabei ist man so sehr von einer Beschäftigung eingenommen, dass man an gar nichts anderes denkt und auch bald nicht mehr weiß, wie lange man sie schon ausübt.

Dieser Zustand ist etwas ganz anderes, als wenn man einfach nur viel zu tun hat. Die Gedanken sind vollkommen auf die jeweilige Tätigkeit gerichtet und schweifen weder in die Vergangenheit noch in die Zukunft. Wenn Sie eine Beschäftigung finden, die das bei Ihnen leistet, können Sie die Zeit langsamer verstreichen lassen, ohne sich dabei zu langweilen. Das kann Musikmachen, Laufen oder Gartenarbeit sein. Vielleicht wissen Sie bereits, was für Sie zutrifft. Bei mir ist es das Malen. Wenn ich auf Reisen bin, habe ich immer einen kleinen Block dabei und nutze jede Gelegenheit, mich hinzusetzen und etwas zu malen. Im Handumdrehen bin ich voll auf mein Bild und die entsprechende Aussicht konzentriert. Dabei entspanne ich mich mehr als in jeder anderen Situation. Man legt alle Zweifel ab und kümmert sich ausschließlich um die Aktivität als solche – und eben nicht um das Ergebnis. Csikszentmihaly hat eine Reihe von Merkmalen herausgearbeitet, durch die so etwas wie Flow entsteht. Die Tätigkeit darf weder so leicht sein, dass man sich nicht konzentrieren muss, noch so schwierig, dass man sich um das Ergebnis sorgt. Sie sollte mit klaren Zielen verbunden sein, die Sie ein Stück weit kontrollieren können.[138]

Philip Zimbardo hat ein Experiment durchgeführt, das zufällig mit Malerei zusammenhängt. Eine Gruppe von Leuten wurde aufgefordert, einen Korb mit Blumen zu malen. Der einen Hälfte sagte man, ihr Bild würde im Anschluss von Absolventen der Kunstakademie beurteilt werden. Die anderen sollten sich ausschließlich auf den Schaffensprozess konzentrieren und nicht an das fertige Produkt denken. Als die Künstler dann die Bilder ansahen, fanden sie die der zweiten Gruppe besser, obwohl hier niemand das Resultat im Blick gehabt hatte.[139] Es zeigt sich also, dass dieser mentale Zustand nicht nur für eine Verankerung in der Gegenwart sorgt, sondern auch die Kreativität befördert.

Wobei uns das Konzept des Flow ein echtes Paradox liefert. Wenn man Flow erlebt, scheint sich die Zeit in nichts aufzulösen. Stunden können vergehen, ohne dass man das bemerkt. Ein Mensch, für den die Zeit zu schnell verstreicht, wird dem Zustand des Flow also wenig abgewinnen können. Andererseits ist nachgewiesen, dass Flow das Wohlbefinden steigert, weshalb die wahrgenommene Geschwindigkeit der Zeit doch kein so großes Problem darstellen dürfte wie befürchtet.

Im Urlaub sind wir meist sehr darauf bedacht, ganz im Moment zu leben. Wir haben monatelang geschuftet, um uns eine Pause von häuslichen Pflichten und Berufsalltag leisten zu können, und wollen davon so viel wie möglich profitieren. Aber wie oft ertappt man sich dann trotzdem bei dem Gedanken, dass man hier doch gut Urlaub machen und wunderschöne Tage verleben könnte? Und erst beim zweiten Gedanken merkt, dass man bereits im Urlaub ist und die Zeit eigentlich genießen sollte? Bei einer Spanienreise habe ich einmal bewusst darauf geachtet, wie lange ich das Hier und Jetzt tatsächlich schätzen kann – ohne Gedanken an die Vergangenheit und Überlegungen zur Zukunft. Die Antwort ist: Nicht sehr lange, obwohl ich mir wirklich Mühe gab, mich in jeden Moment des Friedens und der Schönheit zu versenken.

Hier mein Erlebnis: Ich wohne in einem wunderschönen B&B am Rand eines Dörfchens im südlichen Andalusien. Es ist ein einfaches, aber stilvoll hergerichtetes Bauernhaus mit einem kleinen Infinity Pool, von dem aus man eine der spektakulärsten Aussichten in ganz Spanien hat. In die eine Richtung sieht man, wie sich der *Pueblo blanco* den Hang hochzieht. Hinter den weiß getünchten Häusern erhebt sich die Silhouette einer Sierra, die sich violett gegen den strahlend blauen Himmel abzeichnet. Vor mir liegt ein trockenes, aber grünes Tal mit Olivenbäumen und Weinstöcken, dahinter sehe ich Hügel voller Windräder, die in der sanften Brise rotieren wie die Windmühlen von Don Quixote. Jenseits der Hügel ist das Mittelmeer, auf dem träge Tankschiffe nichts als winzige Punkte bilden, und noch weiter hinten wachen die grandiosen Felsen über die Meerenge von Gibraltar. Am Horizont erkennt man gerade noch die Berge des nördlichen Marokko – mit der Verheißung eines vollkommen anderen Kontinents.

Jawohl, ich paddle in diesem spanischen Garten-Pool und habe Afrika vor mir! Wenn ich den Blick nach unten richte, spiegelt sich die Aussicht auf der Wasseroberfläche, und wenn ich mich seitwärts drehe, sehe ich gut gewässerte Rasenflächen, Olivenbäume sowie Büsche voller Limonen und orangefarbenen Stechapfelblüten, in denen sich Insekten und allerlei Vögel tummeln.

Das müsste doch der perfekte Ort sein, um im sinnlichen Überfluss des Jetzt aufzugehen. Warum sollte ich mich hier mit etwas anderem beschäftigen als nur mit dem jeweiligen Moment in all seiner Pracht und Fülle? Zumal ich derzeit auch gar keine Sorgen oder Probleme habe. Das Leben könnte nicht besser sein. Ich muss nichts tun, als die Sache in vollen Zügen zu genießen.

Ich steige also aus dem Pool, mache es mir auf meiner Liege bequem und versuche, alles in mich aufzunehmen, den Moment wirklich zu genießen, alle Ablenkungen und jedes Aufblitzen einer Erinnerung oder Zukunftsüberlegung zu vermeiden. Und trotzdem greife ich schon nach wenigen Minuten zu meinem Buch. Es handelt sich um einen spanischen Reiseführer, ich entferne mich also immerhin nicht so sehr von der Situation, wie das vielleicht bei einem Roman der Fall wäre. Ich lese den Abschnitt über den Ort, an dem ich mich gerade befinde – und die Ausführungen des Autors helfen mir dabei, das unmittelbare Erlebnis auch wirklich wertzuschätzen. Aber warum muss mir jemand *anderer* sagen, was ich gerade *selbst* erlebe? Was können seine Beschreibungen meinen eigenen Sinnen hinzufügen? Und dennoch hilft mir das, mich in meinem Glück darüber, jetzt genau hier zu sein, zu bestätigen. Dann, ich kann mich einfach nicht bremsen, sehe ich mir auch die anderen spektakulären Orte in der Nähe an. Diesen See, jene Schlucht, dieses Dorf, jenes Hotel – und bevor ich es besser weiß, plane ich auch schon den nächsten Ausflug. Bereits jetzt wird dieser Moment auf der Sonnenliege zur Vergangenheit. Er wird ekstatisch abgespeichert, wird zur verwertbaren Anekdote für daheim (natürlich ergänzt um Fotos) – »An diesem herrlichen Fleck haben wir gewohnt. Es war einfach unbeschreiblich!« –, und ich beschäftige mich mit Plänen für die Zukunft. Ich denke ans Mittagessen und daran, ob wir am Nachmittag vielleicht rauf ins Dorf gehen. Dann ist auch bald Zeit fürs Abendessen. Jemand hat uns gesagt, dass man hier bei uns sehr gut isst. Oder wir gehen oben an der Straße in das Hotel mit dem Edelrestaurant. All diese Überlegungen sind äußerst angenehm, nur ist das Gefühl des Jetzt, mit seinen vielen Möglichkeiten, komplett verschwunden.

Wie der Philosoph Alain de Botton sagt, gibt es beim Reisen ein Problem: So reichhaltig und erfreulich das Erlebnis auch sein mag, wird es doch dadurch ruiniert, dass wir selbst mit dabei sind. Ich würde das dahingehend erweitern, dass wir außer uns selbst auch noch Vergangenheit und Zukunft im Gepäck haben. Und so sehr wir das Jetzt auch genießen mögen, denken wir doch unentwegt darüber nach, was noch getan werden kann und wo wir als Nächstes hingehen.

Selbst wenn man eine Tätigkeit findet, die einem das Gefühl von Flow schenkt, hat man doch nur selten Zeit oder Gelegenheit, sie tatsächlich auszuüben. Als Alternative würde sich also Achtsamkeit anbieten. Ich habe oben darüber gesprochen, wie man damit die Zeit in einem stehenden Zug füllen kann. Achtsamkeit ist ein mentales Training, bei dem man lernt, wie man sein Denken vom Fesseln der Aufmerksamkeit abhält und dadurch verhindert, dass man ungewollt in Vergangenheit oder Zukunft katapultiert wird. Stattdessen steuert man seine Aufmerksamkeit bewusst. Der Vorteil der Achtsamkeit ist, dass man sein Denken auf die Gegenwart richten kann, wo immer man sich auch befindet. Sie lässt die Zeit langsamer, aber auch bei weitem angenehmer vergehen. Gibt es sie als spirituelle Praxis in Asien schon seit Jahrhunderten, stößt sie seit einiger Zeit auch in der klinischen Psychologie und Neurowissenschaft auf Interesse. Besonders nützlich ist sie, um bei depressiven oder ängstlichen Menschen das Schweifen der Gedanken einzudämmen. Bei seinen Versuchen mit einer achtsamkeitsbasierten kognitiven Therapie hat Mark Williams, klinischer Psychologe in Oxford und führende Persönlichkeit in diesem Bereich, herausgefunden, dass bei Patienten, die bislang mehr als drei depressive Phasen durchlebt haben, ein achtwöchiger Kurs mit einer zweistündigen Sitzung pro Woche die Rezidivrate halbiert.[140] Erfreulicherweise war Achtsamkeit bei Leuten mit ansonsten nur schwer zu behandelnden Depressionen besonders effektiv.

Jeder kann sich diese Methode zunutze machen. Man erlernt dabei die Fähigkeit, sein Denken auf Wunsch fokussieren zu können. Den geeigneten Moment dafür sollte man sorgfältig wählen. Wenn man eine Gondelfahrt durch Venedig macht, ist die Konzentration auf den Atem und das momentane Körpergefühl eher uninteressant. In anderen Momenten kann man aber ruhiger werden und verhindern, dass sich Gedanken an Vergangenheit oder Zukunft in die aktuelle Tätigkeit mengen. Wenn man das mehrmals täglich 20 bis 30 Sekunden lang macht, stellt man schnell Veränderungen fest, und für die Wirksamkeit der Methode gibt es zunehmend auch wissenschaftliche Belege. Nicht nur sind die Verbesserungen bei depressiven Menschen dokumentiert, man erkennt sogar messbare Veränderungen in der *Insula,* also dem Bereich des Gehirns, der den Zustand von körperlicher wie emotionaler Verfassung verwaltet. Unterschiede sind auch in den Bereichen feststellbar, die für die Aufmerksamkeit zuständig sind.

Nachdem ich all diese faszinierenden Studien gelesen hatte, beschloss ich, die Sache einmal selbst auszuprobieren. Meine Lehrerin war die Dozentin und Therapeutin Patrizia Collard, und da ich fürchten musste, mein Engagement durch den zusätzlichen Zeitaufwand bald wieder schwinden zu sehen, bestand ihre Aufgabe darin, mir zu zeigen, wie ich das mit der Achtsamkeit bei meinem morgendlichen Gang zur Bahnstation machen kann. Ich gehe immer die gleiche langweilige Straße mit schachtelartigen Gebäuden entlang, in der das Einzige, was meine Aufmerksamkeit irgendwie fesselt, die absurden Preise dieser Häuser sind. Nach Patrizias Ansicht ist diese eher trübsinnige Straße der ideale Ort für eine Achtsamkeitsübung. Als Erstes sollte ich mich »grounden«, also ruhig dastehen und die Verbindung zum

Boden spüren. Ich durfte mich dabei entweder als Eiche, Berg oder Sumo-Ringer fühlen. Man kann aber auch etwas anderes wählen, das breit, stark und extrem stabil ist. Mir wurde bewusst, dass meine Füße mit dem Boden verbunden sind. Ich begann, langsamer und tiefer zu atmen, und merkte, wie ich ruhiger wurde. Wir konzentrierten uns aufs Ein- und Ausatmen und setzten uns in Bewegung. Beim ersten Schritt sollte ich ein-, beim dritten wieder ausatmen, nur musste ich dazu langsam gehen, was bei mir zu Verspätung geführt hätte. Man sollte für die passende Geschwindigkeit also etwas herumexperimentieren und dabei einen guten Rhythmus für Atem und Schritte finden.

Sobald das bei mir funktionierte, sollte ich die Umgebung in mich aufnehmen, auf die Dinge um mich herum achten und dann etwas auswählen, das schön anzusehen war. Ich entschied mich für einen Baum und nahm begeistert die verschiedenen Grün- und Gelbtöne seiner Blätter wahr. Parallel dazu soll der Atemrhythmus weiterlaufen, nur erfordert das ein bisschen Übung. Dann fragt man sich, wie es dem Körper gerade geht. Gibt es ein unangenehmes Gefühl oder gar Schmerzen? Sind die Schultern verspannt? Ja. Kannst du sie entspannen? Vielleicht. Runzelst du die Stirn? Vermutlich. Lächle, um dein Gesicht zu entspannen. »Ein Lächeln ist für den Körper wie ein Glas Sekt«, erklärte Patrizia mir. Gehen Sie jetzt zur Arbeit und wenn Sie dort ankommen, werden Sie denken: »Ich bin bereit für diesen Tag.«

Ich muss gestehen, dass ich die Übung nicht jeden Tag mache, aber wenn doch, passiert wirklich etwas. Sinn der Sache ist, ruhig und fokussiert am Arbeitsplatz anzukommen, anstatt die Fahrt via Autopilot zu machen und sich zu überlegen, was heute alles zu tun ist.

Problem 8: Vorhersagen,
wie man sich in der Zukunft fühlt

In Bezug auf das Imaginieren der Zukunft haben etliche Studien zum Verzerrungseffekt gezeigt, wie schlecht wir unsere Gefühle voraussagen können. Zum Glück sind die Gründe dafür klar, denn das heißt auch, dass wir etwas dagegen tun können. Wenn ein Ereignis in einem Jahr stattfindet, stellen Sie sich vor, es sei nächste Woche, und überlegen, wie es Ihnen jetzt damit geht. Wir neigen dazu, uns nur auf die deutlichen Merkmale eines Ereignisses zu konzentrieren; wenn Sie sich also beispielsweise vorstellen wollen, wie sich Ihr Leben nach einem Jobwechsel anfühlt, dann achten Sie nicht nur auf die Arbeit selbst, sondern zudem auch auf alle Randerscheinungen, die für Ihr Wohlgefühl eine Rolle spielen können. Werden Sie Ihre Zeit eigenständiger oder weniger eigenständig einteilen können? Wenn die anfängliche Begeisterung nachlässt – welche Aspekte des neuen Jobs werden tatsächlich Genugtuung bringen? Wenn eine Gehaltserhöhung vorgesehen ist – werden Sie mit dem zusätzlichen Geld etwas machen, das Ihr Wohlbefinden steigert? Wer sind die neuen Kollegen? Wie wird die Arbeitsatmosphäre im Vergleich zur bisherigen sein? Und vergessen Sie nicht, dass auch Ihr Leben außerhalb der Arbeit eine Rolle spielt. In welchem Maß wird sich das verändern? Wird die Fahrt zum Arbeitsplatz leichter oder anstrengender? Können Sie weiterhin dort wohnen, wo Sie jetzt sind?

Überraschenderweise sind nicht Sie es, die oder der am besten beurteilen kann, ob Ihnen der neue Job gefällt. Wenn Sie wirklich wissen wollen, wie es Ihnen bei einem zukünftigen Erlebnis ergehen wird, dann folgen Sie am besten dem Rat von Dan Gilbert, der als Psychologe in diesem Bereich ausgiebig geforscht hat. Seiner Meinung nach verzichtet man im Idealfall komplett auf die Imagination und fragt lieber bei jemandem nach, der diese Arbeit bereits macht. Was sind die besten Aspekte, was die schlechtesten? Gilbert gibt zu, dass dieser Ratschlag aber nur von den wenigsten befolgt wird. Warum auch jemandem glauben, der womöglich ganz anders ist als man selbst? Dabei zeigen seine Forschungen, dass ein Jahr später sogar die Meinung eines Fremden zutreffender ist als unsere eigene Vorhersage.

Auch Regierungen sollten berücksichtigen, wie wenig wir zukünftige Befindlichkeiten einschätzen können. Um uns zu einer angemessenen Altersvorsorge zu bewegen, könnte man uns ermutigen, uns das Leben mit einer kleinen Pension nicht erst in 30 Jahren, sondern gleich nächste Woche vorzustellen. Das würde unseren tendenziellen Glauben, dass wir in der Zukunft mehr Geld haben und uns keine Sorgen machen müssen, wohl erheblich schmälern. Eine größere Anzahl von Leuten könnte davon überzeugt – oder dazu getrieben – werden, dass man für das Alter mehr spart, was die öffentlichen Kassen entlasten und weniger Sozialhilfe für alte, in Armut lebende Menschen erfordern würde.

Politiker sind logischerweise besorgt, wie die Öffentlichkeit auf ihre Vorgaben reagiert, nur zeigt die Psychologie der Zeitwahrnehmung, dass sie dabei erheblich forscher zu Werk gehen könnten. Die stärkste Reaktion erfolgt in der Regel direkt bei Inkrafttreten. Aufgrund der kognitiven Prozesse betrachten die Leute zunächst nur die Hauptmerkmale und vor allem die Relevanz für das eigene Leben. Wie die Forschung zum Verzerrungseffekt zeigt, nimmt der Widerstand dann aber ab. Als das Rauchverbot in öffentlichen Gebäuden eingeführt wurde, waren viele Raucher vollkommen außer sich und machten ihrem Unmut in den öffentlichen Foren Luft. Nur kam es nach Inkrafttreten nicht nur wie erhofft zu weniger Herzinfarkten, sondern die Raucher merkten auch, dass es ihnen gar nicht so viel ausmachte wie befürchtet. In Irland war es etwa so, dass das Verbot zu Beginn von nur einem Drittel der Raucher unterstützt wurde, der Anteil aber bereits nach einem Jahr zwei Drittel betrug. Politiker und Entscheidungsträger können von der Psychologie der Zeitwahrnehmung lernen, dass sich Medienansturm und öffentliche Empörung auch schnell wieder legen. Wenn sie die Nerven behalten und auf seriöse, wohlbegründete Entscheidungen bauen, können sie durchaus ehrgeizigere Ziele verfolgen.

Zum Abschluss

»Verstehen kann man das Leben rückwärts; leben muss man es aber vorwärts.« **SØREN KIERKEGAARD**

»Die Zeit eilt uns mit ihrem Tablett voller Betäubungsmittel entgegen, obwohl sie uns doch auf ihre letzte, tödliche Operation vorbereitet.« **TENNESSEE WILLIAMS**

»Ich denke niemals an die Zukunft. Sie kommt früh genug.« **ALBERT EINSTEIN**

»Die Zeit, über die wir jeden Tag verfügen, ist elastisch; die Leidenschaften, die wir an uns selbst erleben, vermögen sie auszudehnen, die, die wir andern einflößen, verkürzen sie, die Gewohnheit füllt sie aus.« **MARCEL PROUST**

Ein großer Philosoph, ein großer Dramatiker, ein großer Physiker und ein großer Romancier, die allesamt vom seltsamen Wesen der Zeitwahrnehmung fasziniert sind. Es besteht kein Zweifel daran, dass sich die Zeit verzerren kann; dass sie furchtbar langsam vergeht, wenn wir ängstlich sind oder Ablehnung erfahren; oder dass sie schneller verstreicht, wenn wir glücklich sind oder auch älter werden. Der Grund für diese Verzerrung liegt darin, dass unser Denken das subjektive Zeiterleben unter Miteinbeziehung von Erinnerung, Aufmerksamkeit und Emotion selbst konstruiert. Normalerweise erzeugen diese Faktoren den Eindruck einer gleichmäßig und geordnet vergehenden Zeit. Aber nur einer muss sich ändern, und schon scheint sich die Zeit zu verbiegen.

Wenn wir uns stark auf die gegenwärtige Situation oder gar die Zeit selbst konzentrieren, etwa durch Langeweile oder Angst, scheinen sich die Stunden auszudehnen. Bei gewohnten Abläufen, die keine neuen Eindrücke erzeugen, scheinen die Jahre nur so vorbeizurasen. Sowohl bei der Zukunft als auch bei der Vergangenheit ist das Gedächtnis die Grundlage unserer Zeitwahrnehmung. Wir vergessen den Großteil des Vergangenen, wir teleskopieren Ereignisse, wir datieren sie falsch und wir haben den Eindruck, als würde die Zeit beim Älterwerden immer schneller vergehen. Wir gewöhnen uns daran, dass eine bestimmte Anzahl von Erinnerungen in einen Zeitrahmen passt, und wenn uns das Leben etwas anderes präsentiert, ist unser Zeitgefühl mit einem Schlag aus den Angeln gehoben. Diese Verzerrung der Zeit wird durch das Urlaubs-Paradox noch verstärkt – die Tatsache, dass wir die verstreichende Zeit prospektiv und parallel dazu auch retrospektiv beurteilen. Wenn die beiden Sichtweisen miteinander korrespondieren, scheint die Zeit normal, also gleichmäßig zu verstreichen. Wenn dieses Gleichgewicht aber gestört ist und die beiden Wahrnehmungen nicht zueinander passen, ist das Zeiterleben äußerst konfus.

Wie gezeigt wurde, beruht unsere Zeitempfindung letztendlich auf einer ganz anderen Dimension – nämlich dem Raum. Nicht jeder stellt sich die Vergangenheit in Form kostümierter Monarchen oder eines Slinky vor, aber einer wie der andere kann genau sagen, wo Zukunft und Vergangenheit im Verhältnis zum eigenen Körper liegen. Dieses Gefühl schlägt sich auch in den Metaphern unserer Alltagssprache nieder. Es ist diese Fähigkeit, die Zeit im Raum zu verorten, die uns in jedem gewünschten Moment mentale Zeitreisen nach vorne und nach hinten ermöglicht – und zwar mit derart starken Bildern, dass wir durch sie Vorteile gewinnen oder aber unser Leben in Gefahr bringen können.

Wir ärgern uns über die Fehlbarkeit der Erinnerungen, dabei ist es genau diese Flexibilität (wie ich das wohlwollend nenne), mit der wir uns die Zukunft vorstellen können – und dazu alles, was uns sonst so einfällt. Über diesen Zeitrahmen müssen wir derart viel nachdenken, dass der entsprechende Zustand vielleicht sogar als Grundeinstellung des Gehirns gelten kann. Durch ihn sind wir Menschen in der einmaligen Situation, vorausplanen und Vermutungen anstellen zu können. Ich finde es wunderbar, dass wir auf die Art geistige Zeitreisen unternehmen, in nostalgischen Gefühlen schwelgen und Pläne für eine Veränderung der Welt schmieden können. Aber das Zukunftsdenken ist auch problematisch, denn wenn wir aus einem vergangenen Ereignis lernen wollen, tendieren wir vom Kognitiven her dazu, vornehmlich auf die frühesten und am stärksten ausgeprägten Merkmale zukünftiger Ereignisse zu achten, das eher Typische, Gewohnte hingegen eher zu vernachlässigen. Das führt dann dazu, dass wir manchmal Entscheidungen bezüglich der Zukunft treffen, die sich als völlig falsch erweisen.

Was das Gehirn als solches betrifft, bleiben uns seine konkreten Uhrwerke wohl auch weiterhin verborgen. Trotzdem sind wir erstaunlich gut darin, die Sekunden, Minuten und sogar Stunden zu schätzen. Bis heute weiß niemand ganz genau, wie wir das machen, aber es ist gut möglich, dass das Gehirn die Zeit durch Zählung eigener Impulse misst – also der Signale, die im Zuge anderer Körperprozesse entstehen.

Das Zeiterleben verankert uns in unserer geistigen Realität. Manche sehen die Zukunft auf sich zukommen. Andere haben das Gefühl, als würden sie auf einem Zeitfluss segeln, der sich ständig weiterbewegt und einen mit sich zieht. Aber sobald sich die Zeit verzerrt, entsteht Verwirrung oder ein noch schlimmeres Gefühl.

Ein besseres Verständnis dessen, wie wir Menschen die Zeit erleben und verwenden, kann uns dabei helfen, in produktiveren Gesellschaften ein besseres Leben zu führen. Vielleicht sind das recht hochgesteckte Ziele, nur haben wir dafür jede Menge Zeit zur Verfügung – wenn wir sie für unsere Zwecke nutzen können.

Über diese außerordentliche Dimension werden wir wohl niemals die volle Kontrolle besitzen. Die Zeit wird sich verzerren, uns verwirren, in Erstaunen versetzen und amüsieren, egal wie viel wir über ihre Eigenschaften erfahren. Aber je mehr wir über sie wissen, desto mehr können wir sie unseren Wünschen und unserer Bestimmung gemäß formen. Wir können sie langsamer machen oder beschleunigen. Wir können mit größerer Sicherheit auf die Vergangenheit zugreifen oder präzisere Aussagen bezüglich der Zukunft treffen. Das geistige Zeitreisen ist eine der größten Gaben unseres Verstandes. Es macht uns zu Menschen. Es macht uns zu etwas Besonderem.

ANMERKUNGEN

1 McTaggart (1908)

2 Zhong & DeVoe (2010)

3 http://news.bbc.co.uk/1/hi/5104778.stm

4 Dargestellt in James (1890)

5 Husserl (1990)

6 Zerubavel (2003)

7 Bargh u. a. (1996)

8 Loftus u. a. (1987)

9 Twenge u. a. (2003)

10 Shneidman (1973)

11 Broome (2005)

12 Wyllie (2005)

13 Wittman (2009)

14 Cotard (1882)

15 Leafhead & Kopelman (1999)

16 Baddeley (1966)

17 Hoagland (1933)

18 Hier wie auch anderswo ist zu beachten, dass die Originalausgabe des Buches bereits 2013 erschien (Anm. d. Übers.)

19 Halberg u. a. (2008)

20 Hunt (2008)

21 Henderson u. a. (2006)

22 Koch (2002)

23 Vicario u. a. (2010)

24 Craig (2009)

25 Sevinc (2007)

26 Pöppel (2009)

27 Schleidt & Eibl-Eibesfeldt (1987)

28 Vgl. erneut James (1890)

29 Lewis & Miall (2009)

30 Zakay & Block (1997)

31 Bar-Haim u. a. (2010)

32 Langer u. a. (1961)

33 Noulhiane u. a. (2007)

34 Van Wassenhove (2009)

35 http://www.neurobio.ucla.edu/~dbuono/InterThr.htm

36 Buonomano u. a. (2009)

37 Eagleman & Pariyadath (2009)

38 Siffre (1965)

39 Foster & Kreitzman (2003)

40 Ward (2008)

41 Mann u. a. (2009)

42 Vgl. erneut Ward (2008)

43 Gevers u. a. (2003)

44 Cottle (1976)

45 Vgl. erneut Cottle (1976)

46 Boroditsky (2008)

47 Casasanto (2010)
48 Boroditsky (2000)
49 Casasanto & Boroditsky (2008)
50 Merritt u. a. (2010)
51 Casasanto & Bottini (2010)
52 Boroditsky & Ramscar (2002)
53 Margulies & Crawford (2008)
54 Hauser u. a. (2009)
55 Miles u. a. (2010)
56 Kogure (2001)
57 Draaisma (2006)
58 Shields (1994)
59 Janet (1877) in James (1890)
60 Lemlich (1975)
61 Friedman u. a. (2010)
62 Vgl. erneut Friedman u. a. (2010)
63 Fradera & Ward (2006)
64 Linton (1975)
65 Walker (2003)
66 Ross & Wilson (2002)
67 Skowronski u. a. (2003)
68 Wagenaar (1986)
69 Maycock u. a. (1991)
70 Prohaska u. a. (1998)
71 Frederickson u. a. (2003)
72 Friedman (1987)
73 Crawley & Pring (2000)
74 Holmes & Conway (1999)
75 Conway & Haque (1999)
76 Linton (1988)
77 Frankl (1977). [Zitat S. 115 f.]
78 Mann (1981). [Zitate S. 147 f.]
79 D'Argembeau u. a. (2011)
80 Rosenbaum u. a. (2005)
81 Schacter & Addis (2007)
82 Hassabis & Maguire (2009)
83 Addis u. a. (2008)
84 Kennett & Matthews (2009)
85 Eichenbaum & Fortin (2009)
86 Szpunar u. a. (2007)
87 Hassabis u. a. (2007)
88 Logan, C. J. u. a. (2011)
89 Suddendorf & Corballis (2007)
90 Busby & Suddendorf (2005)
91 Atance (2008)
92 Buckner (2010)
93 Szpunar & McDermott (2008)
94 Berntsen & Bohn (2010)
95 Newby-Clark & Ross (2003)
96 Lachman u. a. (2008)
97 Van Boven & Ashworth (2007)
98 Taylor u. a. (1998)
99 Hawton (2005)
100 Crane u. a. (2011)
101 Holmes u. a. (2007)
102 Killingsworth & Gilbert (2010)
103 Bar (2009)
104 Azy u. a. (2008)
105 Vgl. erneut Hassabis & Maguire (2009)
106 Gilbert & Wilson (2009)
107 Gilbert (2006)
108 Loewenstein & Frederick (1997)
109 Gilbert u. a. (1998)
110 Wilson u. a. (2000)

111 Dunn u. a. (2003)

112 Liberman & Trope (1998)

113 Nussbaum u. a. (2006)

114 Vgl. erneut Liberman & Trope (1998)

115 Wakslak u. a. (2008)

116 Shu & Gneezy (2010)

117 Marshall (ohne Datum)

118 Buehler u. a. (1994)

119 Mischel u. a. (1989)

120 Steinberg u. a. (2009)

121 El Sawy (1983)

122 Weick (1995)

123 Mangan u. a. (1996)

124 O'Reilly (2000)

125 Draaisma (2006)

126 Tobin u. a. (2010)

127 Schwartz (1975)

128 Hoffman (2009)

129 Vgl. erneut Friedman u. a. (2010)

130 Ofcom (2010)

131 Bluedorn (2002)

132 Leroy (2009)

133 Jiga-Boy u. a. (2010)

134 Putnam (1995)

135 Vgl. erneut Frankl (1977)

136 Kerkhof (2010)

137 James (1890)

138 Csikszentmihalyi (1997)

139 Zimbardo & Boyd (2008)

140 Williams & Penman (2011)

DANKSAGUNG

Die Idee zu diesem Buch entstand in den Gesprächen, die ich mit Nick Davies, damals Verlagsleiter bei Canongate, über ein anderes Buch geführt habe – ursprünglich hatte ich darüber schreiben wollen, wie wir über die Zukunft nachdenken und im Kopf mit ihr umgehen. Nick war dann derjenige, der mich ermutigte, das Problem der Zeitwahrnehmung als Ganzes anzugehen. Angesichts der vielfältigen Forschungen war das ein äußerst ambitionierter Plan, aber dankenswerterweise zweifelte Nick keine Sekunde daran, dass ich das alles unter einen Hut bringen würde.

Ohne die vielen Wissenschaftler, die über Jahre ihres Lebens Forschungen betrieben haben, würde es dieses Buch nicht geben. Dank gebührt vor allem den Personen, die maßgeblich zur Ausbildung meiner Ideen beigetragen haben: Marc Wittmann, Endel Tulving, Dean Buonomano, David Eagleman, Lera Boroditsky, Eleanor Maguire, Jamie Ward, Ad Kerkhof, Katya Rubia, Suzanne Corkin, William Friedman, Daniel Gilbert, Demis Hassabis, Emily Holmes, Daniel Schacter, Donna Rose Addis, Thomas Suddendorf, Karl Szpunar, Philip Zimbardo, Bud Craig, Ernst Pöppel und Virginie van Wassenhove. Gerade wenn man ein Buch über dieses Thema schreibt, entgeht einem nicht, was für ein wertvolles Gut die Zeit ist, deshalb gilt mein besonderer Dank denjenigen der oben erwähnten Personen, die sich im Lauf der Jahre die Zeit genommen haben, mir ihre Ansichten und Ergebnisse persönlich zu erläutern.

Dank geht an Mark Williams und Patrizia Collard für ihre Lektionen in Achtsamkeit, an Emmy Goodby für ihre Recherchen zu Kapitel 2 und 4, an Marie McCallum für das Register der Originalausgabe sowie an Matthew Broome und Dean Buonomano, die für mich ein paar Abschnitte im Buch überprüft haben.

Dann gibt es noch die Menschen, die so großzügig waren, mir von ihren eigenen Erlebnissen zu berichten – Chuck Berry, Robert B. Sothern, Eleanor und Angela. Besonders hervorheben möchte ich meinen BBC-Kollegen Alan Johnston, der nicht nur bereit war, mit mir sein traumatisches Erlebnis ein zweites Mal durchzugehen, sondern bereits vor unserem Gespräch intensiv über das Thema Zeit nachgedacht hatte. Es wäre kein Problem für ihn gewesen, über seine Erlebnisse selbst ein Buch zu schreiben, deshalb war es umso großzügiger von ihm, mit mir darüber zu reden.

Viele Hörer meiner wöchentlichen BBC-Radiosendung *All in the Mind* nahmen sich die Zeit, mir detaillierte Beschreibungen ihrer Zeitvorstellung zu schicken, und ganz besonders danke ich dabei den hier folgenden Personen, die mir sogar erlaubt haben, ihre Gedanken in dieses Buch zu übernehmen: Clifford Pope, Simon Thomas, David Brock, Katherine Herepath und Chella Quint sowie diverse andere, die lieber anonym bleiben wollten. Spezieller Dank auch an Roger Rowland und Lisa Bingley, die mir aufgemalt haben, wie sie sich die Zeit vorstellen, und mir ebenfalls erlaubt haben, ihre Bilder hier zu veröffentlichen.

Extrem beeindruckt war ich von den Leuten bei Canongate, die eine Effizienz und einen Enthusiasmus an den Tag legten, wie man sie sich sonst nur erträumen kann. Durch sie ist dieses Buch definitiv besser geworden. Jenny Lord und Octavia Reeve haben vorsichtige, aber doch entscheidende Verbesserungen beigetragen und einen scharfen Blick für Fehler gehabt. Dank auch an meine Agenten: an David Miller dafür, dass das Buch veröffentlicht wurde, und an Will Francis für seine detaillierten Kommentare zum Text.

Zu guter Letzt danke ich denjenigen in Familie und Freundeskreis, die brav meine Klagen angehört haben, ich habe einfach nicht genügend Zeit für dieses Buch, sowie außerdem meinem Partner Tim, der ein geduldiger Erstleser war, deutliche Verbesserungen beigetragen hat und mit mir endlose Gespräche über das Phänomen der Zeit führen musste.

LITERATUR

Diese Auflistung ist nicht erschöpfend, enthält aber sämtliche Schriften, die hier im Text erwähnt wurden, sowie all jene Bücher, die ich für meine Recherchen am nützlichsten fand.

Mit Dank an alle Autorinnen und Autoren möchte ich mich dafür entschuldigen, dass ich, um Platz zu sparen und die Bäume zu schützen, bei mehr als zwei Beteiligten hier in der Regel nur die/den erste/n genannt habe.

Addis, D. R. u. a. (2008) Age-related changes in the episodic simulation of future events. *Psychological Science*, 19, 33–41

Atance, C. M. (2008) Future thinking in young children. *Current Directions in Psychological Science*, 17, 2008, 295–298

Azy, S. u. a. (2008) Self in Time: Imagined self-location influences neural activity related to mental time travel. *Journal of Neuroscience*, 28(25), 6502–6507

Baddeley, A. D. (1966) Time estimation at reduced body-temperature. *The American Journal of Psychology*, 79(3), 475–479

Baddeley, A. D. u. a. (2009) *Memory*. Hove: Psychology Press

Bar, M. (2009) The proactive brain: memory for predictions. *Philosophical Transactions of the Royal Society*, B, 364, 1235–1243

Bargh, J. A. u. a. (1996) Automaticity of social behavior: Direct effects of trait construct and stereotype activation on action. *Journal of Personality and Social Psychology*, 71, 230–244

Bar-Haim, Y. u. a. (2010) When time slows down: The influence of threat on time perception in anxiety. *Cognition & Emotion*, 24(2), 255–263

Berntsen, D. & Bohn, A. (2010) Remembering and forecasting. The relation between autobiographical memory and episodic future thinking. *Memory and Cognition*, 38(3), 265–278

Bluedorn, A. C. (2002) *The Human Organization of Time: Temporal realities and experience*. Redwood: Stanford University Press

Boring, L. D. & Boring, E. G. (1917) Temporal judgements after sleep. *Studies in Psychology,* Titchener Commemorative Volume, 255–279

Boroditsky, L. (2000) Metaphoric structuring: Understanding time through spatial metaphors. *Cognition*, 75, 1–28

Boroditsky, L. (2008) Do English and Mandarin speakers think differently about time? In: B. C. Love u. a. (Hrsg.) *Proceedings of the 30th Annual Conference of the Cognitive Science Society*, 64–70

Boroditsky, L. & Ramscar, M. (2002) The roles of body and mind in abstract thought. *Psychological Science*, 13(2), 185–188

Broome, M. R. (2005) Suffering and eternal recurrence of the same: The neuroscience, psychopathology and philosophy of time. *Philosophy, Psychiatry and Psychology*, 12, 187–194

Broome, M. R. & Bortolotti, L. (Hrsg.) (2009) *Psychiatry as Cognitive Neuroscience*. Oxford: Oxford University Press

Buckner, R. (2010) The role of the hippocampus in prediction and imagination. *Annual Review of Psychology*, 61, 27–48

Buehler, R. u. a. (1994) Exploring the »planning fallacy«: Why people underestimate their task completion times. *Journal of Personality and Social Psychology*, 67(3), 366–381

Buonomano, D. V. u. a. (2009) Influence of the interstimulus interval on temporal processing and learning: Testing the state-dependent network model. *Philosophical Transactions of the Royal Society,* B, 364(1525), 1865–1873

Busby, J. & Suddendorf, T. (2005) Recalling yesterday and predicting tomorrow. *Cognitive Development*, 20, 362–372

Casasanto, D. (2010) »Space for Thinking«. In: Evans, V. & Chilton, P. (Hrsg.) *Language, Cognition and Space*. London: Equinox

Casasanto, D. & Boroditsky, L. (2008) Time in the Mind: Using space to think about time. *Cognition*, 106, 579–593

Casasanto, D. & Bottini, R. (2010) Can mirror-reading reverse the flow of time? *Spatial Cognition*, VII, 335–345

Conway, M. A. & Haque, S. (1999) Overshadowing the reminiscence bump: Memories of a struggle for independence. *Journal of Adult Development*, 6, 35–44

Cotard, J. (1882) Du délire des négations. *Archives de neurologie*, 4, 152–170

Cottle, T. (1976) *Perceiving Time: A psychological investigation with men and women*. New York: John Wiley & Sons

Craig, A. D. (2009) Emotional moments across time: A possible neural basis for time perception in the anterior insula. *Philosophical Transactions of the Royal Society*, B, 364, 1933–42

Crane, C. u. a. (2011) Suicidal imagery in a previously depressed community sample. *Clinical Psychology & Psychotherapy* (doi: 10.1002/cpp.741)

Crawley, S. E. & Pring, L. (2000) When did Mrs Thatcher resign? The effects of ageing on the dating of public events. *Memory*, 8(2), 111–21

Csikszentmihalyi, M. (1997) *Flow und Kreativität: Wie Sie Ihre Grenzen überwinden und das Unmögliche schaffen*. Stuttgart: Klett-Cotta

D'Argembeau, A. u. a. (2011) Frequency, characteristics and functions of future-oriented thoughts in daily life. *Applied Cognitive Psychology*, 25, 96–103

Draaisma, D. (2006) *Why Life Speeds Up As You Get Older: How memory shapes our past*. Cambridge: Cambridge University Press

Dunn, E. W. u. a. (2003) Location, location, location: the misprediction of satisfaction in housing lotteries. *Personality & Social Psychology Bulletin*, 29(11), 1421–1432

Eagleman, D. M. & Pariyadath, V. (2009) Is subjective duration a signature of coding efficiency? *Philosophical Transactions of the Royal Society*, B, 364(1525), 1841–1851

Eichenbaum, H. & Fortin, N. J. (2009) The neurobiology of memory based predictions. *Philosophical Transactions of the Royal Society*, B, 364, 1183–1191

El Sawy, O. A. (1983) Temporal perspective and managerial attention: A study of chief executive strategic behaviour. *Dissertation Abstracts International*, 44(05A), 1556 f.

Flaherty, M. G. (1998) *Notes on a Watched Pot*. New York: New York University Press

Foster, R. & Kreitzman, L. (2003) *Rhythms of Life: The biological clocks that control the daily lives of every living thing*. London: Profile Books

Fradera, A. & Ward, J. (2006) Placing events in time: the role of autobiographical recollection. *Memory*, 14(7), 834–845

Frankl, V. (1977) *Trotzdem Ja zum Leben sagen. Ein Psychologe erlebt das Konzentrationslager*. München: Kösel-Verlag [ursprl. 1946]

Frederickson, B. L. u.a. (2003) What good are positive emotions in crises? A prospective study of resilience and emotions following the terrorist attacks on the United States on September 11th, 2001. *Journal of Personality and Social Psychology*, 84(2), 365–376

Friedman, W. J. (1987) A follow-up to »scale effects in memory for the time of events«: The earthquake study. *Memory and Cognition*, 15, 518–520

Friedman, W. J. u.a. (2010) Aging and the speed of time. *Acta Psychologica*, 134, 130–141

Gevers, W. u.a. (2003) The mental representation of ordinal sequences is spatially organized. *Cognition*, 87(3), B87–B95

Gilbert, D. T. (2006) *Stumbling on Happiness*. London: Harper Press. [Deutsch: Ins Glück stolpern. München: Riemann 2006]

Gilbert, D. T. u.a. (1998) Immune neglect: A source of durability bias in affective forecasting. *Journal of Personality & Social Psychology*, 75(3), 617–638

Gilbert, D. T. & Wilson, D. W. (2009) Why the brain talks to itself: Sources of error in emotional prediction. *Philosophical Transactions of the Royal Society,* B, 364, 1335–1341

Halberg, F. u.a. (2008) Chronomics, human time estimation, and aging. *Clinical Interventions in Aging*, 3(4), 749–760

Hassabis, D. & Maguire, E. A. (2009) The construction system of the brain. *Philosophical Transactions of the Royal Society*, B, 364, 1263–1271

Hassabis, D. u.a. (2007) Patients with hippocampal amnesia cannot imagine new experiences. *Proceedings of the National Association of Sciences*, 104, 1726–1731

Hauser, D. J. u. a. (2009) Mellow Monday and furious Friday: The approach-related link between anger and time representation. *Cognition and Emotion*, 23, 1166–1180

Hawton, K. (2005) Restriction of access to methods of suicide as a means of suicide prevention. In: Hawton, K. (Hrsg.) *Prevention and Treatment of Suicidal Behaviour: From science to practice*. Oxford: Oxford University Press

Henderson, J. u. a. (2006) Timing in free-living rufous hummingbirds, Selasphorus rufus. *Current Biology*, 16(5), 512–515

Hoagland, H. (1933) The physiological control of judgments of duration: Evidence for a chemical clock. *Journal of General Psychology*, 9, 267–287

Hoffman, E. (2009) *Time*. London: Profile

Holmes, A. & Conway, M. A. (1999) Generation identity and the reminiscence bump: Memories for public and private events. *Journal of Adult Development*, 6(1), 21–34

Holmes, E. u. a. (2007) Imagery about suicide in depression – flash-forwards? *Journal of Behavior Therapy and Experimental Psychiatry*, 38(4), 423–434

Hunt, A. R. (2008) Taking a long look at action and time perception. *Journal of Experimental Psychology, Human Perception and Performance*, 34(1), 125–136

Husserl, E. (1990) *On the Phenomenology of the Consciousness of Internal Time (1893–1917)*, übersetzt von J. B. Brough. Dordrecht: Kluwer [*Vorlesungen zur Phänomenologie des inneren Zeitbewusstseins* (1928)].

James, W. (1890) *The Principles of Psychology*. Bd. 1, erschienen 1907. London: Macmillan & Co.

Jiga-Boy, G. M. u. a. (2010) So much to do and so little time: Effort and perceived temporal distance. *Psychological Science*, 21(12), 1811–1817

Kennett, J. & Matthews, S. (2009) Mental time travel, agency and responsibility. In: Broome, M. & Bortolotti, L. (Hrsg.) *Psychiatry as Cognitive Neuroscience: Philosophical perspectives*. Oxford: Oxford University Press

Kerkhof, A. (2010) *Stop Worrying: Get your life back on track with CBT*. Berkshire: Open University Press

Killingsworth, M. A. & Gilbert, D. (2010) A wandering mind is an unhappy mind. *Science*, 330, 932

Klein, S. (2006) *Time: A user's guide*. London: Penguin

Koch, G. u. a. (2002) Selective deficit of time perception in a patient with right prefrontal cortex lesion. *Neurology*, 59(10), 1658–1659

Kogure, T. u. a. (2001) Characteristics of proper names and temporal memory of social news events. *Memory*, 9(2), 103–116

Lachman, M. u. a. (2008) Realism and illusion in Americans' temporal views of their life satisfaction: Age differences in reconstructing the past and anticipating the future. *Psychological Science*, 9, 889–897

Langer, E. J. (2009) *Counterclockwise*. New York: Ballantine Books

Langer, J. u. a. (1961) The effect of danger upon the experience of time. *The American Journal of Psychology*, 74(1), 94–97

Leafhead, K. M. & Kopelman, M. D. (1999) »Recent advances in moving backwards«. In: Della Salla, S. (Hrsg.) *Mind Myths*. New York: Wiley

Lemlich, R. (1975) Subjective acceleration of time with aging. *Perceptual and Motor Skills*, 41, 235–238

Leroy, S. (2009) Why is it so hard to do my work? The challenge of attention residue when switching between work tasks. *Organizational Behavior and Human Decision Processes*, 109, 168–181

Levine, R. (1905/2006) *A Geography of Time: The temporal misadventures of a social psychologist*. Oxford: Oneworld. [Deutsch: Eine Landkarte der Zeit: Wie Kulturen mit der Zeit umgehen. München: Piper 1998]

Lewis, P. A. & Miall, R. C. (2009) The precision of temporal judgement: milliseconds, many minutes, and beyond. *Philosophical Transactions of the Royal Society*, B, 364, 1897–1905

Liberman, N. & Trope, Y. (1998) The role of feasibility and desirability considerations in near and distant future decisions: A test of temporal construal theory. *Journal of Personality and Social Psychology*, 75, 5–18

Linton, M. R. (1988) »Ways of searching and the contents of memory«. In: Rubin, M. R. (Hrsg.) *Autobiographical Memory*. Cambridge: Cambridge University Press

Linton, M. (1975) ›Take-two-items-a-day-for-five-years study‹. In: Norman, D. A. u. a. (Hrsg.) *Explorations in Cognition*. San Francisco: W. H. Freeman

Loewenstein, G. & Frederick, S. (1997) »Predicting reactions to environmental change«. In: Bazerman, H. H. u. a. (Hrsg.) *Environment, Ethics & Behaviour*. San Francisco: New Lexington

Loftus, E. F. u. a. (1987) Time went by so slowly: Overestimation of event duration by males and females. *Applied Cognitive Psychology*, 1, 3–13

Logan, C. J. u. a. (2011) A case of mental time travel in ant-following birds? *Behavioral Ecology*, 22(6), 1149–1153

Mangan, P. A. u. a. (1996) Altered time perception in elderly humans results from the slowing of an internal clock. *Society for Neuroscience Abstracts*, 22, 183

Mann, H. u. a. (2009) Time-space synaesthesia – a cognitive advantage? *Consciousness and Cognition*, 18, 619–627

Mann, T. (1981) *Der Zauberberg*. Frankfurt a. M.: S. Fischer Verlag [ursprl. 1924]

Margulies, S. O. & Crawford, L. E. (2008) Event valence and spatial metaphors of time. *Cognition & Emotion*, 22(7), 1401–1414

Marshall, F. (ohne Datum) History of the Philological Society: The early years. http://www.philsoc.org.uk/history

Maycock, G. u. a. (1991) The accident liability of car drivers. *TRL Research Report* 315. Berkshire: Transport Research Laboratory TRL

McGaugh, J. L. (2003) *Memory and Emotion*. London: Weidenfeld & Nicolson

McGrath, J. E. & Tschan, F. (2004) *Temporal Matters in Social Psychology*. Washington: American Psychological Association

McNally, R. J. (2003) *Remembering Trauma*. Cambridge, Mass.: The Belknap Press

McTaggart, J. E. (1908) The unreality of time. *Mind*, 17, 456–473

Merritt, D. J. u. a. (2010) Do monkeys think in metaphors? Representations of space and time in monkeys and humans. *Cognition*, 117, 191–202

Miles, L. u. a. (2010) Moving through time. *Psychological Science*, 21(2), 222–223

Mischel, W. u. a. (1989) Delay of gratification in children. *Science*, 244, 933–938

Newby-Clark, I. R. & Ross, M. (2003) Conceiving the past and future. *Personality and Social Psychology Bulletin*, 29, 807–818

Noulhiane, M. u. a. (2007) How emotional auditory stimuli modulate time perception. *Emotion*, 7(4), 697–704

Nussbaum, S. u. a. (2006) Predicting the near and distant future. *Journal of Experimental Psychology*, 135, 152–161

O'Reilly, K. (2000) *The British in the Costa del Sol*. London: Routledge

Ofcom (2010) *The Communications Market 2010*. London: Ofcom

Pöppel, E. (2009) Pre-semantically defined temporal windows for cognitive processing. *Philosophical Transactions of the Royal Society*, B, 364, 1887–1896

Prohaska, V. u. a. (1998) Forward telescoping: the question matters. *Memory*, 6, 455–465

Putnam, R. (1995) Bowling alone: America's declining social capital. *Journal of Democracy*, 6(1), 65–78

Rosenbaum, R. S. u. a. (2005) The case of K. C.: Contributions of a memory-impaired person to memory theory. *Neuropsychologia*, 43, 989–1021

Ross, M. & Wilson, A. E. (2002) It feels like yesterday: Self-esteem, valence of personal past experiences, and judgments of subjective distance. *Journal of Personality and Social Psychology*, 2002, 82(5), 792–803

Schacter, D. (1996) *Searching for Memory*. New York: Basic Books. [Deutsch: Wir sind Erinnerung. Reinbek b. Hamburg: Rowohlt 1999]

Schacter, D. L. & Addis, D. R. (2007) The cognitive neuroscience of constructive memory: Remembering the past and imagining the future. *Philosophical Transactions of the Royal Society*, B, 362, 773–786

Schleidt, M. & Eibl-Eibesfeldt, I. (1987) A universal constant in temporal segmentation of human short-term behaviour. *Naturwissenschaften*, 74, 289–290

Schwartz, B. (1975) *Queuing and Waiting*. Chicago: University of Chicago

Sevinc, E. (2007) The effects of extensive musical training on time perception regarding hemispheric lateralization, different time ranges and generalization to different modalities. Dissertation, abgerufen am 10.01.12.unter http://cogprints.org/6171

Shields, R. (1994) Tagebuchauszüge. *NPR Sound portraits*. http://www.soundportraits.org/on-air/worlds_longest_diary/diary_entry1.gif

Shneidman, E. S. (1973) Suicide notes reconsidered. *Psychiatry*, 36, 379–393

Shu, S. B. & Gneezy, A. (2010) Procrastination of enjoyable experiences. *Journal of Marketing Research*, 47(5), 933–934

Siffre, M. (1965) *Beyond Time*. London: Chatto & Windus

Skowronski, J. J. u. a. (2003) Ordering our world: An examination of time in autobiographical memory. *Memory*, 11, 247–260

Steinberg, L. u. a. (2009) Age differences in future orientation and delay discounting. *Child Development*, 80(1), 28–44

Suddendorf, T. & Corballis, M. C. (2007) The evolution of foresight: What is mental time travel and is it unique to humans? *Behavioral and Brain Sciences*, 30, 299–313

Szpunar, K. K. & McDermott, K. B. (2008) Episodic future thought and its relation to remembering: Evidence from ratings of subjective experience. *Consciousness and Cognition*, 17, 330–334

Szpunar, K. K. u. a. (2007) Neural substrates of envisioning the future. *Proceedings of the National Academy of Sciences*, 104, 642–647

Taylor, S. (2007) *Making Time: Why time seems to pass at different speeds and how to control it*. London: Icon Books

Taylor, S. E. u. a. (1998) Harnessing the imagination: Mental simulation, self-regulation and coping. *American Psychologist*, 53, 429–439

Tobin, S. u. a. (2010) An ecological approach to prospective and retrospective timing on long durations: A study involving gamers. *PLoS One*, 5(2), e9271

Twenge, J. M. u. a. (2003) Social exclusion and the deconstructed state: Time perception, meaningless, lethargy, lack of emotion, and self-awareness. *Journal of Personality and Social Psychology*, 85(3), 409–423

Van Boven, L. & Ashworth, L. (2007) Looking forward, looking back: Anticipation is more evocative than retrospection. *Journal of Experimental Psychology: General*, 136, 289–300

Van Wassenhove, V. (2009) Minding time in an amodal representational space. *Philosophical Transactions of The Royal Society*, B, 364, 1815–1830

Vicario, C. u. a. (2010) Time processing in children with Tourette's syndrome. *Brain and Cognition*, 73(1), 28–34

Wagenaar, W. A. (1986) My memory: A study of autobiographical memory over six years. *Cognitive Psychology*, 18, 225–252

Wakslak, C. J. u. a. (2008) Representations of the self in the near and distant future. *Journal of Personality and Social Psychology*, 95, 757–773

Walker, W. R. u. a. (2003) Life is pleasant – and memory helps to keep it that way. *Review of General Psychology*, 7(2), 203–210

Ward, J. (2008) *The Frog who Croaked Blue*. London: Routledge

Weick, K. E. (1995) *Sensemaking in Organizations*. California: Sage Publications

Williams, M. & Penman, D. (2015) *Das Achtsamkeitstrainung. 20 Minuten täglich, die Ihr Leben verändern*. München: Goldmann

Wilson, T. u. a. (2000) Focalism: A source of durability bias in affective forecasting. *Journal of Personality and Social Psychology*, 78(5), 821–836

Wittman, M. (2009) The inner experience of time. *Philosophical Transactions of the Royal Society*, B, 364, 1955–1967

Wyllie, M. (2005) Lived time and psychopathology. *Philosophy, Psychiatry & Psychology*, 12(3), 173–185

Zakay, D. & Block, R. A. (1997) Temporal Cognition. *Current Directions in Psychological Science*, 6, 12–16

Zerubavel, E. (1981) *Hidden Rhythms: Schedules and calendars in social life*. Chicago: University of Chicago Press

Zerubavel, E. (2003) *Time Maps: Collective memory and the shape of the social past*. Chicago: University of Chicago Press

Zhong, C. & DeVoe, S. (2010) You are how you eat: Fast food and impatience. *Psychological Science*, 21, 619–622

Zimbardo, P. & Boyd, J. (2008) *The Time Paradox*. London: Rider Book. [Deutsch: Die neue Psychologie der Zeit und wie sie Ihr Leben verändern wird. Heidelberg: Spektrum 2009]